原価会計論

松岡 俊三 著

税務経理協会

序　文

　近年，製造環境はその変化に著しいものがある。21世紀はIT時代といわれ，情報通信の拡充がさらに進むことは間違いない。研究開発費の増大，多品種少量生産の進行，技術革新の進展と生産のオートメーション化，市場のグローバル化などは企業環境の変化の顕著な例である。伝統的原価計算は規模の経済，少品種大量生産の製造環境の中でその役割を演じてきた。管理会計がそのような環境変化の中にある企業の経営活動にはたして貢献しているのかどうかが議論の一つになったことがある。製造環境が変化すれば原価の測定方法もそれに応じて変わるのが当然である。伝統的原価計算は製品原価を正確に測定していないとか，陳腐化した計算方法を変貌した生産環境にそのまま適用しているとか論議されるが，ABC，ABMが議論される中でも伝統的原価計算の意義がまったくなくなったわけではない。論議が照準とするところは原価計算領域の中に求めてみると間接費の配賦計算にあるように思われる。特に伝統的計算法における間接費の配賦計算が改善を加えられる必要のある状況の中でABCが誕生したと思われる。

　本書では如上の問題を後半に多少持ち込み，原価計算をわかりやすく書けないものかと試みた。原価計算を学ぼうとする者のなかで最初，興味をもって取り組み始めるが，やがて興味が薄れて離れていく者も少なくない。これは彼らが計算を複雑に考えすぎているためではないかと思う。この本ではできるだけ容易に理解が進むように心がけて，基礎的事項から吟味し，応用計算にも展開できるように書いたつもりである。上で述べたような製造環境の変化がただちに伝統的な原価計算の費目別計算，部門別計算，製品別計算と進められる計算手順を無意味にするものではないし，従来の計算原理がただちに形骸化されるものでもなかろう。費目別計算は原価を発生形態によって把握するうえで，また部門別計算は負担者計算の正確性を確保するうえで欠かすことができないことは現在においても変わりはない。

個別原価計算，総合原価計算，直接原価計算は他の章に比べて紙面を多くとったが計算手順を平易に述べることを意図したためである。結合原価の章と総合原価計算の連産品計算の部分は少し重複するように思われるがこの二つは別の観点から述べている。伝統的標準原価計算は現今，原価維持として位置づけたい。

　本書は原価計算の基礎的理解と現代的問題意識にもとづいて応用を試みたものであるが，本書に理論的にも多少みるべきものがあるとすれば幸いである。なお，税務経理協会の大坪嘉春社長，定岡久隆取締役・書籍部長，佐藤光彦書籍編集部の方々には出版の労をとっていただき，感謝している。ここに記して謝意を表明させていただく次第である。

2001．5．5．　　著者

目　次

序　文

第1章　序　説

§1　組織活動の原価情報 …… 2
　1　原価計算の発展 …… 2
　2　原価計算と管理会計 …… 3
　3　マネジャーの役割 …… 4
　　(1)　プランニング（Planning）…… 5
　　(2)　コントロール（Control）…… 5
　　(3)　デシジョン・メイキング（Decision Making）…… 5
　4　原価計算の必要性 …… 6
　5　原価計算の適用領域 …… 7
　6　原価計算の目的 …… 8

§2　給付の生産と原価の計算 …… 11
　1　個別生産と総合生産 …… 11
　2　原価情報の目的別分類 …… 12
　3　期間損益と原価計算期間 …… 13
　4　原価計算単位 …… 14
　〔練習問題〕…… 15

第2章 原価の諸概念

§1 原価の概念 …………………………………………………… 18
§2 原価計算制度上の原価概念 ………………………………… 19
 1 歴史的原価（historical costs）と未来原価（future costs）…… 19
 2 単位原価（Unit Costs）と総原価（Total Costs）………………… 21
 3 製品原価（product cost）と期間原価（period cost）…………… 22
 4 製造原価（product cost）と総原価（total cost）………………… 23
 5 全部原価（full cost）と部分原価（partial cost）………………… 24
 6 直接原価（Direct Costs）と間接原価（Indirect Costs）………… 24
 7 固定費（Fixed Cost）と変動費（Variable Cost）………………… 25
 8 キャパシティ・コスト（capacity cost）……………………………… 26
 9 標準原価（standard cost）……………………………………………… 26
 10 予算原価（budgeted cost）…………………………………………… 27
 11 管理可能原価（controllable cost）と
       管理不能原価（uncontrollable cost）…… 27
§3 意思決定と原価の諸概念 …………………………………… 28
 1 機会原価（opportunity cost）………………………………………… 29
 2 差額原価（differential cost）………………………………………… 30
 3 取替原価（Replacement Cost）……………………………………… 31
 4 付加原価（imputed cost）……………………………………………… 31
 5 回避可能原価（avoidable cost）……………………………………… 31
 6 延期可能原価（postponable cost）…………………………………… 32
 7 自由裁量原価（discretionary cost, policy cost）………………… 32
 8 現金支出原価（out of poket cost）…………………………………… 32
 9 埋没原価（sunk cost）………………………………………………… 34

§4　差額原価分析 ……………………………………………34
　1　内作か外注か …………………………………………34
　2　受注諾否の分析検討 …………………………………35
　3　製品有利性の判定 ……………………………………36
〔練習問題〕………………………………………………………38

第3章　原価の費目別計算

§1　材料費（Material Cost）の会計 …………………40
　1　材料の種類 ……………………………………………40
　(1) 素材（原料）…………………………………………40
　(2) 買入部品 ……………………………………………40
　(3) 燃　　料 ……………………………………………41
　(4) 工場消耗品 …………………………………………41
　(5) 消耗工具器具備品 …………………………………41
　2　材料調達の費用 ………………………………………41
　3　材料消費数量の計算 …………………………………42
　(1) 継続記録法（perpetual inventory system）………42
　(2) 棚卸計算法 …………………………………………43
　(3) 逆計算法 ……………………………………………43
　4　材料消費価格の計算 …………………………………44
　(1) 先入先出法（first in first out method, FIFO）……44
　(2) 後入先出法（last in first out method, LIFO）……45
　(3) 移動平均法（moving average method, MAM）……46
　(4) 総平均法（weight average cost method）…………47
　(5) 個別法（specific identification costing method）……48
　(6) 予定価格法 …………………………………………49

(7) 材料の購入と出庫 …………………………………………49
　5　材料管理の諸方法 ……………………………………………50
　　(1) 発注費と在庫維持費 ………………………………………50
　　(2) 経済的発注量の計算 ………………………………………51
　　(3) 公式によるEOQ（economic order quantity）の計算 ……53
　　(4) 標準発注点 …………………………………………………55
　　(5) ABC分析による管理 ………………………………………57

§2　労務費の計算 …………………………………………………59
　1　労働用役の購入計算と消費計算 ……………………………59
　　(1) 支払形態による分類 ………………………………………59
　　(2) 支払計算と消費計算 ………………………………………60
　2　消費計算における作業時間の計算 …………………………61
　3　消費時間賃率 …………………………………………………63

§3　経　　　費 ……………………………………………………65
　1　消　費　計　算 ………………………………………………65
　　(1) 支　払　経　費 ……………………………………………66
　　(2) 月　割　経　費 ……………………………………………66
　　(3) 測　定　経　費 ……………………………………………66
　　(4) 発　生　経　費 ……………………………………………67
　2　複　合　経　費 ………………………………………………67
〔練習問題〕 …………………………………………………………68

第4章　部門別計算

§1　部門別計算の意義 ……………………………………………70
　1　部門別計算の必要性 …………………………………………70
　2　原価部門の設定 ………………………………………………71

§2 部門費の計算 ………………………………………………73
1 部門個別費と部門共通費 ……………………………73
2 部門費の集計 …………………………………………75
3 補助部門費の製造部門への振替え …………………77
   (1) 直接配賦法 ………………………………………79
   (2) 相互配賦法 ………………………………………81
   (3) 階梯式配賦法 ……………………………………84
   (4) 連立方程式法 ……………………………………87

〔練習問題〕 ………………………………………………………88

第5章 個別原価計算

§1 個別原価計算（Job Order Costing）の意義 ………92
1 個別生産と原価計算 …………………………………92
2 製造指図書（Production Order） …………………93
3 個別原価計算の計算サイクル ………………………95
4 製造直接費と製造間接費 ……………………………96
5 製造間接費の配賦 ……………………………………97

§2 製造間接費の配賦方法 ………………………………98
1 製造間接費配賦の諸基準 ……………………………98
2 価値的基準法 …………………………………………99
   (1) 直接材料費基準法 ………………………………99
   (2) 直接労務費基準法 ………………………………99
   (3) 素価基準法 ………………………………………100
3 時間的基準法 …………………………………………101
   (1) 直接作業時間法 …………………………………101
   (2) 機械運転時間法 …………………………………102

4　製造間接費の配賦の目的 ……………………………… 103
　　(1) 製品の価格設定 ……………………………………… 103
　　(2) 期間利益の測定 ……………………………………… 103
　　(3) 財政状態の把握 ……………………………………… 103
　5　配賦基準と製造間接費 ………………………………… 104
　6　実際製造間接費配賦の短所 …………………………… 105
　　(1) タイミングの欠如 …………………………………… 105
　　(2) 操業度の相違による配賦率の変化 ………………… 105
　7　実際配賦から予定配賦へ ……………………………… 107
　8　製造間接費の配賦差異 ………………………………… 108
　9　製造間接費の配賦過不足額の発生原因 ……………… 110
　　(1) 季節的要因の場合 …………………………………… 110
　　(2) 調達価格の変化，不能率等による場合 …………… 110
〔練習問題〕……………………………………………………… 112

第6章　総合原価計算

§1　総合原価計算の意義 …………………………………… 116
　1　給付数量のフローとコスト・フロー ………………… 117
　2　期首仕掛品が存在する場合の単位原価の算定 ……… 118
　　(1) 加重平均法（Weight Average Method）………… 118
　　(2) 先入先出法（First In First Out Method）……… 121
§2　総合原価計算 …………………………………………… 123
　1　仕掛品の計算原理 ……………………………………… 123
　　(1) 直接材料費 …………………………………………… 124
　　(2) 加工費の期末仕掛品 ………………………………… 125
　2　単純総合原価計算 ……………………………………… 126

(1) 平　均　法 ·· 126
　　(2) 先入先出法（first in first out method, FIFO）·················· 127
　　(3) 後入先出法（last in first out method Lifo, LIFO）············ 129
　　(4) 加工進捗度の推定困難性 ··· 132
　3　工程別総合原価計算 ·· 132
　　(1) 累　加　法 ·· 132
　　(2) 非　累　加　法 ··· 135
　　(3) 加工費工程別計算 ··· 136
　4　組別総合原価計算 ·· 138
　5　等級別総合原価計算 ··· 141
　6　連産品計算 ·· 145
　7　減損（shrinkage），仕損（spoilage）··································· 147
〔練習問題〕·· 148

第7章　結合原価の配分

§1　連産品と結合原価 ··· 150
　1　結合原価（Joint Cost）と連産品（Joint-product）················ 150
　2　結合原価配分の会計的問題 ··· 150
　　(1) 物理的単位基準 ·· 151
　　(2) 販売価値基準 ··· 154
　　(3) 純実現価値基準（relative net realizable value）················ 156
　3　総益控除法（総益率を等しくする配分法）···························· 157
　4　経営意思決定上の結合原価の処理······································· 158
§2　副産物の会計 ·· 160
　1　副産物（by-product）の諸会計処理···································· 160
　2　副産物会計諸方法の比較 ·· 163

3　結合原価配分の別の側面 …………………………………… 164
〔練習問題〕………………………………………………………… 165

第8章　予　算

§1　予算と経営活動 …………………………………………… 168
　1　予算の機能 ………………………………………………… 168
　2　製造企業の予算の長所，短所 …………………………… 168
　3　業務（損益）予算の編成手順 …………………………… 170
　　(1) 販 売 予 算 ……………………………………………… 170
　　(2) 製 造 予 算 ……………………………………………… 171
　　(3) 現 金 予 算 ……………………………………………… 173

§2　販売予算の差異分析 ……………………………………… 176
　1　販売損益の差異分析 ……………………………………… 176
　2　利益差異の原因分析 ……………………………………… 178
　　(1) 販売数量差異 …………………………………………… 178
　　(2) 販売価格差異 …………………………………………… 179
　　(3) 販売費差異 ……………………………………………… 179
　　(4) 管理費差異 ……………………………………………… 180

〔練習問題〕………………………………………………………… 182

第9章　責任会計

§1　責任会計（Responsibility Accounting）の意義 …… 184
　1　責任センター（Responsibility Center）………………… 184
　2　分権化の中におけるマネジャーの機能 ………………… 186
　3　責任会計の技術的，行動的側面 ………………………… 187

(1) 技術的側面 187
　　(2) 報告システムと人間行動的側面 188
　4　業績評価と予算 190
　5　業績報告の事例 192
§2　原価の管理可能性 194
　1　管理可能原価と管理不能原価 194
　2　管理可能原価の重複 196
　3　弾力的予算の編成 199
§3　投資センターにおける責任会計 202
　1　投資センター（Investment Center）の業績報告 202
　　(1) 企業の資本利益率（Return on Investment of a Business） 202
　　(2) 投資センターのROI計算 203
　　(3) 投資利益率計算上の問題点 205
〔練習問題〕 206

第10章　原価維持〜標準原価計算〜

§1　標準原価計算システムの意義 208
§2　標準原価計算と生産形態 209
　1　直接費の原価標準設定 209
　　(1) 材料費標準の設定 210
　　(2) 労務費標準の設定 210
　2　製造間接費標準の設定 211
　　(1) 固定予算 214
　　(2) 変動予算 214
§3　原価差異分析 216
　1　材料費差異の分析 216

2	直接労務費差異	218
3	製造間接費差異の分析	219

§4　原価差異の原因別分析 ……………………………………… 221

1	材料費差異発生の原因	221
(1)	価格差異	221
(2)	消費数量差異	222
2	労務費差異の発生原因	222
(1)	賃率差異	222
(2)	作業時間差異	223
(3)	材料費差異と労務費差異との相互関係	223
3	製造間接費差異発生の実質的原因分析	224
(1)	予算差異	224
(2)	能率差異	225
(3)	操業度差異	225

§5　標準原価管理の環境変化 …………………………………… 226

1	標準設定条件の変貌	226
2	生産の自動化と間接部門の増大	227
3	量産パラダイムの凋落	227
4	標準原価管理から原価維持・改善，原価企画へ	228

〔練習問題〕……………………………………………………………… 228

第11章　直接原価計算

§1　直接原価計算（Direct Costing）の意義 ………… 232

1	直接原価計算の方法	232
2	直接原価計算と全部原価計算による期間損益計算	233
3	直接原価計算の原価管理的側面	238

4	直接原価計算と外部報告	239
5	直接原価計算による製品選択	240
6	リニア・プログラミング	243
7	外注管理	245
8	価格設定問題	246
9	価格と限界利益率，変動費	248
(1)	販売価格と販売数量の増減関係	248
(2)	目標利益と価格および数量との関係	250

§2　原価の固定費，変動費への分解 ……………………… 252

1	費目別に分解する方法	252
2	高低点法	253
3	スキャッター・グラフ法	253
4	最小自乗法	254

〔練習問題〕……………………………………………………… 256

第12章　標準直接原価計算

1	標準直接原価計算の意義	258
2	材料費差異分析	260
3	労務費差異分析	261
4	変動製造間接費の差異分析	263
5	固定製造間接費の差異分析	263
6	貢献利益差異分析	264

〔練習問題〕……………………………………………………… 265

第13章　損益分岐点分析

1　損益分岐点分析の意義 …………………………………… 268
2　貢献損益分岐図表と利益図表 …………………………… 271
　(1) 貢献損益分岐図表 ……………………………………… 271
　(2) 限界利益図表 …………………………………………… 272
　(3) 損益分岐点の軌跡図 …………………………………… 273
3　公式による計算 …………………………………………… 275
4　多品種生産の場合の損益分岐点分析 …………………… 277
5　損益分岐点分析の留意点 ………………………………… 279
　(1) 操業度測定 ……………………………………………… 279
　(2) 経営意思決定 …………………………………………… 279
　(3) 固定費，変動費の前提 ………………………………… 280
〔練習問題〕………………………………………………………… 281

第14章　原価と価格設定

§1　原価と価格設定の意義 …………………………………… 284
1　価格設定（Pricing Decision）…………………………… 284
　(1) 全部原価情報による価格設定 ………………………… 284
　(2) 目標利益率による価格設定 …………………………… 285
　(3) マーク・アップ（Mark up）による価格設定 ……… 285
　(4) 価格設定に対する貢献差益法 ………………………… 286
　(5) 目標限界利益による価格設定 ………………………… 287
2　販売価格と原価の回収可能性 …………………………… 288
　(1) 損益分岐点による確認 ………………………………… 288

(2) コスト (cost)・ボリュウム (volume)・プロフィット (Profit)
　　　　の関係 …… 289
§2　価格設定に影響する諸要因 …………………………… 290
　1　原価の影響 ……………………………………………… 290
　2　顧客の行動 ……………………………………………… 291
　3　競　争　者 ……………………………………………… 292
　4　コ　ス　ト ……………………………………………… 292
〔練習問題〕……………………………………………………… 293

第15章　設備投資分析

　1　割引率法 (Discounted Cash Flow Model) …………… 296
　(1) 正味現在価値法 (Net Present Value, NPV) ………… 297
　(2) 正味実現価値モデルの前提 …………………………… 299
　(3) 内部利益率法 (internal rate of return) ……………… 301
　(4) 利子率の吟味 …………………………………………… 303
　2　回収期間法 (Payback Method) ………………………… 304
　(1) 回収期間法の意味 ……………………………………… 304
　(2) 回収期間法の弱点 ……………………………………… 305
　3　会計的投資利益率法 ……………………………………… 308
〔練習問題〕……………………………………………………… 309

第16章　活動基準原価計算

　1　製造間接費配賦の再検討 ………………………………… 312
　2　活動基準原価計算 (Activity-Based Costing, ABC) の台頭 …… 313
　3　アクティビティ・コストとコスト・ドライバー ……… 314

4　ABCの実施 ……………………………………………… 316
　　5　ABCからABMへ ……………………………………… 323
〔練習問題〕 ……………………………………………………… 325

第17章　原　価　企　画

　　1　原価企画の背景 ………………………………………… 328
　　2　原価企画の手順 ………………………………………… 329
　　3　原価企画の目標値の割当て …………………………… 330
　　4　原価改善と原価企画 …………………………………… 331
　　5　戦略的コスト・ダウンとしての原価企画 …………… 332
〔練習問題〕 ……………………………………………………… 333

第18章　研究開発の管理
　　　　　　～日本的管理の一側面～

§1　研究開発の費用管理 ……………………………………… 336
　　1　基礎研究，応用研究，開発研究の概念 ……………… 336
　　　(1)　基　礎　研　究 ……………………………………… 336
　　　(2)　応　用　研　究 ……………………………………… 337
　　　(3)　開　発　研　究 ……………………………………… 337
　　2　研究開発活動の評価 …………………………………… 338
　　　(1)　基礎研究段階の評価 ………………………………… 338
　　　(2)　応用研究段階でのプロジェクト評価 ……………… 339
　　　(3)　開発段階における評価 ……………………………… 340
　　3　研究開発活動の予算管理 ……………………………… 340
　　　(1)　研究開発費予算の意義 ……………………………… 340

(2) R&D費の割当管理 …………………………………………… 341
　(3) 研究開発費の予算編成の特徴 ……………………………… 342
　(4) 基礎研究の重要性 …………………………………………… 343
　4　研究開発費の予算総額の決定 ………………………………… 344
　(1) 研究要員数から ……………………………………………… 344
　(2) 売上高研究開発費率 ………………………………………… 344
　(3) 新製品目標売上高から ……………………………………… 345
　(4) プロジェクト・ポートフォリオ・マネジメント ………… 345
　(5) 予算編成プロセスの実例 …………………………………… 348
§2　研究開発の執行管理 …………………………………………… 349
　1　セグメント別管理 ……………………………………………… 349
　2　プロジェクト管理 ……………………………………………… 350
　3　研究開発活動の活性化 ………………………………………… 352
　(1) 参加型研究開発費予算の編成 ……………………………… 352
　(2) 弾力的予算の運用とゼロベース予算 ……………………… 353
〔練習問題〕 …………………………………………………………… 355

解　答　編　　357

索　　引 ……………………………………………………………… 367

第1章　序　　　説

§1　組織活動の原価情報

1　原価計算の発展

　ヨーロッパ大陸の商業活動の隆盛にともなって織物や貨幣の鋳造の原価の算定に原価計算が行われたといわれているが，原価計算の歴史は14,5世紀にまで遡ることができる。現代の原価計算の発展の背景には産業革命があげられる。初期の原価計算は少し異なり，勘定の上で金額計算を行わず，実地棚卸によって財の消費を測定している。生産活動をコントロールするとか，製造間接費の計算はまだ浮上していない。

　現代の原価計算は棚卸資産評価，勘定転記による原価計算の実施，製造間接費の適正配賦，原価管理への奉仕といった課題を背負っている。このような原価計算の源泉はやはり産業革命の進展によってもたらされたと考えざるを得ない。当初，主たる原価費目は材料費，労務費であった。現在の製造間接費は初期には計算対象とならず，損益勘定に直接振り替えられていた。材料の消費も実地棚卸によって消費が把握されていた。

　原価計算の文献で世界最初のものは Garke and Fells, *Factory Accounts,* 1887であるが，その文献においても直接材料，直接労務費等については述べられているが製造間接費については述べられていない。ここでは勘定による原価の計算が論ぜられている。製造間接費の認識が薄かったことから機械生産が進展したとはいえ，標準原価計算や，原価管理についての認識もまだ皆無に等しいことが想像できる。諸経費は損益勘定で処理されるのが当時の慣行であった。機械生産のより一層の進展がやがて無視し得ぬ間接費の増大発生をもたらし，原価計算上において，この間接費をいかに製品に配賦するかが主要テーマになっ

てきた。

　原価管理の台頭はおよそ1920年頃から現れ，原価計算と原価管理の接点として標準原価計算が考えられる。機械，動力による生産の進行によって企業規模は巨大となり，製造工程は複雑となり，生産活動の管理手法の一環として標準原価管理が普及したのである。

2　原価計算と管理会計

　企業のマネジャーは企業を成功に導くために会計情報が必要である。製品原価の額を知らなければならないし，そのために材料，賃金，製造間接費など別々に原価を把握し，原材料の保管，操業すること自体の原価，事務員の給料，その他補助活動に関する原価なども知らなければならない。生産数量，生産高，販売価格など生産関係の情報が求められるが，原価情報は企業活動を計画し，コントロールし，意思決定を行うのにマネジャーに必要である。

　原価計算や管理会計の目的はこれらの情報をマネジャーに提供することである。原価計算，管理会計が普及したのは企業経営にとって必要であったからである。生産，販売企業にとっては，企業の経営活動に関する情報が経営者にとって求められていた。経験的には原価情報に加えて企業風土が効率的な企業経営を行う上に大きく貢献することも知られている。原価情報は，その基本となるものであるが，企業が巨大化するにつれて体系的な原価計算システムとその運用手順が求められてきた。原価情報が行動結果を吟味し，未来の環境変化における会計上のインパクトを予想する技術として展開された。

　営利企業のマネジャーに必要な情報は非営利組織においても求められつつある。保険，医療サービスにおいてもサービスの提供が財政的な限度内で行われ，サービス提供のコストに興味をもたれつつある。銀行，航空会社，慈善事業その他の組織でもマネジメント情報が必要である。マネジメント・アカウンティングの諸技術によって，会計専門家は情報を提供し，組織運営に貢献することを求められている。

原価計算と管理会計は深い関わりをもつが、原価計算は管理会計の一部でもある。それは生産設備の操業、部門活動や製品生産による実際発生原価などのデータを収集し、計算、分類することを中心とする。管理会計はより広く経営管理の機能を果たすことにある。原価計算ではその単純な原価情報として過去に発生したデータが収集される。操業するために実際に発生した原価が検証され、記録される。原価計算制度とかコスト・システムとよばれるものはスクラップになった材料の原価、特定部門の操業のために発生した原価、製品一単位の製造原価といったような原価情報を提供する。

より進歩的な原価計算 (Cost Accounting System) は、予定原価あるいは計画原価が設定される。経営活動の結果、発生した実際原価は予定原価、計画原価と比較され、原価差異が確認され、差異の原因について検証される。原価計算におけるそのような予定原価は予算や標準原価として知られている。

管理会計は原価計算の方法や手順を含めてマネジャーに情報を提供しようとするものである。経営政策が策定され、企業活動が計画され、コントロールされ、また意思決定が行われ、企業資産が保全され、経営全般の諸状況が利害関係者に報告される諸行為には管理会計情報が必要である。理論上、実務上、管理会計と原価計算の識別はいまなお霧の中におかれている。原価計算はデータを収集し、分析することの技術およびその運用に多くを費やすが、管理会計はより進歩的な接近法で企業の全体活動の管理業務に大きく関わり合いをもっている。原価計算と管理会計は企業の中でマネジャーの必要性を満たすように設計されなければならない。個々の企業によってその会計システムは種々存在しよう。しかし、重要なのは原価計算や管理会計がマネジャーを援助する関連情報をタイムリーに提供しなければならないことである。

3　マネジャーの役割

マネジャーの活動はおよそ三つに分けられる。第一は企業を成功裡に導くために政策決定し、将来行動を計画することである。第二は毎日の課業、また、

より長期の目標遂行のために組織を管理していくことである。第三に代替的諸活動コースを選択して，意思決定することである。

(1) プランニング (Planning)

コントロールは，たとえば現在の結果と過去に起こった活動データと比較することによって行われる。しかし，企業は目まぐるしい環境変化によって企業自体の状況も変わるから，そのような回顧的な比較はあまり価値がない。ときには2，3か月前とは様変わりした経済的条件の中で企業が活動することさえある。より厳格なコントロールは現在の結果を計画されたものと比較することによって達成される。企業は将来計画を樹立しなければならない。プランや政策なくして企業は目標も方向性もない。原価計算や管理会計はプランやポリシーを会計用語で設定し，組織が達成しようとする目標，標準の情報をマネジャーに提供することを可能にする。

(2) コントロール (Control)

ほとんどの企業は目標，計画を設定し，それを実現するために多くのコントロール・システムを設定している。製品やサービスのレベルを適正に維持するために品質管理部門をもち，生産工程をモニターし調整するために，生産管理部門を設けている。原価計算と管理会計は企業の能率増進のために重要で根本的なコントロール・システムを会計的側面から提供しているのである。コントロール・システムを維持していくために，製品や工程の種々の原価の詳細な情報が求められ，そして労働能率をモニターするために労働時間に関する諸原価の記録や分類およびその発生源泉についての情報が求められるのである。

(3) デシジョン・メイキング (Decision Making)

企業の現在および将来において採るべき活動の意思決定を行うことにマネジャーは多く時間が割かれる。プランを策定するのにマネジャーは代替的コースのどれを選択するか決定しなければならない。原価計算や管理会計は種々の

代替的経営活動コースの会計的情報を提供し，マネジャーが最も適切な行動を選択するのに情報面から援助を与えるのである。

4　原価計算の必要性

　企業の経営活動において発生する原価は特定目的の給付を生産するために犠牲となった経済的資源の測定された額である。原価の計算は歴史的発展の初期において特定目的のために費やされた経済価値の犠牲額，すなわち歴史的原価の計算をおもに行っていた。たとえば販売目的に製造された機械の製作原価，また銀行の受信者，与信者に対して提供された計算業務のサービス原価の計算を管理のために行うというものであった。現代においては原価計算は単に歴史的原価のみを計算するのではなく，計画原価，未来原価を扱うものとなってきていることは前に述べた。

　営利企業に限らず非営利企業体においても，すなわち学校，病院，公共事業体においてもその目的活動に犠牲となる経済価値は原価とされる。原価計算は，目的を達成するために犠牲にされた経済価値の計算を行うことである。営利を追求する企業が製品を生産するために犠牲となった経済価値，すなわち原材料費，労務費等の計算を行うことも，自治体の水道事業部が水道サービスの供給のために消費する人件費，施設費の計算を行うことも原価計算といえる。

　生産経済の主体の存するところにはすべて原価の概念が存在すると考えられるが，その原因は目的活動が能率的に行われているか，採算が採れているか，社会的に許容される資源の消費状態であるかといったようなことを吟味するために原価の計算が必要とされるからである。営利企業においては経営活動は利潤追求のために行われる。営利企業では特に利潤を獲得しなければ企業は存続できず，採算計算である利益の計算は，その前提となる原価の計算を除外しては成り立たない。

5　原価計算の適用領域

　原価は特定目的を達成するためにすでに犠牲にされたか，あるいは将来において犠牲にされるであろう経済資源の測定額である。利益獲得のために経済的資源が犠牲にされるのである。既述のように原価計算の発展の初期には経済的犠牲額は過去のものに限られていたが現代の原価計算は過去原価と同様に未来の予測原価も扱うようになっている。たとえば販売目的の機械を製造するための製造原価，銀行の顧客のサービスのための計算事務の原価といったようなものは過去の原価である。

　もともとは私企業，政府・自治体の公企業を問わず組織の会計管理のためには財務会計がその役割を担っていた。現代においては，企業の経営における管理領域は主として管理会計がその役割を担っている。企業の一定期間の利益測定やセグメント別の能率測定を行うためには原価の収集，分類，測定が必要であり，企業の取引活動の部門別，工程別，製品別，地域別等に原価，収益を記録することにより，原価計算は経営の羅針盤的な役割を一層高める。

　企業の経営活動においてコスト・データを収集し，能率的な生産活動を目指して原価管理に徹することは企業競争に打ち勝つうえから，欠かすことはできない。投下資本が最大限，有利に運用されるためにも企業が提供するサービス，給付にかかった原価を吟味することは必要であり，予算の編成や標準原価の利用は経営効率の向上に一層有益である。原価と収益を適切に対応させて業績評価を行うために原価計算は重要な機能を担い，月ごとに，四半期ごとにコスト・レポートを作成してマネジメントへ提供することは，その期の原価を把握して生産能率を測定するうえからも有意義である。製造業における原材料，労務費の消費は最初，仕掛品としての資産に集計され，やがて完成品に転嫁されていくが，売上原価は通常，その製品が販売されるとき，計算される。タイミングの観点から原価の測定は遅れない方がよい。

　さらに原価計算は経営上の意思決定やプランニングにも有益な資料を提供す

る。たとえば新製品の開発，試作，製品の価格設定，季節変動のある製品の生産計画，機械設備の取替え，製品販売方法の決定等へ有益なデータを提供するのである。

　経営組織の内部活動を計数的に把握する原価計算は管理者の経営行動を妥当な方向へ導き，原価計算は債権者，株主，従業員，消費者等利害関係者が組織の成功の程度，生産活動の能率の評価等を行う業績評価のツールでもある。原価計算は生産企業の生産活動と密接に関連して発展したが，経済の進展とともに会計領域のダイナミックな部門として，その重要性がますます認識されるに至った。

　企業規模が大きくなるにつれて企業の業績測定手段としての会計方法の改善，工夫が行われてきた。補助簿の増設，伝票の工夫，機械化処理など技術上の改善も行われてきてはいるが，所詮，財務会計はマネジメントへ提供する会計情報としては限界を露呈せざるを得なかった。経営の主要機能が資金調達，生産，販売というものであるとするならば，これらの活動をコントロールするために財務会計はかなりの情報を提供する。しかし，経営能率を評価するための詳細なデータは提供されない。財務会計では部門別，工程別，製品別といったようなセグメント別の情報は提供しない。給料や賃金にしてもきわめて総括的に記録されるにすぎず，事務職員，セールスマン，工員，管理者等の行う活動に対して管理標準を設けるといったこともない。原材料にも減耗，品質低下，スクラップ等が発生するが，これらの認識把握が財務会計では適切に行われず，消費能率が測定できない。財務会計における種々のデータ不足の状況が原価計算の発展を促したとも考えられる。

6　原価計算の目的

　マネジャーが日常の常規的な意思決定を行う場合にも，特定の意思決定を行う場合にも原価計算は管理者にその意思決定を行うための有益なデータを提供する。

外部報告を行う観点から原価計算が提供するその情報の役割は，期間損益計算に関わる財務諸表の資産評価，利益の決定にデータを提供することである。経営者が投資家，債権者，その他企業の利害関係者に経営成績，財政状態を報告する場合にも原価計算は直接，間接に企業評価に関するデータを提供している。原価情報は製造企業において貸借対照表上の原材料，仕掛品，製品といった棚卸資産の評価上に，原価計算情報が決定的に影響を与え，さらに，損益計算書においては売上原価，あるいは製造原価に直接影響を与え，純損益の決定に欠かせない。公共事業において契約発注の際の原価情報の提供，また，競争入札において契約獲得のため提出される入札原価にも原価計算は有用な情報を提供するものである。原価計算情報は，また支店別，製品種類別のいわゆるセグメント別の利益計算においても大きな役割を演ずる。

　通常，プランニングとコントロールという管理上の基本的活動が存在するが，プランニングというのは組織目標にしたがって組織内の各領域が活動目標を立案し，それを達成するための手段を検証することである。コントロールは諸目的を達成する手段を実行する過程で経営活動がプランどおりに実行されることを確実にする過程である。原価計算はこのような企業の常規的経営活動の中では予算を通じて，コントロールに有益なデータを提供するものである。

　企業の個別計画や総合管理のために原価計算を利用することによって利益計画，予算編成がより一層確実，有益なものとなり，原価計算を管理用具として発展させることができる余地が存在していた。直接原価計算は変動原価と固定原価を区別し，前者で製品原価を計算し，後者を期間原価として区分することによって利益計画，価格設定などに原価計算を利用しやすくしているものである。

　予算は，経営活動を貨幣尺度で表したプランである。たとえば利益予算は将来の一定期間における費用，収益のプランニングを表明するものである。製造予算は棚卸資産の水準，生産量その他，製造領域に樹立された計画であるが，必要とされる種々のタイプの原価データの提供が求められる。マネジャーは原価計算を通じて経営活動をコントロールし，組織の中の達成すべき諸目的を遂

行するため代替的方法を立案したりする。計画と比較して目標達成結果の如何によっては管理者を賞賛したり，罰したりすることもある。たとえば，製造部門の管理者に対する製造原価レポートにおいて計画された原価より高い原価がかかっていれば，原因を調査しなければならない。原価が高かったのは多くの仕損があったこともあろうし，また労働が不能率であったこともあろう。外部市場が激しく変動し材料価格が異常な高騰となった場合もあろう。原価管理にはコスト・データの利用が欠かせないのである。

マネジャーが意思決定を行うときは，問題を検証し，別の面からの慎重な分析が望まれる。設備投資を行うかどうかといった特別の意思決定は資本予算に関するものであるが，長期的な観点からの検討が必要である。そのような資本予算の編成例として現存設備を取り替えるか，労働節約型機械を投入するか，生産能力を拡張するか，新製品を生産するかどうかといったような意思決定である。追加投資を必要としないような，たとえば生産工程の改善，販売価格の改定，アウトプット量の調整といったものもある。これら意思決定に原価情報は欠かせない。

わが国の原価計算基準においては原価計算の目的について
A　企業の出資者，債権者，経営者などのために過去の一定期間の損益ならびに期末の財政状態を財務諸表に示すため，必要な真実の原価を提供すること
B　価格計算のために必要な原価資料を提供すること
C　組織の各階層の経営管理者に対して原価管理に必要な原価資料を提供すること
D　予算の編成ならびに予算統制のために必要な原価資料を提供すること
E　経営の基本計画を設定するに当たり，必要な原価情報を提供すること
などを主要なる目的として掲げている。

§2 給付の生産と原価の計算

1 個別生産と総合生産

　企業の生産形態には，大きく分けて個別生産形態と総合生産形態が存在する。前者は顧客からの受注によって個別的に生産するものであり，受注生産ともいわれる。後者は一定の製品を市場における販売可能予測のもとに大量生産を行うもので市場生産ともいう。このような生産形態に基づいて原価計算も計算手続きが異なってくる。船舶，建物，橋梁，高度精密機械，高級家具などの生産には個別原価計算が適用され，石鹸，テレビ，セメント，その他量産品は総合原価計算が適用される。経済生活の進歩によって生産形態はおよそ，個別生産から総合生産へと移り変わってくる。それに相応して原価計算も個別原価計算（Job-Order cost system）から総合原価計算（Process cost system）に変わってくることが考えられる。個別原価計算は種類，規格を異にする当該製品の原価を個別的に計算するものであり，生産も個別的に行われている。

　総合原価計算は，原価計算期間における原価を期間ごとに総合的に計算し，厳密にはそれを完成品原価と月末仕掛品に按分して完成品原価を完成数量で除して製品単価を計算する方法である。総合原価計算は企業が生産する製品が単一種類か，複数種類の製品であるかによって原価計算方法も多少異なる。また生産工程が一工程であるか，複数工程であるかによっても計算方法が異なる。生産する製品が単一で生産工程も単一であれば，それに適用される原価計算方法は単純総合原価計算ということになる。単一製品を複数工程で連続生産する生産形態に適用する原価計算方法を工程別原価計算という。複数種類の製品を単一工程で生産する場合の原価計算を組別総合原価計算という。複数種類の製

品を複数工程で連続生産する生産形態に適用する原価計算を組別工程別原価計算という。場合によっては工程別に原価計算するとき，原材料費は除外して労務費や経費の加工費のみを工程別に原価計算する加工費工程別原価計算という方法も存在する。

原価計算方法は生産形態によって二つに分けることができることを前述した。個別原価計算は製品そのものの，生産量が互いに異なる個別生産で給付の性質がそれぞれ識別できるものに適用される計算形態である。

総合原価計算は製品やサービスが一連の継続生産され，発生原価が工程に集計され，平均原価が算定されるものである。

2 原価情報の目的別分類

原価情報はマネジメントの要求する目的にしたがって提供される。現代企業においてはだいたい次のようにコスト・データが加工されて提供される。

全部原価は製造固定費と変動費がアウト・プット単位にチャージされ，企業の販売費，一般管理費の適正なる配分額を負担する。単位当たり総原価と販売価格との差額は単位当たり利益を示す。

直接原価は，変動原価のみが原価単位に集計される。販売価格と単位当たり変動原価との差額は貢献利益（Contribution）として一般に理解されている。固定費は期間利益を算定するために貢献利益総額に対して対応させられる。

標準原価は原価，収益の発生に対して事前的な管理基準としての尺度を提供する。実際額を標準額と比較することによって差異額が計算され，それが原価管理や能率増進に対する改善策のために利用される。

予算原価は経営政策に対するマネジャーの責任を達成するため，貨幣尺度による計画を立案したものである。予算を実際額と比較することがポリシーの達成度を示すため，あるいはポリシーを修正するために必要である。

図表1-1 原価情報の目的別分類

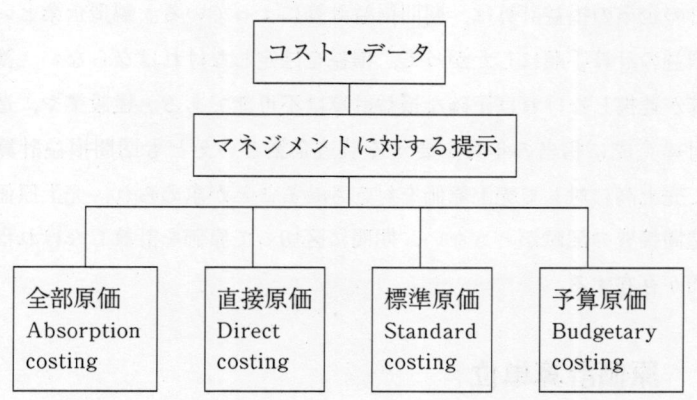

3 期間損益と原価計算期間

　原価計算は製品生産のために発生した原価を計算するものであるが，この点では製品という対象物に対して計算されるといえる。財務会計は会計期間に発生した損益を確定し，資本の増減を会計期間に対し集計して損益計算を行う。

　原価計算においては，期間計算がまったく必要でないといえるのであろうか。そうはいえない。個別原価計算の場合，製品ごとに直接材料費，直接労務費など集計していくが製造間接費は期間的に計算して製品に配賦しなければならない。工場の減価償却費，租税公課，固定資産税など間接費項目は期間的にその発生額を把握しなければならない。総合原価計算は期間的に生産量を把握し，当該期間の発生原価を集計するのであるから期間計算を必要としている。このように原価計算領域においても対象計算を主要な計算としていながら期間計算をともなっているのである。原価計算期間は通常1か月である。財務会計の会計年度が1年，あるいは6か月という期間を採るのに原価計算期間が1か月という短い期間を採るのは経営管理上の要求によるものである。経営意思決定，

経営政策，原価管理の是正措置をとること等のため1か月という短い原価計算期間が採られるのである。

　今日の企業の損益計算は，期間損益計算によっている。製造企業といえども期間損益の計算手順にしたがって，損益を確定しなければならない。簿記と原価計算が連携しなければ正確な損益計算は不可能である。建設業や，造船業など給付の完成に相当の年月を要する製造企業といえども期間損益計算にしたがって売上高に対して売上原価を対応させることが求められ，売上原価の計算に製造間接費の配賦がともない，期間に区切って原価を計算しなければならない側面が存在する。

4　原価計算単位

　生産企業では原材料を投入し，加工を加えて製品を生産するが，このような生産活動に必要なイン・プットとしての原材料費，労務費，経費など，発生する原価を企業の生産するアウト・プットについて集計する必要がある。それは棚卸資産評価，生産能率，原価管理にとって有益な測定尺度になるからである。この原価を集計するアウト・プットの製品単位を原価計算単位，あるいは原価単位という。小規模企業の場合はアウト・プットは一種類の場合もあり，生産規模が大きくなれば，複数種類，そして企業の最終完成品のみならず，完成段階以前の半製品段階において原価計算単位が存在する。原価計算単位はこのように一定の製品，あるいは作業について原価を測定するための対象として選定されたアウト・プットの数量単位といえる。たとえばガロン，個数，箱，ポンド，バレル，樽，袋，グラム，ヤード，時間，フィート等はアウト・プットの単位である。原価単位は業種，企業規模，販売方法，といったものの相違に基づいて数多く考えられる。生産規模によってはA製品1個が原価単位になることもあれば，100個が原価単位になることもある。

　原価単位当たりの原価計算は個別原価計算の場合，1個あるいはロット単位に原価を累積計算していくが，量産企業の場合は原価計算期間における生産量

について原価が集計され，その原価を生産量で割って単位当たりの製造原価が計算される。

練 習 問 題

次の問題に答えない。
1　原価計算にはどのような目的があるか。
2　経営におけるマネジャーの役割とは何か。

第2章　原価の諸概念

§1　原価の概念

　生産のために費やされた経済的価値犠牲額を原価というが，それは種々の観点から区分される。個別的原価の概念は原価計算制度上の原価概念および特殊原価調査上の原価概念に分けられる。また原価の諸概念は原価計算制度との関わりで利用され，管理会計上では業績評価や意思決定との関わりで利用される。

　原価は経済価値の消費であり，また経営において作り出された一定の給付に転嫁される価値である……などとする原価計算基準にいう原価の本質は一般的原価概念である。

　会計上の費用や原価に関して，シュマーレンバッハはドイツで原価概念を確立した。彼は損益計算上，計算される財貨の消費が費用であり，原価計算上，生産の給付と対比される財貨の消費が原価であるとしたのである。企業会計上，投資不動産の管理費のように費用でありながら原価でない中性費用，贈与機械の減価償却費のように費用として認識されず原価計算上原価として認識される付加原価，製造原価および販売費のように原価でありながら費用としても認識される損益計算上の目的費用，これはまた原価計算において費用でありながら原価としても認識される基礎原価であり，これらのことを図表2－1は表している。

図表2－1　損益計算上の費用と原価計算上の原価

| 中性費用 | 原価である費用 | ………………… | 損益計算 |
| | 費用である原価 | 付加原価 | …… 原価計算 |

　個別的原価概念には制度的原価概念と特殊原価概念が区別され，実際原価や

期間原価，さらに見積原価，標準原価，製品原価などは制度的原価概念として分類され，これらの諸概念はおよそ実際原価と予定原価に分類される。

特殊原価概念はおよそ未来原価と差額原価に分けられるが，取替原価，機会原価，付加原価などは未来原価に属し，現金支出原価，回避可能原価，増分原価などが差額原価として分類される。

§2　原価計算制度上の原価概念

原価情報をいかに提供すべきか，また，マネジャーはその情報をいかに利用すべきか，アイデアに富み，加工された有益な情報を理解するために基本的原価諸概念について考察してみょう。

1　歴史的原価（historical costs）と未来原価（future costs）

企業の財務諸表は過去の状況を報告するものである。期間的に報告される測定値には過去に決定した貨幣価値に基づいた，すなわち歴史的原価が含まれており，これを過去原価ともいう。将来において管理者がいかに行動しようとこれらの過去の原価は変わることはない。経営行動に関する二者択一の意思決定に迫られるとき，管理者は未来に変化させることのできる原価に的を絞って検討を加えなければならない。歴史的原価による情報は過去の経営行動の結果を評価するのに，そして将来のプランニングの出発点として有益である。しかし，歴史的原価は未来にどのような原価が発生するかに関してあるアイデアを与えるかもしれないが，意思決定を行う際，ガイドとなるのは未来原価である。たとえば旧式の機械がどれくらいの原価を発生せしめたか，あるいは帳簿価格がどれくらいであるかといったことよりも，旧式化した機械を新式の機械と取り

替える場合，どれくらいの原価差額が発生し，以後の生産にどれほどの原価の相違が起こるかを見極めることが重要である。未来原価は予想原価とも計画原価ともいわれる。しかし，予想原価は管理者の行動がその原価発生の上にほとんど，あるいはまったく影響しないことを暗に意味しており，計画原価は管理者が意識的に原価発生に重大な影響を与えるような方法で行動しようとする場合の原価を意味する。

　原価計算は企業の損益計算にデータを提供することのみを以てその役割を終えるものではない。それは原価管理，価格設定，予算編成など独自の役割提供が求められている。このような領域に用いられる原価データは歴史的原価というよりも，むしろ将来原価，未来原価がその役割を発揮できる。歴史的原価（実際原価）は文字どおり実際に発生した原価で，実際の消費価格に実際消費量を乗じて計算される。

> 実際消費価格×実際消費量＝実際原価
> 予定消費価格×実際消費量＝実際原価

　もともと実際原価は，このように理解されたが原材料や賃金，製造間接費の計算にいちいちこのような実際原価を計算していたのでは時間と手数がかかり，消費量が実際である限り，価格は予定であってもその積は実際原価を示すという解釈が行われるようになってきた。すべての原価について実際を計算することに徹すれば膨大な計算量と時間がかかり，原価データの利用のタイミングを失う結果となる。月末，年度末になってはじめて実際原価データを集計し，実際原価の計算を算定するというのではその結果が半月あるいは1か月遅れてはじめて利用できるということになり，それでは実務的ではない。原価計算は迅速化されて適時に利用されなければならない。原材料，賃金，製造間接費計算に予定価格，予定賃率，予定配賦率を用いて計算の簡素化とスピード・アップが図られてきた。したがって，予定を組み込んだ原価が経営意思決定上の要請もあって一般化してきた。

将来原価は予定原価ともいうが，予定原価とは原価の消費量を予定し，消費価格を予定して計算した原価である。次期の生産活動において発生するであろう原価額を予定消費数量，予定消費価格でもって，すなわち

$$予定価格 \times 予定消費量 = 予定原価$$

によって計算するのである。

　予定原価が企業予算の編成と重要な関係をもっていることが留意されなければならない。企業予算は企業全般に関する諸活動を調和のとれた有機的組織体にもっていかなければらならない。販売予算，製造予算，財務予算といったものが有機的に結合して企業目標が到達される。企業の各部分予算は次期に発生するであろうと考えられる原価を予測して編成される必要がある。計画と統制が原価計算と大きく結び付くことになった。標準原価計算は主として生産現場の管理用具として役割を演じてきた。複雑化する企業の計画，コントロールの手法として予算が発展してきたが標準原価計算と予算は互いに関連をもっている。

2　単位原価（Unit Costs）と総原価（Total Costs）

　原価計算は製品やサービスを一単位生産するために必要な原価も提供する。たとえば，ハンバーガー生産者はあるとき，その月に10,000個の製造販売があり，下記のような原価が発生したとすれば，ハンバーガーの平均製造原価が¥0.20になると計算する。

月　10,000単位	総原価	単位原価
店舗料	¥　600	¥　0.06
賃　金	¥　400	¥　0.04
材料費	¥1,000	¥　0.10
	¥2,000	¥　0.20

マネジャーはハンバーガーの売価を変更すべきか，調理人の賃金を引き上げるべきかといった検討事項について意思決定しなければならないときがある。これらの意思決定を行うに際し，その月の単位原価¥0.20を利用することは誤りに導く可能性がある。なぜならハンバーガーの売上が，月中，近隣の祝祭日，旅行等その他の影響で5,000個しか生産販売できない場合も考えられる。店舗料はハンバーガーがいくら生産販売されたかに関係なく¥600であり，店を開店している限り労務費も一定と考えられ，販売量に比例して増減するハンバーガーの原価は材料の原価のみである。このような状況の中でその5,000単位生産販売した月の予想される総原価，単位原価は次のように計算される。

月 5,000単位	総原価	単位原価
店舗料	¥ 600	¥ 0.12
賃　金	¥ 400	¥ 0.08
材料費	¥ 500	¥ 0.10
	¥1,500	¥ 0.30

したがってこのような状況で総原価は¥1,500に減じ，単位原価は¥0.30へ増加する。価格は短期的には全部原価を下回っても操業を中止する理由は存在しない。

3 製品原価（product cost）と期間原価（period cost）

原価が収益とどのように対応するかといった観点から原価を分類することができる。いわゆる財務会計の視点から原価は製品原価と期間原価に分類され，原価が製品へ集計され，収益である売上と製品を媒体に対応させられる原価が製品原価である。

製品原価は生産・給付に集計され，給付を媒体に収益に対応させられる原価である。これに対して当該期間に発生した原価で製品へ集計するのでなく直接に期間の収益に対応させるものは期間原価といわれる。製品原価と期間原価と

の区分はそれらが棚卸資産を構成するか否かによっていることになる。財務会計では製造原価（工場原価）を製品原価として，販売費，一般管理費を期間原価としている。

また，直接原価計算においては固定原価は製品へ集計せず期間原価として当該期間の収益に対応させられ，変動製造原価のみが製品へ集計されて製品原価とされ，販売された部分が売上原価となって期間の収益に対応させられる。

4　製造原価（product cost）と総原価（total cost）

経営の主要機能である生産，販売，管理の活動に発生する原価を製品に関連づけて分類することができる。

生産活動では材料費，労務費，経費などを消費するが，なかでも直接材料費，直接労務費，直接経費などは製造直接費を構成する。製造直接費は生産給付と直接因果関係が認められる原価であり，製造間接費は間接的に原価と給付の関係が認められるものである。かつて直接材料費に直接労務費を加えたものを素価（prime cost）といった。製造直接費に間接材料費，間接労務費，間接経費などの製造間接費を加えて製造原価が計算される。

販売および管理活動に生ずる販売費，一般管理費は通常，価格設定の場合を除いて製品に集計することが少ない。販売費，一般管理費は売上に直接対応させるので期間原価とされる。販売費，一般管理費は営業費ともいわれるが，製造原価に営業費を加えて総原価が得られる。企業は利潤を得なければならないし，利潤は製品を販売して，販売価格を実現することにより獲得されることになる。販売価格は総原価に利益を加えて得られる。これら原価構成は図表2－2のように表される。

図表2−2　原価構成と製品価格

			利　益	
		営業費	総原価	販売価格
	製造間接費	製造原価		
直接材料費 直接労務費 直接経費	製造直接費			

5　全部原価（full cost）と部分原価（partial cost）

　原価を集計する範囲を対象に全部原価と部分原価の区分が行われる。たとえば製品原価を基準として製造活動に発生したすべての原価，すなわち材料費，労務費，経費など工場原価のすべてを集計すれば，それは全部原価であり，それらの諸原価の中の減価償却費，地代など固定原価を全部原価から除去した変動製品原価は部分原価といわれる。総原価を基準に製造原価を考えるとき，総原価に対して製造原価は部分原価になる。全部原価と部分原価は相対的概念である。部分原価概念は価格政策，操業度政策など諸経営計画にとって有益な情報である。

6　直接原価（Direct Costs）と間接原価（Indirect Costs）

　原価が特定単位の製品へ，また経営活動の特定のセグメントへ明確に跡付け得るならばその原価は製品，セグメントにとって直接原価（Direct Costs）である。たとえば，ハンバーガーに使用される原材料の肉はハンバーガーにとって直接原価とよばれる。あるタイプの原価はある特定製品よりも他の複数製品へ，また，ある特定の部門よりも他の複数部門へ共通的に便益を提供するために特

定製品や，特定部門との間には直接的な関係を認めることができない場合がある。そのような場合，当該原価は間接原価（Indirect Costs）または共通原価とよばれるが，それを用役を提供する製品全体および組織の各部門全体への配賦はせいぜい私意的とならざるを得ないが，配賦することが有用である。ある基準で製品や部門へ配賦される共通原価を間接原価という。工場の夜間の警備員のサラリーは明らかに製造活動全般には直接的に関連をもつが，しかし各生産部門や製品に対しては間接原価である。

7　固定費（Fixed Cost）と変動費（Variable Cost）

　管理会計では計画のための原価概念，統制のための原価概念が求められる。生産活動や販売活動など経営の操業度と原価の発生態様を考察すれば，操業度の変化に比例して発生額が増減する原価が変動費であり，それらには素材，買入部品，販売手数料などその他がある。固定費は操業度の変化に関係なく，その発生額が一定の原価であり，減価償却費，地代，家賃，固定資産税などがある。しかし，経営に発生する諸原価は固定費と変動費にはっきりと分け得るものではなく，電気料金やガス代は一定額が固定費部分として発生し，さらに利用度に応じて料金が増えるような原価発生態様を表すが，これらは準変動費といわれる。管理者の報酬は一定の操業度では固定的であるが，操業度が一定の範囲を越えれば，その支払報酬は増加し，段階的な増減状況を表す。このような原価を準固定費という（図表2－3）。

図表2－3　原価の態様

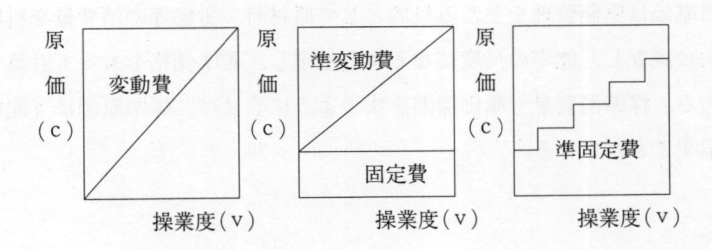

8 キャパシティ・コスト (capacity cost)

　企業規模が大きくなると高度な設備を保持し，多数の要員を抱える。そこで企業は人員を組織化し，人的，物的資源を有効利用しなければならない。設備を保有し，組織を維持していくのに固定的に発生する原価を能力費とかキャパシティ・コスト (capacity cost) という。キャパシティ・コストにはコミッテド・キャパシティ・コスト (committed capacity cost) とマネジッド・キャパシティ・コスト (managed capacity cost) が区別される。

　コミッテド・キャパシティ・コストは減価償却費，支払地代，租税公課など過去の意思決定により発生する原価であり，現在のマネジャーの意思決定では変更することが困難な，あるいは不可能な原価である。

　マネジッド・キャパシティ・コストは研究開発費，広告費，監督者給料など，操業度によってではなく，経営者の裁量により発生額が決定される原価である。研究開発費や広告費といったマネジッド・コストは経営者のポリシーを表すコストでポリシー・コストともよばれる。監督者給料，生産販売活動にともなって発生する補助部門費，品質管理費などは経営能力を準備することから発生するのであるからマネジッド・キャパシティ・コストの中のオペレイティング・コストである。ポリシー・コストは割当型予算により，オペレイティング・コストは変動予算によって管理される。

9 標準原価 (standard cost)

　標準原価は原価管理を主たる目的として原材料，労働等の消費量を科学的，統計的に調査し，能率の尺度になるよう予定し，標準価格をもって計算した原価である。標準消費量や原価標準を次のように表せば，標準原価は下記の計算式で示すことができる。

> Qs・・・標準消費量　　Ks・・・標準原価
> Ps・・・価格標準
> Ps×Qs＝Ks

標準原価は，原価の消費量を標準消費量にする点で見積原価，予算原価と異なる。

10　予算原価（budgeted cost）

予算原価は予算に取り入れられる原価をいう。したがって，企業のおかれた与件のもとで予算期間に発生するであろう未来原価である。予算原価は予算統制システムに取り入れられるが，実績と予算の差が大きくなりすぎると予算と実績を通じて利益管理を行う利益計画の完遂にも支障が出てくる。予算価格をPb，その数量をQbとすれば，製造活動上の予算原価Cbは次のように表される。

$$Cb = Pb \times Qb$$

11　管理可能原価（controllable cost）と　　　管理不能原価（uncontrollable cost）

原価はその発生源泉で管理者によって管理できるか否かにより，管理可能原価（controllable cost）と管理不能原価（uncontrollable cost）に分けられる。管理可能原価は当該管理者にとって管理できる原価であり，材料費や外注工賃は現場管理者にとっては管理可能原価である。設備の減価償却費や固定資産税など固定費の多くは現場の管理者にとってはその発生に影響を与えられず，管理できないから管理不能原価である。

管理可能原価，管理不能原価の区分は相対的なもので経営活動の長期，短期により，また階層組織のレベルの高低により異なってくる。減価償却費は短期的には管理不能原価であっても，設備投資の可否の意思決定の行われる時期，利用設備の廃棄が決定される時期をも左右する最高経営者の意思決定の観点から管理可能原価といえる。そして組織レベルの観点からも現場の設備のオペレータにとっては減価償却費は管理不能であるが，トップ・マネジメントにとっては管理可能原価といえる。

§3　意思決定と原価の諸概念

　原価計算制度から離れて経営計画に対して使用する原価の諸概念を特殊原価概念という。特殊原価調査は計算目的に特殊性をもち，臨時的に行われ，経営計画と関連性をもっていることである。

　経営計画は個別計画（project planning）と期間計画（period planning）に分けられる。個別計画は広義には，未来活動の意思決定に到達する過程であるが，それはもっとも重要性の少ない労働者の意思決定から企業の命運に影響するほど重要性の高いトップ・マネジメントの広範な意思決定に至るまでさまざまなものが存在する。それ故，経営意思決定を構造的意思決定と業務的意思決定に分類できる。経営立地，経営給付の内容の変更，設備投資問題，組織改変などは構造的意思決定であり，構造的意思決定は長期経営計画の枠の中で行われる。反復的に行われる新規注文の引受けの可否，部品を自製するか外注するか，製品を追加加工するか，既存製品の生産の中止または継続などの意思決定は業務的意思決定であり，短期経営計画の中で行われる。

　たとえば，ある製品の特定数量に対する差別価格を設定する際，過去の原価記録から差額原価を計算することは差額原価の計算であり，特殊原価調査になる。価格決定は戦略的意思決定に入ることもあれば業務的意思決定に入ること

もある。期間計画の段階で製品予定価格が不適切で誤っていることが発覚すれば検討し直さなければならないが，これは個別計画の問題である。価格決定がプロジェクト・プランニングであるよい例は，差別価格の決定である。地域別，取引先別の差別価格，季節的差別価格の決定問題などがあるが，これらは差額原価を手がかりとして問題解決していくことになる。

1 機会原価 (opportunity cost)

　経営計画において代替的な二つの甲案，乙案の意思決定案があり，甲案では￥1,000万の利益が得られ，乙案では￥900万の利益が得られるとすれば，甲案を採択するとき乙案は断念され，￥900万の利益は放棄されることになる。この￥900万は機会原価である。機会原価は受注の可否，投資の是非を判断する資料になる

　さらにA工程，B工程を通過して製品が完成するとしよう。A工程を通過した半製品は￥2,000で販売できるが，引き続きB工程へ投入して加工すれば，このA工程の半製品を外販する意思決定を断念して￥2,000の収入は放棄されたことになる。この失われた収入が機会原価である。

　制約資源をなんらかの用途に利用すれば，最低これだけは利益をあげ得るという資源の最低利益がその制約資源の機会原価である。

　放棄された代替案が二つ以上あれば，機会原価の測定は失われた利益額のうち，最大値のものによって測定される。工場相互間，部門間に実際原価によらず，市価を適用して棚卸資産の振替価格を設定するのも機会原価概念を適用している例といえる。

　既述の中間製品を外販するか，追加加工するか。また，副産物を作業屑として販売するか，追加加工して販売するか，固定資産を賃貸しするか，売却するかなど，機会原価の適用領域は経営意思決定問題が存在するところには少なからず存在する。

2 差額原価 (differential cost)

差額原価は生産量や販売量など操業度の変化により生ずる原価の差額である。その差額は総額で測ることもあり，単位当たりについて測ることもある。操業度が増加すれば発生原価も上昇し，その差額原価は増分原価であり，操業度が減少し発生原価が減少するとき，その差額原価は減分原価である。

たとえば図表2－4のように生産量が10,000個，11,000個，12,000個……と増加するにつれて総原価が¥120,000, ¥140,000, ¥165,000と増大していくとすれば，その増大していく増分原価の差額は¥20,000, ¥25,000, ¥30,000となり，それが差額原価である。逆に生産量の減少による原価の減少分を減分原価 (decremental cost) という。差額原価のうち操業度の増減による生産量1単位当たりの原価の増減分を限界原価 (merginal cost) という。

図表2－4　総原価と差額原価

生産量	総原価	差額原価
10,000 個	¥ 120,000	¥　　―
11,000	140,000	20,000
12,000	165,000	25,000
13,000	195,000	30,000

操業度の変化のみによるとき，差額原価には変動原価のみが含まれることになる。差額原価概念は経営意思決定にとって欠かすことのできない原価概念であり，いまや操業度のみならず，製品構成（プロダクト・ミックス）の変化や設備投資などにより変化する原価発生額も差額原価概念であるといえる。新規設備の導入，生産方法の変化などによって現れる差額原価には変動原価のほかに固定費も含まれることもある。経営意思決定に適切に利用できる原価概念は未

来の差額原価である。

3 取替原価（Replacement Cost）

　取替原価は市場価格基準で評価された原価概念で，再調達原価ともいう。15年前の土地の貸借対照表価額が¥3,000万であっても現在の市場価額では¥3億であるといったような場合である。製品原価の見積りを行う場合，その原価要素を帳簿価格から離れて市場価格で評価すれば，市場価格による見積原価が得られる。

4 付加原価（imputed cost）

　自己資本利子や企業家賃金などのように通常現金支出をもたらさないが，それらに関わるプロジェクトの採算性の計算には，勘案しなければならない原価概念である。贈与により取得した固定資産の減価償却費もそうである。付加原価は一般会計記録には表れないし損益計算書上，費用として計上されず，原価計算上，原価の比較性を保持するため原価項目として加えるべきものである。意思決定に際して付加原価は機会原価の意義も有することになる。自己資本利子や企業家賃金は機会原価概念でも説明でき，いわゆる機会原価と付加原価はときに同義語として用いられ得るのである。

5 回避可能原価（avoidable cost）

　ある製品ラインを継続生産するか，中止するかの意思決定を迫られたとき，当該生産ラインを継続生産すれば発生し，生産中止すれば発生しない原価，すなわち回避できる原価を回避可能原価という。回避可能原価は意思決定にとってそれは関連原価であり，変動原価であることが多いが，当該生産ラインに属する直接固定原価も回避可能原価の範疇に入る。

6 延期可能原価 (postponable cost)

　現在投入しなければ経営に支障をきたすという原価ではなく，将来に投入を延期しても経営になんら影響しない原価である。この原価概念はプロジェクトの採否にあたっては無視してもよい原価概念である。工場の緑化施設の投入原価，工程改善費や機械保全費の一部などはこれに属する。回避可能原価と異なる点は延期可能原価が将来には投入必至である点である。

7 自由裁量原価 (discretionary cost, policy cost)

　教育訓練費，広報関係費，研究開発費等は究極的にマネジメントの裁量によって決定される。工場管理者，監督者の報酬なども経営者が当該期間のコストの額を専門見地から判断して決められる。これらの原価が自由裁量原価 (discretionary cost) であり，プログラムド・コストとかマネジッド・コストともよばれる。多くのマーケティング・コストや管理のコストは自由裁量原価である。企業が財政的に逼迫すれば，これらのコストは劇的に減じられることもあり，競争者の製品が技術的により進み，要員の教育訓練，製品のデザイン変更が緊急であると判断されればトップ・マネジメントの意思決定により増額されることもある。コミッテド・コストとディスクレショナリ・コストとの区別をすることによりプランニングとコントロールや諸意思決定を一層有効にする。

8 現金支出原価 (out of poket cost)

　この原価は意思決定に基づいてただちに，または近い将来に現金支出をもたらすコストである。プロジェクトのキャッシュアウトフローは現金支出原価概念として意思決定に欠かせない。

　設備の取替投資をする場合，新設備価格から旧設備の処分価格を控除した正

味投資額，すなわち正味現金支出額は現金支出原価であり，これは投資額としても用いられる。これはしばしば変動原価，差額原価に分類され，追加投資の資金検討対象にもされる。また追加注文に対処するための直接材料費や直接労務費は関連原価であり，また現金支出原価でもある。変動費はほぼ現金支出原価で，固定費は監督者給料，賃借料など一部が現金支出原価で，減価償却などは非現金支出原価である。現金支出原価は経営計画の意思決定に基づいて発生し，マネジメントは提案プロジェクトの分析にあたり，最小限，この現金支出原価が取り戻せるかどうかを検討対象にする。

売上と現金支出原価を比較して，売上がダウンして現金支出原価より減少すれば操業を中止するといった意思決定を行うことができる。

この点にCVP分析を適用すれば経営の意思決定に役立てられる。図表2－5は現金支出原価，非現金支出原価，売上などの項目にCVP分析を適用した図である。

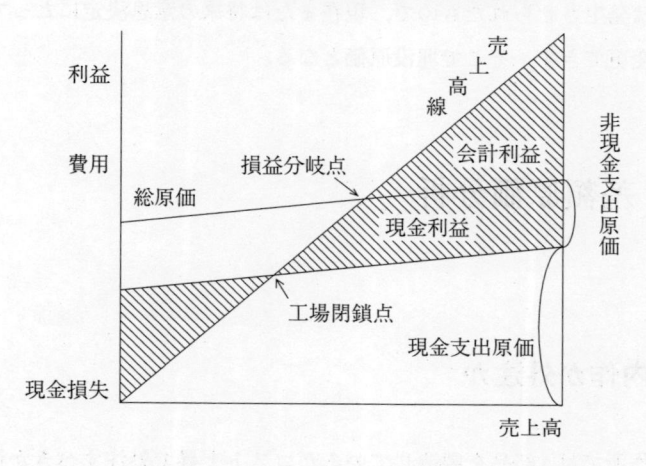

図表2－5　現金支出原価と損益分岐点

図表2－5では操業中止点が売上高線と現金支出原価線の交点に示される。同図で損益分岐点は現金支出原価線に非現金支出原価を加えた総原価線と売上

高線との交点になる。

9 埋没原価 (sunk cost)

物的設備が投入されれば，マネジメントは第一にその資産を利用し，その利用により生ずる収益を通じて，またときには当該資産を市場価値で売却して原価を回収しようと試みる。稼働中の資産を新しいものに取り替えるとき，その資産の未償却部分があればそれが埋没原価（sunk cost）を生じることになる。帳簿価格を有する設備が廃棄価格ゼロで処分されるとき，その帳簿価格は埋没原価となり回収不能な歴史的原価となって意思決定には無関連原価となる。もし設備を利用して操業を続けるなら，設備の減価償却は製造原価になる。埋没原価が新設備投資額に加えられるべきか否かは議論の分かれるところである。

埋没原価は設備や他の生産資源に投入された歴史的支出であり，現在の意思決定には経済的関連性をもたない原価といえる。過去の意思決定によりこれらのコストは発生させられたもので，現在または将来の意思決定にとってはそのコストは変更できず，そこで埋没原価となる。

§4 差額原価分析

1 内作か外注か

松原製作所ではA部品を製造しているがコスト上昇で外注すべきか検討中である。年間5,000個生産し，変動製造単価は直接材料費 @¥5,000，直接労務費@¥3,000，変動製造間接費 @¥2,000である。外部購入すれば，A部品は@¥6,000で入手できるが，輸送費が¥3,000,000かかる。しかし，外部購入す

ることにより，監督者や技術者，専用機械などのコスト¥6,000,000が節約される。差額原価概念を利用し，外注すべきか否か検討すれば次のようである。

	内作する場合	外注する場合
直接材料費	¥25,000,000	
直接労務費	15,000,000	
変動製造間接費	10,000,000	
監督・技術者，専用機械のコスト	6,000,000	
A部品代		¥30,000,000
輸送費		3,000,000
	¥56,000,000	¥33,000,000

上のように差額原価分析すれば，外注の方が有利であることがわかる。

2　受注諾否の分析検討

阪南商会は大阪（株）より受注契約を申し込まれたが，当該注文を引き受けるか否か検討している。注文品は最低保証価格が@¥6,000で，500単位であるが，単位当たり関連原価の資料は次のとおりである。

直接材料費	@¥1,000
直接労務費	〃 2,000
外注費	〃 1,500
変動製造間接費	〃 1,200
	¥5,700

固定製造間接費は，配賦率が@¥800である。
そこで注文品500単位に対する損益計算書は，次のようになる。

損 益 計 算 書

増分収益	@¥6,000	500単位	¥3,000,000
増分原価			
直接材料費	@¥1,000		500,000
直接労務費	2,000		1,000,000
外 注 費	1,500		750,000
変動製造間接費	1,200		600,000
	¥5,700		2,850,000
増分利益			150,000

　増分収益から増分原価を控除すれば増分利益は¥150,000になる。したがってこの場合，注文契約は受けてよいことになる。固定製造間接に関わる減価償却費や保険料などはこの場合，既述のサンク・コストであるからこの意思決定には無関連である。

3　製品有利性の判定

　製品組合せ等に直接原価概念を利用して各製品の利益性を判断するのに役立てられる。図表2－6におけるように製品A，B，Cの利益性を判定するとき限界利益を算定し，限界利益の大きい製品を優先して生産，販売すればよい。

図表2-6　限界利益と製品有利性

	総額	A品	B品	C品
売　　上	10,000	5,000	3,000	2,000
直接原価	4,700	2,000 (40%)	1,500 (50%)	1,200 (60%)
限界利益	5,300	3,000 (60%)	1,500 (50%)	800 (40%)
固 定 費	3,000			
利　　益	2,300			

　売上高から直接原価（変動費）を控除すれば限界利益が算出されるが，売上高に対する直接原価（変動費）の割合を変動費率という。売上高に対する限界利益の割合を限界利益率という。A品についていえば，変動費率は40％であり，限界利益率は60％である。変動費率は

$$変動費率 = 1 - 限界利益率$$

によって計算され，したがって限界利益率は

$$限界利益率 = 1 - 変動費率$$

として計算される。

　上記のA，B，C製品に対する最も有利な組合せは上記のように限界利益率の大きい順に，そして変動費率の小さい順に組み合わせればよい。

　製品組合せ計画は品種別の利益率を測定し，製品ごとの利益性を判断し，製品の有利，不利を決定するものである。製品組合せ問題は製品別利益率を第一に，販売の現実性，生産能力，現有労働，生産方法などによる生産の可能性，そして財務の上からも検討を加えて品種別の具体的な販売量，生産量を決定するものである。経営全般に関わるもので短期，経常的利益計画の中軸をなして

おり，ピリオド・プランニングに属する。

〈参考文献〉

門田安弘編著『管理会計学テキスト』税務経理協会　平成7年

田中雅康「原価維持から原価企画・原価改善の原価管理へ」『企業会計』'98　Vol.50 No.2

松本雅男，土淵健一他『最新例解原価計算詳解』春秋社　1981, p.458.

櫻井通晴著『管理会計』同文舘　平成9年

溝口一雄著『最新例解原価計算』中央経済社　昭和60年

Letricia Gayle Rayburn, *Principle of Cost Accounting Using A Cost Management Approach,* Forth Edition IRWIN 1989.

岡本清編著『管理会計の基礎知識』中央経済社　昭和57年

練習問題

1　製品原価と期間原価について述べよ。

2　A部品を年間4,000個生産し，その変動製造単価は直接材料費＠¥2,000，直接労務費＠¥2,000，変動製造間接費＠¥1,000である。外部購入すればA部品は＠¥3,000で入手でき，輸送費が¥1,500,000かかる。しかし，外部購入することにより，監督者や技術者，専用機械などのコスト¥3,000,000が節約される。外注すべきか否か。

第3章
原価の費目別計算

§1　材料費（Material Cost）の会計

　企業サイドから材料は購入原価が低く，生産活動に品切れによる支障が生じてはならず，調達可能なものが望まれる。材料の在庫を多くもちすぎて資金の不効率を招くことがあってはならない。そこには材料の陳腐化，品質低下，損傷の率の増加といったリスクが入り込んでくる。

　材料に関する種々の意思決定に会計数値は欠かせない。経営活動に無駄，浪費のない材料の効率的利用が求められる。

1　材料の種類

　原価計算上，材料費とは物品の消費によって発生する原価を意味し，具体的に素材費，買入部品費，燃料費，工場消耗品費，消耗工具器具備品費などのような材料費項目がある。

(1)　素材（原料）

　家具を作るための木材，建築木材，プラスチック製品のプラスチックなど製品の実体を構成するものである。製品に素材の形跡を残している場合が多い。

　原料費は製品の主要部分を構成するものであるが，いったん，化学変化を起こして製品に化体していくもので製品に原料の形跡は残していない。ビール製造業のビール麦，酒の酒米等は原料という。

(2)　買入部品

　自動車のエンジンおよびドア，自転車のペダルなど製品の基本的一部を構成する物品で外部から購入するものを買入部品という。これを企業内部で製造す

れば自製部品として買入部品とは区別して処理することになる。

(3) 燃　　　料

灯油，重油，ガソリンなど燃料として物品が消費されれば燃料費として原価を認識する。石炭や薪など消費しても，それらはもちろん燃料費として処理する。

(4) 工場消耗品

製造工場の機械操業を良好な状態に保ち，作業環境に対して安全を確保するため，機械の清掃に必要なウエス，機械注油，作業用の手袋，長靴など，さらに製品製造に必要な糠釘，ニスといったものの消費物品を工場消耗品として処理する。

(5) 消耗工具器具備品

ペンチ，スパナ，金尺，ノギス，計器など何回かの使用に耐えるが耐用年数が1年未満とみなされるか，取得原価が一定額に満たないものを消耗工具器具備品として処理する。

2　材料調達の費用

材料を購入する場合，材料の運搬費，保険料，積卸しの費用など諸費用がかかる。トラック輸送，海上輸送の場合をみてもこれらの費用は無視できない。材料が企業の構内に搬入されれば検収，整理する手間と費用がかかる。このような材料の調達に際して発生する費用を材料副費という。材料の調達契約によって材料価格が決定されるが材料購入原価はこの材料代価（価格）に上に述べた購入にかかった諸費用を加えて計算されることが原則である。

材料副費には材料を企業に搬入するまでにかかった外部材料副費と企業に搬入してから発生した整理，選別等の費用のような内部材料副費が区別される。

それぞれについては，次のようなものがある。

　外部材料副費 …………… 引取運賃，保険料，関税，支払手数料など
　内部材料副費 …………… 検収費，購入事務費，整理費，保管費など

　通常，外部副費は材料購入代価（価格）に加えるが，内部副費は計算の手数から加えないことがほとんどである。さらに外部副費の中でも重要性の乏しいものについては材料価格に加えないことがある。

　材料内部副費を材料価格に加える方法は，たとえば次のような計算による方法が考えられる。

$$材料内部副費の配賦率 = \frac{一定期間の材料内部副費}{一定期間の材料購入価格，または購入数量}$$

　これによって算定された配賦率を材料購入価格，あるいは数量に掛け合わせ，その積に購入価格を加えれば材料内部副費込みの材料購入原価が算定される。

3　材料消費数量の計算

　材料消費原価の計算は次式のように材料消費価格と消費数量を掛け合わせて計算される。消費数量の把握に継続記録法と棚卸計算法がある。

$$材料費 = 消費価格 \times 材料消費数量$$

(1)　継続記録法（perpetual inventory system）

　この方法は材料の受払いを材料の種類別に材料元帳を設けて継続的に記録する。この元帳に受入欄の受入数量を合計することによって材料購入数量を把握でき，引渡欄の数量を合計することによって消費数量を把握できる。元帳上の

材料残高数量によって棚卸として存在すべき残高数量が把握できる。期末に実地棚卸をすることによって帳簿上の残高と実際残高の食違いを発見し，材料の棚卸減耗の額を知ることができる。

(2) 棚卸計算法

材料の中でも燃料，工場消耗品，消耗工具器具備品などはいちいち継続記録することが困難である。材料元帳を通して消費数量を把握するのでなく，実地に目で確認して棚卸を行う。材料消費数量は直接的でなく，間接的に把握できることになる。その計算式は，次のとおりである。

> 期首棚卸数量＋当期仕入数量－期末棚卸数量＝当期材料消費数量

この棚卸計算法は通常，記録しないから手数がかからない。しかし，期末の実地棚卸しにかなり手数を要し，盗難，蒸発，漏洩，昇華，無駄といった棚卸減耗分が当期消費量の中に含まれてしまう。

(3) 逆計算法

製品の完成数量から逆に材料消費数量を推定するものである。化学製品の生産や，装置工業ではこのような材料消費量の推定方法がよく用いられる。次のような計算で消費量が把握される。

> 製品1単位当たり材料消費予定量×製品生産量＝材料消費量

または

> 製品生産量 ÷ 材料歩留率 ＝ 材料消費量

この方法は期末に実地棚卸計算を併用することにより，棚卸減耗を把握する

ことができ，原価管理にも役立つ。

4　材料消費価格の計算

　同一種類の原材料でも購入時期の違いによって購入価格が異なる場合がある。そこでこの消費価格を決定する方法として先入先出法，後入先出法，移動平均法，総平均法，個別原価法などがあり，材料消費価格を予定をもって行う予定価格法が用いられることもある。

(1)　先入先出法（first in first out method, FIFO）

　先入先出法は物の流れと原価の流れを同様に考え，最初に仕入れた材料からさきに払出製品に転嫁し，原価もそれにともなって古い材料原価がさきに製品原価となることと前提する方法である。期末棚卸材料原価は新しい原価で計上され，期首の材料原価は製品に転嫁していることになる。

図表3-1

材 料 元 帳

FIFO

日付	摘要	受入			払出			残高		
		数量	単価	金額	数量	単価	金額	数量	単価	金額
1.1	繰越	2,000	4.00	8,000				2,000	4.00	8,000
5	購入	1,000	4.10	4,100				2,000	4.00	8,000
								1,000	4.10	4,100
8	引渡				1,200	4.00	4,800	800	4.00	3,200
								1,000	4.10	4,100
15	購入	1,000	4.25	4,250				800	4.00	3,200
								1,000	4.10	4,100
								1,000	4.25	4,250
27	払出				800	4.00	3,200	300	4.10	1,230
					700	4.10	2,870	1,000	4.25	4,250
31	繰越				300	4.10	1,230			
					1,000	4.25	4,250			
	合計	4,000		16,350	4,000		16,350			

(2) 後入先出法 (last in first out method, LIFO)

　後入先出法は物の流れと原価の流れが逆に考えられ，最も新しく仕入れられた材料から製品へ転嫁し，古い材料は材料棚卸資産を構成するといった前提を考えるのである。インフレの進行が顕著な場合にはこの方法によって製品原価を計算すれば最近の購入材料から製品原価が構成され，原価，収益の比較において原材料の保有利益を排除するのに役立つ。先入先出法では材料消費原価，材料棚卸原価がそれぞれ¥10,870と¥5,480であるのに対して，後入先出法では¥11,150と¥5,200となりこの二つの方法で材料消費原価の差額は¥11,150

－¥10,870＝¥280と計算され，後入先出法の方が¥280多い。

図表3－2

材 料 元 帳

LIFO

日付	摘要	受入			払出			残高		
		数量	単価	金額	数量	単価	金額	数量	単価	金額
1.1	繰越	2,000	4.00	8,000				2,000	4.00	8,000
5	購入	1,000	4.10	4,100				2,000	4.00	8,000
								1,000	4.10	4,100
8	引渡				1,000	4.10	4,100			
					200	4.00	800	1,800	4.00	7,200
15	購入	1,000	4.25	4,250				1,800	4.00	7,200
								1,000	4.25	4,250
27	払出				1,000	4.25	4,250			
					500	4.00	2,000	1,300	4.00	5,200
31	繰越				1,300	4.00	5,200			
	合計	4,000		16,350	4,000		16,350			

(3) 移動平均法 (moving average method, MAM)

　この方法は異なった単価で材料を購入する都度，材料の平均購入単価を計算し，これをもとに材料元帳に材料払出原価，棚卸資産評価額を記帳していく方法である。先入先出法と後入先出法の折衷案とも考えられる。1月5日，1月15日の材料購入時の平均単価の計算は材料元帳の下欄に示した計算によって算出される。材料払出原価，棚卸資産額は¥11,005，¥5,345となり，先入先出法と後入先出法の中間の評価額を算出している。

図表3-3

材料元帳

MAM

日付	摘要	受入			払出			残高		
		数量	単価	金額	数量	単価	金額	数量	単価	金額
1.1	繰越	2,000	4.00	8,000				2,000	4.00	8,000
5	購入	1,000	4.10	4,100				3,000	※4.03	12,100
8	引渡				1,200	4.03	4,836	1,800	4.03	7,264
15	購入	1,000	4.25	4,250				2,800	※4.11	11,514
27	払出				1,500	4.11	6,165	1,300	4.11	5,349
31	繰越				1,300	4.11	5,349			
	合計	4,000		16,350	4,000		16,350			

※ $(8,000+4,100) \div (2,000+1,000) = 4.03$
※ $(7,264+4,250) \div (1,800+1,000) = 4.11$

(4) 総平均法（weight average cost method）

材料の購入単価が異なった価格である場合，一定期間（1か月間）まとめて平均単価を計算するのである。前期繰越材料があればその単価，数量も計算に入れる。したがって月末にならなければ消費単価は算定されない。移動平均法では，その都度平均単価が計算され，月の途中でも材料消費額が計算できるが，総平均法では期末にならなければ消費単価が計算できない。次の計算式で材料消費価格が計算される。

$$\frac{\text{前期繰越金額}+\text{当期仕入材料金額}}{\text{前期繰越数量}+\text{当期仕入数量}} = \text{材料消費単価}$$

図表 3 — 4

材 料 元 帳

weight average cost Method

日付	摘要	受入			払出			残高		
		数量	単価	金額	数量	単価	金額	数量	単価	金額
1.1	繰越	2,000	4.00	8,000				2,000		
5	購入	1,000	4.10	4,100				3,000		
8	引渡				1,200	4.09	4,908	1,800		
15	購入	1,000	4.25	4,250				2,800		
27	払出				1,500	4.09	6,135	1,300	4.09	5,307
31	繰越				1,300	4.09	5,307			
	合計	4,000		16,350	4,000		16,350			

$$\frac{8,000+4,100+4,250}{2,000+1,000+1,000} = \frac{16,350}{4,000} = 4.0875 \quad \text{約} 4.09$$

(5) 個別法 (specific identification costing method)

購入材料が比較的少量で，なお，高価な材料の場合，材料を仕入れた都度，個別に保管しておき，生産のためにそれを払い出したとき，当該払出材料の購入原価を消費価格とするものである。材料が大量である場合，この方法は適用が困難である。金，銀を鋳貨へ製造する場合，この方法が適用できる。

(6) 予定価格法

材料の消費を予定価格に基づいて計算する方法を予定価格法という。

$$\text{材料の予定価格} \times \text{材料消費量} = \text{材料消費額}$$

材料費計算に予定価格法を利用することにより，計算手数が簡潔となり，迅速になる。市場価格の変化が激しいときも予定価格が使用されれば製品原価が影響を受けることなく，原価比較が客観的に行われることになる。製品の企業内，工場間，同業者間の原価比較が可能となるのである。

(7) 材料の購入と出庫

材料が一定の在庫水準を下回れば材料保管係は材料購入請求書（purchase requisition）を発行し，材料の種類，品質，数量を記入して材料購入部門に回す。購入部門は受け取った材料購入請求書によって材料の注文手続きを行う。

注文材料が到着すると検収係は材料の送り状（invoice）と注文書（控）によって品名，規格，数量などの確認を行う。到着材料が注文材料と相違がなければ材料検収係は材料入庫伝票を作成し，材料保管係へ回付する。材料元帳（store ledger）にはここで入庫伝票から記入される。

材料の出庫は製造活動のために材料が必要になるにつれて材料倉出請求書によって保管係に請求される。この材料倉出請求書には材料の品名，規格，数量などが記入される。材料倉出請求書による材料数量に消費価格を乗ずれば製品の直接材料費が算定される。素材，買入部品を材料倉出請求書をもって出庫することはもちろんであるが，素材，買入部品に限らず可能な限り，材料の各種項目に材料倉出請求書を適用して材料出庫を行うことが原則である。しかし計算手数の経済性の判断も欠かせない。材料の規格違い，余り，損傷，破損など使用不能のため，生産現場から倉庫へ返還する場合がある。このような場合は材料返還票によって材料管理を徹底することが望まれる。

図表3－5　材料倉出請求書

材料倉出請求書　　No.
製造指図書番号
年　月　日

品名規格	数　量	単　価	金　額

　　　請求部門　　　　材料係
　　　請求者　　　　　原価計算係

5　材料管理の諸方法

　材料は在庫が多すぎても在庫維持費がかさむし，少なすぎても生産に支障がでる。過度の在庫投資を避けて適正在庫量を維持するためにも材料管理の諸方法の検討が求められる。経済的発注量，標準発注点，ABC分析による管理など諸管理方法について述べよう。

(1)　発注費と在庫維持費

　個々の材料が一定期間に消費される需要量が知られるとき，経済的発注量を求め，材料が発注される。経済的発注量は在庫維持費と発注費の合計が最小になるような注文量である。

　在庫維持費は年度を通して在庫量とともに変化し，発注費は発注回数によって変化する。棚卸資産を保有することにより棚卸資産に対する投資額から得られる利子，棚卸資産の保管費，保険料，棚卸資産の陳腐化，価格低下によってもたらされる費用や損失は在庫維持費である。材料が棚卸資産として長く保管

されればされるほど在庫維持費はますます大きくなることになる。在庫期間が長ければ価格変化，陳腐化による損失が起こる可能性がそれだけ大きい。

発注費は注文事務を行う事務員の給料，通信費など発注回数に比例的に変化するコストであるが一定期間に行われる注文回数が多ければ多いほど発注費の総計は大きくなる。

発注回数に関係なく固定的なコストは経済的発注量を計算するのに考慮する必要はない。差額原価のみが注文が行われるたびに変化するが，注文量，平均的棚卸資産残高等が異なれば差額原価も異なってくる。年間にある材料が12,000ポンド消費されるとしよう。この材料の購入単価は￥2で購入にあたって数量割引はないものとする。購入総額は何回の注文によって調達するにせよ，また年間にその材料の平均在庫量をどれほど保有するかに関係なく￥24,000となる。

(2) 経済的発注量の計算

発注するたびに棚卸資産量は異なるが平均棚卸資産量は発注量の関数である。不規則的な材料消費や調達を考慮して必要最小限の在庫は維持しておかなければならない。これを安全ストックともいうが，注文量によって変わるものでないから経済的発注量の計算には無視できる。

図表 3 − 6 発注量と平均在庫量

発注量 12,000 ポンドの平均在庫量

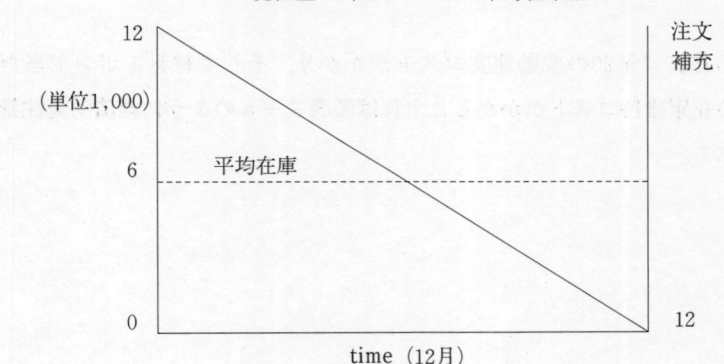

上の図は安全在庫量を 0 とすれば平均在庫量が発注量の 2 分の 1 であることを表している。安全在庫量が存在しても変わりない。毎日の材料消費量を一定として，材料残高は期首の12,000ポンドから期末にはゼロになるとする。当該年度の平均残高はそれ故（12,000＋0）／2＝6,000ポンドとなる。

図表 3 － 7　発注回数と平均在庫量

発注量 6,000 ポンドの場合の平均在庫量

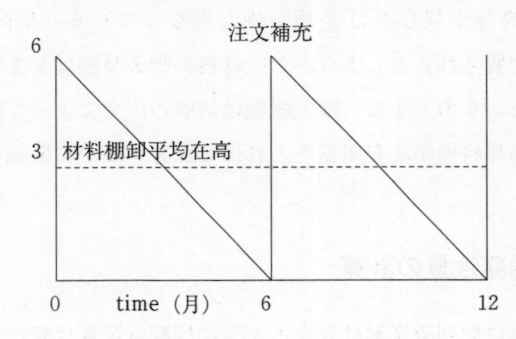

上の図では発注量が6,000ポンドであれば平均在庫量が3,000ポンドであることを示している。材料の在庫量は期首に6,000単位から 6 か月後には図のようにゼロとなる。発注が行われると再び6,000ポンドへ在庫量は増加する。年度末には再びゼロに減少する。年間を通じて平均材料在庫量は

（6,000＋0）／2＝3,000ポンド

である。

1 回の注文に￥20の変動注文コストがかかり，そして材料 1 ポンド当たり￥0.10の在庫維持コストがかかるとすれば図表 3 － 8 のように経済的発注量が計算される。

図表3－8　経済的発注量の計算

注文回数	注文量	平均在庫量	変動注文コスト	変動在庫維持費	総変動費
1	12,000ポンド	6,000ポンド	¥ 20	¥ 600	¥ 620
2	6,000	3,000	40	300	340
3	4,000	2,000	60	200	260
4	3,000	1,500	80	150	230
5	2,400	1,200	100	120	220
6	2,000	1,000	120	100	220
7	1,714	857	140	85.7	225.7
12	1,000	500	240	50	290

　この表から読み取れることは発注回数が多ければ変動注文費は増加し，1回の発注量は減少し，平均在庫量も減少する。在庫量に比例的に変化する在庫維持変動費も減少する。発注量が2,400ポンドの5回の発注回数に至るまで変動費合計は減少し，6回の発注回数の場合も同様に留まっている。7回目になれば変動費合計は上昇しはじめる。経済的発注量はこの表ではそれ故に2,400ポンドまたは2,000ポンドと推定される。年間の材料発注および在庫維持の変動費のトータル，すなわち在庫関連コストは両発注量の場合¥220である。

　経済的発注量（economic order quantity, EOQ）は，このように表で計算することはかなり手数がかかり，厄介である。しかし，関連原価が発注量にしたがっていかに変化するかその原価態様を理解しやすく示す。

(3)　公式によるEOQ（economic order quantity）の計算

　発注量に発注回数を掛け合わせたものが当該期間の消費量または総需要量と

なる。発注量をQとすれば発注回数をNとしてQNが総需要Dで表すことができる。逆に発注回数NはD／Qと表せる。在庫関連費用は発注費に在庫維持費を加えて計算できる。1回当たりの発注費をC_0，単位当たり材料の在庫維持費をC_Hとすれば

$$\text{在庫関連コスト} \quad IC = \frac{DC_0}{Q} + \frac{QC_H}{2}$$
(Inventory Cost)

として表される。

縦軸に在庫関連コスト，横軸に発注量をとるグラフを描けば図表3－9のようになる。在庫維持費は発注量Qに比例して増加し，原点からの直線として描かれる。発注費はQが増加すれば発注回数と材料単位当たり発注費は減少する。グラフ上で逓減的に投描できる。Qについて微分して方程式によって経済的発注量を解くことができる。

$$\frac{dIC}{dQ} = \frac{-DC_0}{Q^2} + \frac{C_H}{2} \qquad \frac{DC_0}{Q^2} = \frac{C_H}{2}$$

$$Q^2 = \frac{2DC_0}{C_H} \qquad Q = \sqrt{\frac{2DC_0}{C_H}}$$

前記のテーブルの総需要，発注費，単位当たり在庫維持コストを上の式で計算すれば，次のようになる。

経済的発注量（EOQ）＝$\sqrt{([2\ (12{,}000)\ (20)]\ /0.1)}$

$$= (4,800,000)^{\frac{1}{2}}$$

$$= 2,191 ポンド$$

在庫維持費 = (2,191／2)・0.10

   = ¥109.55

発 注 費 = (12,000／2,191)・20

   = ¥109.54

在庫関連費用 = ¥109.55 + ¥109.54

   = ¥219.09

図表3－9　在庫モデル

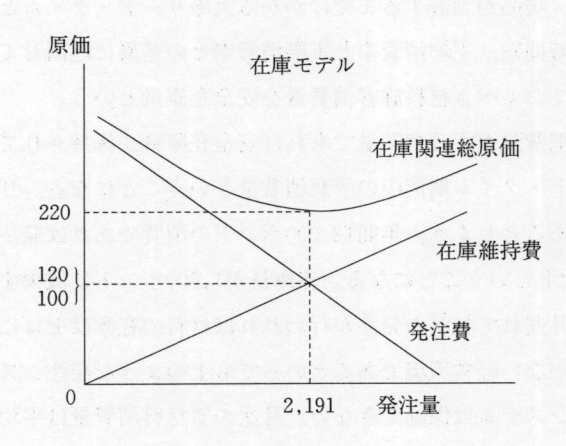

(4) 標準発注点

　原材料が製造現場へ払い出され，補充注文しなければならないその在庫量を発注点という。さらにゆとりをもった標準発注点を決定するのに次の項目が前提されなければならない。

① リード・タイム (lead time)

　材料の注文から購入までの所要期間であり，注文書を購入先に発送し，購入先がそれを受け取り当該材料を発送して，材料が生産活動に利用できる状態にもっていくまでの経過時間（期間）をリード・タイムという。輸送や供給上のある程度の誤差による許容時間が斟酌されなければならない。

② リード・タイム中の消費量

　これはリード・タイム中に貯蔵材料が払い出されて消費されることが予想される材料の消費量である。

③ 安全在庫量 (safety stock)

　注文を出し，現品が到着するまでにかかる実際リード・タイムと正規のリード・タイムの時間差，平均消費率と実際消費率との差異に起因して，さらに予備的に貯蔵しておくべき材料許容消費量を安全在庫量という。

　毎日の材料消費量が正確で同量であれば安全在庫量が保持されていないとき，発注点はリード・タイム期間中の予想消費量ということになる。リード・タイムが1か月であるとしよう。年間12,000ポンドの消費であれば発注点は月当たりの1,000ポンドということになる。在庫量が1,000ポンドに減少すれば発注が行われ，1か月遅れて材料の発注が行われれば材料の在庫はゼロになってしまう。不確実性がない経営環境であるといっても上のような発注システムをとれば安全な経営システムは保証できない。月次の原材料消費量は平均消費量に対して上下の差異が生ずるからである。

　安全在庫量は，一般に次のように計算される。

> （月次の最大消費量－月次の平均消費量）×リード・タイム（1か月単位）

　月次の最大消費量を1,200ポンドとすれば安全在庫量は，次のように計算される。

$(1,200-1,000) \times 1 = 200$ ………………… 安全在庫量

標準発注点は，次のように計算できる。

リード・タイム期間中の平均消費量＋安全在庫量＝$1,000+200$

　　　　　　　　　　　　　　　　＝$1,200$ ……… 標準発注点

　安全在庫水準は材料を追加一単位を保持するコストとそれを保持しないことにより蒙るコスト（機会原価）が等しい場合の在庫量である。ストックのない品切れコストは販売チャンスを喪失したその貢献利益，材料不足から生産がストップする場合に生ずる損失，受注過多や追加の運搬費の発生といった余分のコスト等までも斟酌したコストである。販売チャンスの喪失は応じきれなかった注文のみならず，顧客が将来に行う追加注文の喪失損失まで考慮することが適切であろう。追加の一単位の在庫維持費はある程度正確に測定できるが，在庫不足から起こる機会原価を含めたコストはまったく主観的なものである。それでも安全在庫水準を確立するためには両者を計算しなければならない。

(5) ABC分析による管理

　材料品目が何百と非常に幅広い種類があるとき，年間利用される材料費の中で最も大きい金額を占める二，三の品目を管理の主眼とすることが得策の場合がある。材料品目数が非常に多くとも，それらの消費額が金額的に測定すれば小さい場合が存在する。このような場合，複雑な棚卸資産管理を個々品目に実施することはコストがかかりすぎ，そのコストを節約するため，個々品目の管理を放棄した方が得策な場合がある。より高価な品目の棚卸資産管理を徹底させ，品目は多くとも金額的にそれほど大きくはない材料品目の管理は簡潔な棚卸資産管理を実施するのである。この方法を実施するため，次表のように各々の材料品目の消費金額が多い順に材料品目をA，B，Cと三つのクラスに認識する。

　たとえば，次のような分析結果になったとすればC品目とA品目に同様な材料管理のプランとコントロールを実施するのは合理的でない。Aは調達頻度も高く，安全在庫水準が相対的に低く維持されることが望ましい。

図表3－10　材料のABC管理

クラス	品目数		コスト	
A	10	(%)	70	(%)
B	30	〃	25	〃
C	60	〃	5	〃

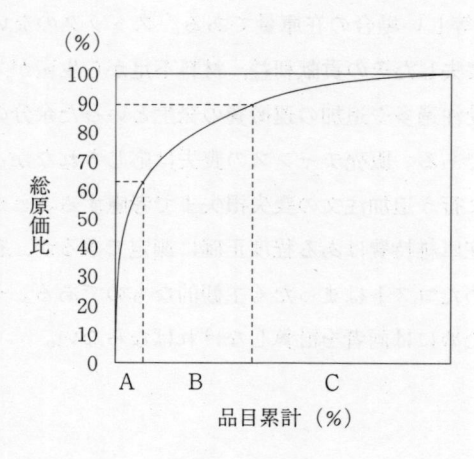

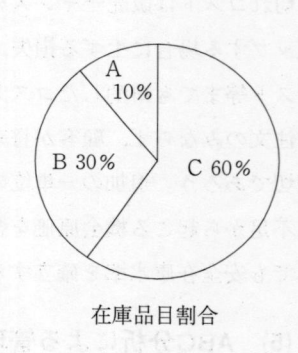

（縦軸：総原価比（%）　横軸：品目累計（%））

在庫品目割合
A 10%　B 30%　C 60%

　発注費も棚卸資産金額の割合に較べて低く，在庫維持費を減ずれば在庫関連コストが節約できる。Bの調達頻度はそれほどではなく，安全在庫水準もAより高くする。Cは調達頻度はさらに小さく，安全在庫水準はなお高いとすれば，Cに対して発注費は在庫維持費に対して相対的に高いので発注量を多くすることが得策である。

§2 労務費の計算

1 労働用役の購入計算と消費計算

　労務費は労働用役に対する支払報酬であり，労働用役の利用に対する対価である。労働用役の生産活動への投入は購入の側面と消費の側面がある。材料の場合は購入計算と消費計算が存在するが，労務費の場合，その計算順序は消費計算に次いで，購入計算という順序で支払いは後になる。

　労働用役は消費計算の側面が原価計算に深い関わりをもつ。支払計算の側面から労務費の内容を費目別にみると賃金，給料，従業員賞与手当，福利費などであり，消費計算の側面からその形態をみれば直接労務費，間接労務費と区分される。

(1) 支払形態による分類

　労務費は，支払形態から次のように分類される。

A　賃金 …… これは工員に対して支払われる給与をいう。支払方法に時間給，日給，月給，出来高給などがある。

B　給料 …… 工場長，課長，係長などの管理者，事務職員，研究要員などに支払われる給与をいう。

C　雑給 …… パート・タイマー，臨時工などに支払われる給与である。

D　従業員賞与手当 …… ボーナス，有給休暇，公傷病手当，通勤手当，住宅手当などをいう。

E　法定福利費 …… 厚生年金の掛金，健康保険料，雇用保険料，労働者災害

保険の掛金などの企業負担分である。
F　退職給与引当金繰入額 …… 退職金規程によって退職金として留保される繰入（準備）金である。

(2) 支払計算と消費計算

労働者に月々いくら支払うかという計算は支払計算になるし，何時間の労働を賃率いくらで生産のためにいくら消費したかといった計算は消費賃金の計算である。原価計算では消費賃金の計算が重要である。労務費の消費計算は，したがって

$$\text{賃率} \times \text{作業時間数} = \text{消費賃金}$$

によって算定される。原価計算上は現金支払額によって労務費を計算するのではなく，消費時間数によって労務費の消費額が把握され，原価の算定が行われる。しかも，このような計算を作業種類別に計算し，労務費の未払額や前払額が存在するとき，これらを調整しなければならない。

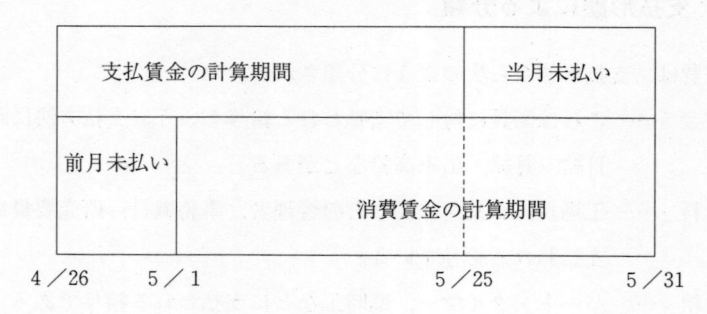

図表3－11　賃金の支払期間と消費期間

	支払賃金の計算期間		当月未払い
前月未払い		消費賃金の計算期間	
4／26	5／1	5／25	5／31

原価計算期間は通常1か月であるから消費賃金額は図表3－11では5月1日から5月31日までの消費賃金が計算される。支払賃金の計算は，たとえば前月

の4月26日から当月の25日までを集計して当月の月末に支払うというように支払賃金の計算期間と消費賃金の計算期間が食い違う。支払賃金の計算は時間給の場合は時間当たりの賃金に労働時間数を掛けて計算され，日給の場合は1日当たりの賃金に働いた日数を掛けて算定される。さらに月給制，出来高給制等それぞれ，計算の方法は異なる。これらの計算のため，出勤簿，作業時間報告書，出来高表，出勤票等が設定される。

当月の26日から31日までの賃金は当月に対して未払いとなり，来月末に支払われることになる。4月26日から4月30日までの分は4月には未払分として計上され，その支払いが当月末に行われているのである。したがって，次の計算式が成り立つ。

当月支払賃金＋当月未払額－前月未払額＝当月消費賃金

製造原価を算定するうえで労務費を直接労務費と間接労務費に分類し，算定原価を正確にすることが重要である。直接労務費として直接賃金があり，間接労務費として間接作業賃金，間接工賃金，手待賃金，休業賃金，給料，従業員賞与手当，退職給与引当金繰入額，福利費等が存在する。直接賃金は直接工の直接作業に対する賃金であって，直接工が間接作業を行えばそれは間接作業賃金となる。

2　消費計算における作業時間の計算

原価計算期間の作業時間数を作業時間表（作業時間報告書）によって把握して作業時間数に賃率を掛けて消費賃金を把握することが多いが，また，出来高数に単位当たりの出来高賃率を乗じて計算することもある。

図表 3－12　作業時間表

```
作業時間表        No.

工具番号        氏名
作業 NO.
               年月日 . . .
製造指図書番号 _____
終了時刻 _____ 賃率 _____
開始時刻 _____ 金額 _____
作業時間 定時 ____ 定外 ____
```

　作業時間報告書を作成し，それを分類整理して直接作業時間，間接作業時間を把握することができる。消費賃金を計算するに際して実際作業時間を把握し，賃率をいかに決めるかが計算のポイントとなる。直接作業時間は直接工が給付の生産活動に直接的に労働提供する時間であり，生産活動に間接的に参加させられる労働時間，たとえば修理，運搬作業，検査，動力関係の作業等に従事する時間は間接作業時間である。作業時間報告書の記録は通常は，職長が記録することが多い。現実に作業時間を直接作業時間，間接作業時間にどの程度厳密に区分するのか困難な点も多いが，厳密に区分することが計算の正確性を招来する。間接工の作業時間は集計管理することが望ましいが，手数がかかるので支払額をもって消費額とすることが多い。

　直接工が工場に出勤すれば退社するまで労働時間すべてが直接労働時間であるとは限らない。出勤時間，実働時間，就業時間などの関係は図表 3－13のように表すことができる。

図表3-13　出勤時間の構成

直接作業時間	実働時間	就業時間	出勤時間
間接作業時間			
手待時間			
休憩時間			

　出勤時間から退社時間までを勤務時間というが，勤務時間から休憩時間および職場離脱時間などを引けば就業時間が得られる。就業時間は実働時間と手待時間からなり，手待時間は停電や機械の故障のために待機している遊休時間である。工員自身の責任で不働となっているわけでないので賃金支払の対象になる。このような手待時間は間接労務費を構成することになる。直接作業時間は加工時間と段取時間より構成される。段取時間は加工の準備作業をすることであり，製品との因果関係を有し，直接労務費として当該製造指図書に負荷される。

　生産管理上このような作業時間の区分は能率管理の上からも欠かすことができない。間接作業時間に対する賃金は製造間接費の一項目として処理され，配賦によって製品に負担させられることになる。

3　消費時間賃率

　賃金の計算は作業時間数に時間当たりの賃金を掛けて計算されるが時間当たりの賃金を賃率という。賃率は次式によって計算される。

$$\frac{賃金消費額（基本給＋加給金）}{当該賃金に対する総作業時間数} = 賃率$$

　賃率の計算は作業者一人ひとりについて計算すれば厳密な賃金計算が得られ

るが計算上の手数がかかり，大規模企業ではこのような個別賃率の計算は不可能といえる。計算によって得られるデータの効用より，計算手数をかける費用の方が大きく，経済性の観点から個別賃率を計算することは引き合わない。個別賃率に対して平均賃率は作業種類別に平均的な賃率を計算するものである。きわめて小規模な企業の場合には工場一括して平均賃率を計算することもあり，大規模企業の場合は部門別に，作業種類別に平均賃率を計算する。平均賃率にも実際平均賃率と予定平均賃率があり，実際平均賃率は一定期間の直接工の実際賃金総額を当該期間の直接工の実際作業時間で割って計算される。この期間は通常1か月間である。

$$実際平均賃率 = \frac{一定期間の直接工の実際賃金総額}{一定期間の直接工の実際作業時間}$$

実際平均賃率は原価計算期間が終了しなければ計算ができないという計算の遅れ，タイミングの問題が生じる。原価計算期間の途中で，ある製品が完成したとき，その製品給付の負担する労務費を算定できない。また，実際作業時間の多寡によって賃率が異なって計算され，製品別の賃金は必ずしも作業能率を表さないことになり，作業能率の管理上，不正確な管理基準をもたらす結果となる。そこでこれらの欠点を除くため，予定平均賃率が用いられる。

予定平均賃率は通常1年間について計算される。それは，1年間の直接工の賃金予定額を同期間の直接工の予定作業時間数で割り，次式のように計算される。

$$予定平均賃率 = \frac{一定期間の直接工の賃金予定額}{同期間の直接工の予定作業時間数}$$

しかし，平均賃率は高い賃率も低い賃率も平均化されて作業員や作業グループごとの熟練労働に適する仕事，未熟連労働に適する労働の認識把握が困難に

なってしまうことも無視できない。

　このように賃率計算には直接工，個々に計算する個別賃率の場合，部門別，職場別，あるいは工場全体を一括して平均賃率を計算する場合があることは前述したが，また予定消費賃金総額を予定作業時間数によって割るか，実際消費賃金総額を実際作業時間数によって割るかによって予定賃率，実際賃率などがある。これらを組み合わせれば次の表のようにさらに別の賃率の範疇ができる。

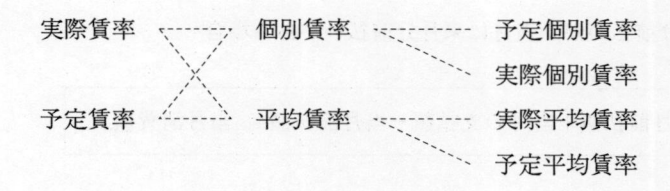

```
実際賃率 ------- 個別賃率 ------- 予定個別賃率
         ╲   ╱                     実際個別賃率
          ╳
         ╱   ╲
予定賃率 ------- 平均賃率 ------- 実際平均賃率
                                  予定平均賃率
```

§3　経　　費

1　消費計算

　経費とは材料費，労務費以外の原価要素をいい，たとえば，減価償却費，賃借料，修繕料，電力代等種々存在するが，製品との関係から直接経費と，間接経費に分類される。直接経費には外注工賃，設計費，特許権使用料，型代，検査料等があり，それらの支払額，または月割り額を当該製品に賦課する。

　間接経費には広く種々の項目があり，上にあげたもの以外に保険料，ガス代，水道代，支払運賃，支払保管料，旅費交通費，通信費，福利費，棚卸減耗費，租税公課等その他が存在し，製造間接費として製品へ配賦される。

　経費の発生は生産設備が近代化され，大規模化するにつれて，その額と製造原価に占める割合が増加してきている。原価計算上，経費はどのように消費額

を算定するのかに関して次の四つの分類がなされる。

(1) 支払経費

原価計算期間の経費の発生額を支払額もって原価消費の測定値とし、給付の原価に算入しようとするものである。支払額がそのまま経費の消費額となるが、経費の前払額や、未払額がある場合、調整する必要がある。

前月に当月分前払いが、当月に来月分前払いがある場合

$$\boxed{\text{前月前払額＋当月の支払額－当月前払額＝当月消費額}}$$

前月に前月分未払いが、当月に当月分未払いがある場合

$$\boxed{\text{当月支払額＋当月未払額－前月未払額＝当月消費額}}$$

この支払経費には保管料、支払運賃、交通費、修繕料等がある。

(2) 月割経費

経費の支払いや計上が3か月、半年、1年といった原価計算期間を越える一定期間ごとについて行われ、原価計算期間の消費額はその計上額や支払額を月数で割るなどして原価計算期間の消費額が計算される経費が月割経費である。
減価償却費、租税公課、不動産賃借料、保険料などがこの範疇に入る。不動産賃借料を6か月分6万円支払えば1か月1万円というように経費を割り当てるのである。

(3) 測定経費

これは電力料金、水道代、ガス代等のように計器でその消費量を測定し消費額を確定できる経費である。代金の支払いは消費したその月に支払うのでなく、

次月に遅れることが少なくない。支払額をその月の消費額として把握すれば前月分の一部発生額を当月分の消費額として把握していることになり，当月の発生額は次月に把握される結果となる。計算の正確性のために経費測定表を作成して計算することが望まれる。

図表3－14　経費測定表

経 費 測 定 表　　　H.　年　月分

費目	前月測定値	当月測定値	消費量	単価	金額	備考

(4) 発生経費

発生経費は経費の発生の事実をもってその消費額を測定するもので仕損費，棚卸減耗費などがその代表的経費である。原材料の場合，毎原価計算期末に帳簿棚卸額と実際棚卸額が照合され，帳簿棚卸額より，実際棚卸額の方が少ないといったような差額が発生すればそれを棚卸減耗費として計上する。年度当初に年間発生額を予定して棚卸減耗引当金を設定すれば原価計算期間に該当する棚卸減耗額は月数で割って計算されることになり，月割経費になる。

2　複合経費

動力費，運搬費，修繕費といったような用役提供別に，あるいは機能遂行別に発生した原価の費目を一括して総称した経費を複合経費という。検査費，試験研究費，教育訓練費といったものもそうである。たとえば修繕費は修繕用材料，修繕要員の給料，支払修繕費といったものの項目から成り立っている。複合経費の導入は部門別計算の立場から全部門，あるいは一部の部門の部門費計

算がより簡潔容易になる場合に採られることがあり，また予算編成等に複合経費の設定は有益である。

練習問題

1　労務費の計算における個別賃率，平均賃率，予定賃率はどのように算定され，いかなる特徴があるか。

2　次の資料から先入先出法，後入先出法，移動平均法，総平均法によって材料元帳に記録せよ。銭未満切捨て

1月1日繰越	1,000個	@¥11	15日出庫	1,600
6日入庫	1,000	12	21日入庫	600　14
9日出庫	1,200		25日出庫	1,000
12日入庫	1,700	13		

3　総需要量12,000ポンド，発注費@¥100，在庫維持コストが材料1ポンド当たり¥0.10かかるとき，経済的発注量，在庫維持費，発注費，在庫関連費用を求めよ。

第4章　部門別計算

§1　部門別計算の意義

1　部門別計算の必要性

　原価計算の手続きは通常，原価要素別計算，原価部門別計算，原価負担者別計算の手順を経て行われる。原価要素別計算はいかなる原価がどれくらい消費されたかの把握であり，部門別計算はどの場所でいかなる目的のために原価がどれほど消費されたか，原価負担者別計算は原価をアウト・プットに，どのように負担させるのかといった計算手続きである。原価を発生場所別に把握すること，すなわち部門別計算の意義は種々考えられるがコスト・コントロールに有益であり，そして正確な製品原価の計算に役立ち，さらに中間製品の原価負担額の確定に，さらに部門ごとの予算編成に有益である。

　原価管理は主として労務費，間接費の管理に重点がおかれるが，大切なことは管理者の責任の範囲と一致した原価部門の設定が求められる。設定された部門では加工費について管理が要求されることが多い。原価の発生を場所別に，責任者別に把握し，集計すれば原価管理者は，その原価の発生に責任を感じ無駄な原価の発生を防ぎ，原価の低減に努力することになる。原価部門は概括的に区分するのではなく原価中心点別，作業種類別に細かく分ける方が原価の正確な計算と管理がよりよく達成される。原価の管理においては特にその発生源に目を向けなければならない。

　部門別計算は正確な原価の計算をもたらすが，特に間接費については製造間接費配賦率を計算し，製造間接費を配賦することにその正確性が期待される。部門によっては機械作業が中心である場合もあり，また，部門によっては人間労働が中心の場合もある。この製造間接費配賦率は工場一括して算定するより

も部門別に計算した方がより正確に計算されることはいうまでもない。

いくつかの部門をもつ事業では原材料がすべての部門を通過して完成品となり，あるいは途中で工程完了品が入庫あるいは販売される場合がある。さらに一部は特定の部門のみを完了して半製品として貯蔵されたり，販売されたりすることがある。このようなとき仕掛品，半製品，中間製品の原価確定のためには，部門別計算を行うことにより，どのような部門を通過して現在いかなる部門においてどの程度作業が完了しているかを確定して，より正確な仕掛品，半製品，製品の評価を行うことができる。

部門予算を設定する場合，たとえば鋳造部門予算，機械加工部門予算といったような予算編成を行うとき，部門別計算を行っていれば予算管理単位として，部門の予算管理が有効に行われる。

2　原価部門の設定

部門別の原価計算の意義についてはさきに考えたが，これをより効果的にするために原価部門をどのように設定したらよいであろうか。事業の種類，規模，生産と管理組織の現況，原価計算担当者の人員や能力等から原価部門の設定がいろいろ考えられる。何を基準に原価部門が設定されるべきであるかを考えてみると二つの基準があげられると思われる。

その第一点は，管理上の責任の範囲が原価計算上の部門の範囲と一致すること。

その第二点は技術上の区分，あるいは作業の種類の区分と原価計算上の部門との区分の一致である。

| 原価計算上の区分 | ＝ | 責任範囲の区分 | ＝ | 技術上の区分 |

上記のような区分の徹底は完全に求めることが困難で，管理者の責任の範囲の中にいくつかの作業技術が含まれる場合が少なからず存在する。

原価部門はその性質によって製造部門と補助部門に区分される。製造部門は直接的な生産活動を行う部門であり、作業別に、また製品種類別に区分される。さらにこの部門の中を工程や原価中心点の小部門に分けることもできる。製造部門は企業の種類によって千差万別で、どのような部門が製造部門で、どのような部門が補助部門であるのか一線を引くことは不可能である。製造企業の本来の諸活動部門は製造部門であるといってよい。

補助部門は製造部門や他の補助部門に用役を提供する部門、すなわち本来の製造活動遂行に補助的、間接的に用役を提供する部門である。補助部門はさらに補助経営部門と工場管理部門に区別される。補助経営部門には動力部門、修繕部門、検査部門、運搬部門、工具製作部門といったものがあり、これらの補助部門が相当規模になった場合には計算上、製造部門として扱うこともできる。工場管理部門には、たとえば材料部門、労務部門、企画部門、試験研究部門、医務部門等があり、これらは工場の管理業務を行う部門といえる。次の表は企業における諸部門の分類の一例である。

図表4－1　製造部門と補助部門

製造部門	補助部門	
	補助経営部門	工場管理部門
鋳造部門	動力部門	材料部門
鍛造部門	修繕部門	労務部門
機械加工部門	用水部門	試験研究部門
塗装部門	運搬部門	企画部門
︰	︰	︰

補助部門費は負担者別、製品別計算を行うために製造部門へ振り替えられなければならないが、すべての補助部門費が合理的に製造部門へ配賦できるとは限らない。補助部門費の中の補助経営部門費はまだ、製造部門へ合理的に配賦

できる可能性をもつが，工場管理部門費に至ってはすべてが製造部門へ用役を提供しているとは限らない故にその合理的配賦基準が見つからない場合がある。このため，補助部門費の工場管理部門費は製造部門を経由しないで直接，製品へ配賦することもある。

§2 部門費の計算

1 部門個別費と部門共通費

　生産活動は製造部門で行うから補助部門費を製品へ配賦するためには補助部門費をいったん，製造部門へ振り替えて製造部門費とともに製品へ配賦することが合理的である。製造部門，補助部門の各部門へ部門費を集計することを第一次集計とすれば，補助部門費の製造部門への振替配賦は第二次集計といえる。

　部門別に原価を計算するにあたって必要なことは原価を部門個別費と部門共通費に分けることである。部門個別費については，その計算は比較的簡単で，部門で発生したことが明らかで他の部門で発生した原価と明確に区別されるから，発生した部門に賦課すればよい。たとえば特定部門に所属する工具，従業員の賃金給料などである。また特定部門で単独に使用している建物，機械等が存在すればその減価償却費は部門個別費として認識し得る。

　部門共通費は二部門かそれ以上の部門にわたって共通的に発生する原価で，上述の減価償却費もその建物を工場全体で各部門が共用していれば部門共通費となる。固定資産税，地代，家賃といったものは通常，部門共通費であることが多い。このように部門個別費と部門共通費の区分は相対的な概念でガスや電力料は各部門ごとにメータを設置して部門ごとにその消費額を把握できれば部門個別費となり，工場一括してそれらの用役消費量を把握して各部門へそれら

の用役消費の原価を配賦するのであればガス代,電力代は部門共通費となる。また厚生費は厚生部門を設ければ部門個別費となり,厚生部門を設けなければ部門共通費となる。

部門共通費を各部門へ配賦する場合,配賦基準をいかに決定するか検討しなければならない。さらに部門共通費を各原価要素別に各部門へ配賦するかどうか,または原価要素群別に,または部門共通費を一括して各部門に配賦するかどうかも十分考えなければならない。原価要素別,要素群別に適切な配賦基準を用いて計算することは正確であっても計算手数がかかりすぎ,計算の経済性の観点からそれを行うべきかどうか検討を要する。部門で発生する各原価要素の配賦基準が共通的に適用可能であれば,それらを原価要素群別に同じ配賦基準で各部門へ配賦することができる。この要素群別法は各原価要素ごとに行う方法と一括配賦法との折衷的な方法といえる。

配賦基準の選定にあたっては,配賦基準が各部門に共通的に存在し,部門共通費の原価の発生と相関関係にある基準が望ましい。通常利用される配賦基準を分類すれば次のような分類ができる。

(1) 用役利用基準 ……… 動力,用水等の使用量,使用度数
(2) 規模基準 ………… 従業員数,面積,賃金総額,固定資産税
(3) 活動基準 ………… 生産量,操業時間
(4) 負担能力基準 ……… 総益額の割合

部門共通費の各部門への配賦に利用される個々の配賦基準には,たとえば次のような基準がその一例として考えられる。

図表 4 − 2　部門共通費の配賦基準

原　価　要　素	配　賦　基　準
地代，家賃，建物減価償却費，租税公課	建物面積
冷暖房費	建物容積
電力代　燃料費	機械馬力数 機械運転時間
通信交通費	過去の平均額
福　利　費	従業員数

2　部門費の集計

　部門費の集計表（配分表）を作成してみよう。製造部門をA部門，B部門，補助部門を動力部門，修繕部門，材料部門，労務部門等として部門個別費は各部門ごとに賦課できる。部門共通費は前述のように二部門以上にわたって共通的に発生する原価であるから配賦基準を選択して各部門へ配賦しなければならない。部門共通費としての減価償却費や保険料は床面積によって，電力料は作業時間数によって，福利費は各部門の従業員数によって各部門へ配賦するものとする。次のような各部門の配賦基準数値を求めて，それを利用して次掲の部門費集計表を作成する。

図表 4 − 3　部門費の配賦基準表

配賦基準	計	A部門	B部門	動力部	修繕部	材料部	労務部
従業員数	100人	40	35	8	7	5	5
床面積	300 m^2	120	105	24	21	15	15
作業時間数	200時間	80	70	16	14	10	10

図表 4 − 4　部門費集計表

費　目	金　額	製造部門		補助部門			
		A部門	B部門	動力部	修繕部	材料部	労務部
部門個別費							
間接材料	2,000	800	700	160	140	100	100
間接賃金	3,000	1,200	1,050	240	210	150	150
個別費計	5,000	2,000	1,750	400	350	250	250
部門共通費							
減価償却	1,500	600	525	120	105	75	75
保険料	1,500	600	525	120	105	75	75
電力料	1,000	400	350	80	70	50	50
福利費	1,000	400	350	80	70	50	50
共通費計	5,000	2,000	1,750	400	350	250	250
	10,000	4,000	3,500	800	700	500	500

　部門個別費としての材料や賃金は各部門へ賦課するのであるから配賦基準によって配賦計算する必要はない。部門共通費はさきに掲げた配賦基準によって各部門へ配賦する必要がある。

　減価償却費の計算は床面積によって各部門へ配賦するものとすれば次のような計算によって各部門の配賦額が計算される。

$$A製造部門の減価償却費 = 1,500 \times \frac{120}{120+105+24+21+15+15} = 600$$

$$B製造部門の減価償却費 = 1,500 \times \frac{105}{120+105+24+21+15+15} = 525$$

$$\text{動力部門の減価償却費} = 1,500 \times \frac{24}{120+105+24+21+15+15} = 120$$

$$\text{修繕部門の減価償却費} = 1,500 \times \frac{21}{120+105+24+21+15+15} = 105$$

$$\text{材料部門の減価償却費} = 1,500 \times \frac{15}{120+105+24+21+15+15} = 75$$

$$\text{労務部門の減価償却費} = 1,500 \times \frac{15}{120+105+24+21+15+15} = 75$$

減価償却費につづいて保険料，電力料，福利費など前掲の配賦基準を用いて同様に各部門の配賦額を計算できる。部門費集計表は各部門の原価を集計するものであるから部門個別費は賦課計算により，部門共通費は配賦計算により各部門の原価が確定し，各部門の部門個別費，部門共通費を合計することによって各部門の部門費が算出される。このようにして作成した部門費集計表が図表4－4に掲げたものである。

3 補助部門費の製造部門への振替え

部門個別費が各部門へ賦課され，部門共通費が各部門へ配賦されたなら，部門費が一応確定する。製造部門，補助部門の各部門費が確定すれば次は補助部門費が製造部門へ振り替えられなければならない。製造部門へ集計され，製品別計算を行うことにより正確な製品原価が計算可能となる。補助部門費の製造部門への配賦にあたっては補助部門費のすべてを製造部門へ配賦する場合がほとんどであるが，一部を製造部門へ配賦しない場合もある。補助部門は補助経

営部門と工場管理部門に分けられるが工場管理部門がそれほど大きなウエイトを占めない場合，製造部門への集計を経ずに，直接製品へ配賦することもあり，たとえば補助経営部門の工具製作部が製造した工具の一部を外販したり，貯蔵されたりした場合，その工具製作に対する部門費は製造部門へ配賦されない。

　補助部門費の製造部門への振替方法は通常，直接配賦法，相互配賦法，階梯式配賦法等があるが，これらは補助部門が提供する用役をどこまで正確に計算するかといった判断の違いによるものである。修繕部門は製造部門の機械の修繕も行えば，動力部門設備の修繕も行うこともある場合，修繕部門費は単に製造部門へのみ振り替えられるのではなく，補助部門である動力部門へも配賦されるべきである。このように部門費計算は厳密には補助部門間相互の用役の提供を考慮しなければならない。

　部門共通費を製造部門，補助部門の各部門へ配賦する場合，配賦基準が適切であるべきと同様に補助部門費を製造部門へ配賦する場合にも適切な配賦基準を用いなければならない。補助部門費を製造部門へ配賦するとき，その配賦基準は補助部門と補助部門費が配賦されていく関連製造部門に共通して存在する尺度であること，および原価の発生と相関関係をもつ配賦基準であることが求められる。補助部門費の製造部門への配賦は製品別計算の準備計算であることはいうまでもない。配賦基準は用役を受ける各部門が用役を受けた程度を反映する基準であることが望ましい。あるいは用役を受けるべき程度を表した基準であることが望ましい。ときには各製造部門の負担能力を基準に補助部門費を製造部門へ配賦することも考えられる。このような配賦基準として次のようなものがよく利用される。

図表4－5　補助部門の製造部門への配賦基準

動力部門費	各部門の機械の馬力数，または機械の馬力数×機械運転時間　動力消費量
修繕部門費	修繕材料費，修繕工労務費または修繕用役を提供した各部門の用役提供評価額。その他修繕費または修繕時間，修繕個別費の比など
運搬部門費	各部門の運搬距離，運搬物品の重量，運搬時間など
検査部門	各部門の検査時間，検査数量など
材料部費	各部門の受入材料，数量，価格など
労務部門費	就業人員，就業時間
試験研究部門費	直接労働時間数，期間費用としての処理も可能
建物費	各部門の占める建物面積等

(1) 直接配賦法

　補助部門費を製造部門へ直接に配賦する方法である。この方法は補助部門間の用役提供を無視して計算するので計算手続きは簡潔になる。補助部門間の用役提供の測定が困難な場合，また補助部門の数が多い場合に，この方法が利用されやすい。各補助部門費の製造部門への配賦率が配賦基準によっては各々著しく異なったり，補助部門間の相互の用役提供の度合が大きいような場合，この方法は計算の正確性を期待できないという短所がある。
　いま，次のような配賦基準数値を設定して直接配賦法によって既述の部門費集計表をもとに部門費振替表（配賦表）を作成してみよう。

配賦基準

	動力消費量	修繕時間	材料出庫高	人員
A製造部門	375 kwh	200 h	¥40万	300人
B製造部門	375	250	40	300
動力部門	—	150	5	200
修繕部門	125	—	10	100
材料部門	62.5	50	—	100
労務部門	62.5	50	5	—

図表4－6　補助部門費配賦表

直接配賦法

費目	金額	製造部門		補助部門			
		A部門	B部門	動力部	修繕部	材料部	労務部
	10,000	4,000	3,500	800	700	500	500
動力部	800	400	400				
修繕部	700	311	389				
材料部	500	250	250				
労務部	500	250	250				
	10,000	5,211	4,789				

動力部門費のA製造部門への配賦額　$800 \times \dfrac{375}{375+375} = 400$

動力部門費のB製造部門への配賦額　$800 \times \dfrac{375}{375+375} = 400$

修繕部門費のA製造部門への配賦額　$700 \times \dfrac{200}{200+250} = 311$

修繕部門費のB製造部門への配賦額　$700 \times \dfrac{250}{200+250} = 389$

材料部門費のA製造部門への配賦額　$500 \times \dfrac{40}{40+40} = 250$

材料部門費のB製造部門への配賦額　$500 \times \dfrac{40}{40+40} = 250$

労務部門費のA製造部門への配賦額　$500 \times \dfrac{300}{300+300} = 250$

労務部門費のB製造部門への配賦額　$500 \times \dfrac{300}{300+300} = 250$

補助部門費の動力費￥800をA製造部門，B製造部門へ直接に配賦するために各々の動力消費量を基準に375：375に配分して，上記計算のようにA製造部門に￥400，B製造部門に￥400を振り替える。

同様に修繕部門費￥700はA製造部門の修繕時間数200，B製造部門の修繕時間数250の割合で各々に配分し，A製造部門へ￥311，B製造部門へ￥389振り替えることになる。

材料部門費￥500はA製造部門の材料出庫高￥40万，B製造部門の￥40万の割合で配分して，それぞれ￥250万ずつ振り替えることになる。

労務部門費￥500は　A製造部門の従業員300人，B製造部門の300人の割合で配分し，￥500をA，Bの製造部門へ￥250ずつ配分，振り替えることになる。

(2) 相互配賦法

相互配賦法は補助部門間の用役提供をも認めて，直接配賦法のように単に製造部門のみに補助部門費を配賦するのでなく，当該補助部門費を他の補助部門，および製造部門へ配賦するのである。各補助部門費を製造，補助部門へ配賦していけば，配賦手続きによって，なお，補助部門に部門費が配賦されてくることになり，配賦された補助部門の部門費は何回となく配賦計算を行ってそれが

ゼロになるまで計算を繰り返す必要があるので計算の手数がかかる。この方法は正確な計算が期待できるが手数がかかる点で難点がある。通常は補助部門の製造部門費への配賦にあたり，第1回は相互配賦を行い，2回目は，その配賦された補助部門費を直接配賦法によって，製造部門へ配賦する。計算に手数がかかるというのがこの方法の欠点であるが最近は計算機の普及，発達も著しく，実務でもこの方法の採用が困難ではなくなってくると考えられる。

前記，直接配賦法の配賦基準を用いて部門費集計表から相互配賦法によって部門費振替表を作成すれば次のようになる。一次配賦は純粋に相互配賦を行っているが，二次配賦は直接配賦を行っている。

図表4－7　補助部門費配賦表

相互配賦法

費 目	金 額	製 造 部 門		補 助 部 門			
		A部門	B部門	動力部	修繕部	材料部	労務部
一次配賦	10,000	4,000	3,500	800	700	500	500
動力部	800	300	300	—	100	50	50
修繕部	700	200	250	150	—	50	50
材料部	500	200	200	25	50	—	25
労務部	500	150	150	100	50	50	—
				275	200	150	125
二次配賦							
動力部	275	137	138				
修繕部	200	88	112				
材料部	150	75	75				
労務部	125	63	62				
	10,000	5,213	4,787				

一次配賦の動力部門費の相互配賦法による各部門への配賦額の計算は，次のように計算される。

A製造部門へ　　$800 \times \dfrac{375}{375+375+125+62.5+62.5} = 300$

B製造部門へ　　$800 \times \dfrac{375}{375+375+125+62.5+62.5} = 300$

修繕　部門へ　　$800 \times \dfrac{125}{375+375+125+62.5+62.5} = 100$

材料　部門へ　　$800 \times \dfrac{62.5}{375+375+125+62.5+62.5} = 50$

労務　部門へ　　$800 \times \dfrac{62.5}{375+375+125+62.5+62.5} = 50$

修繕部門費の相互配賦法による各部門への配賦額は，次のように計算される。

A製造部門へ　　$700 \times \dfrac{200}{200+250+150+50+50} = 200$

B製造部門へ　　$700 \times \dfrac{250}{200+250+150+50+50} = 250$

動力造部門へ　　$700 \times \dfrac{150}{200+250+150+50+50} = 150$

材料部門へ　　$700 \times \dfrac{50}{200+250+150+50+50} = 50$

労務部門へ　　$700 \times \dfrac{50}{200+250+150+50+50} = 50$

材料部門費，労務部門費の相互配賦法による各部門への配賦額の計算も該当する配賦基準を用いて同様に計算される。

第二次配賦は，直接法によって第一次配賦で配賦を受けた動力部門費の

¥275, 修繕部門費の¥200, 材料部門費の¥150, 労務部門費の¥125をA製造部門, B製造部門へ配賦する。本来の相互配賦法は上記の計算手続きを繰り返して補助部門費への配賦額が無視できるほど微量になればそこで計算を打ち切って製造部門へ配賦された配賦額, および製造部門の自部門費を合計して各製造部門費とするのが理想であるが, 計算の手数が増えるので, 実務上, 第二次配賦は直接配賦法によって補助部門費を製造部門へ配賦する。

第二次配賦における動力部門費の製造部門への配賦は, 次のような計算によって行う。

A製造部門へ　　$275 \times \dfrac{375}{375+375} = 137$

B製造部門へ　　$275 \times \dfrac{375}{375+375} = 138$　（全体が275であるから切り上げて138とする）

修繕部門費の製造部門への配賦は, 次のような計算によって行う。

A製造部門へ　　$200 \times \dfrac{200}{200+250} = 88$

B製造部門へ　　$200 \times \dfrac{250}{200+250} = 112$

材料部門費, 労務部門費の製造部門への配賦も該当の配賦基準を用いて同様に計算する。

以上の計算によって相互配賦法に基づいた補助部門費配賦表ではA製造部門費は¥5,213, B製造部門費は¥4,787となる（図表4－7）。

(3) 階梯式配賦法

直接配賦法と相互配賦法の折衷法とでもいえる方法である。この方法は補助部門間の用役授受の程度を比較し, 最も多くの他部門へ用役を提供している補

助部門から，順位付けを行い，第一順位の補助部門費は第二順位以下の補助部門および製造部門へ配賦される。第二順位の補助部門費に第一順位から配賦された補助部門費を加え，それを第三順位以下の補助部門，製造部門に配賦していく。このような手順を最後位の補助部門費の配賦まで繰り返して，配賦していく。したがって第二順位の部門の第一順位の部門への用役提供は無視され，第三順位の部門費の第二順位，第一順位の部門への用役提供が無視される。

図表4－8　補助部門費配賦表

梯式配賦法

費目	金額	製造部門		補助部門			
		A部門	B部門	動力部	修繕部	材料部	労務部
	10,000	4,000	3,500	800	700	500	500
労務部	500	150	150	100	50	50	500
材料部	550	232	232	29	57	550	
修繕部	807	269	336	202	807		
動力部	1,131	565	566	1,131			
	10,000	5,216	4,784				

労務部門費の各部門への配賦計算

$$材料部門へ \quad 500 \times \frac{100}{300+300+200+100+100} = 50$$

$$修繕部門へ \quad 500 \times \frac{100}{300+300+200+100+100} = 50$$

$$動力部門へ \quad 500 \times \frac{200}{300+300+200+100+100} = 100$$

B製造部門へ　　500 × $\dfrac{300}{300+300+200+100+100}$ = 150

A製造部門へ　　500 × $\dfrac{300}{300+300+200+100+100}$ = 150

材料部門費の各部門への配賦計算

修繕部門へ　　550 × $\dfrac{10}{40+40+5+10}$ = 57

動力部門へ　　550 × $\dfrac{5}{40+40+5+10}$ = 29

B製造部門へ　　550 × $\dfrac{40}{40+40+5+10}$ = 232

A製造部門へ　　550 × $\dfrac{40}{40+40+5+10}$ = 232

　以下，修繕部門費，動力部門費も該当する配賦基準を使用し，同様に階梯式で配賦していく。階梯式部門費振替表では補助部門の動力部門，修繕部門，材料部門，労務部門などの中で労務部門が最も多く他部門に用役を提供し，他部門から用役の提供を受けることが少ないとして第一順位となり表中一番右側に位置する。次に材料部門が他部門へ最も多く用役を提供し，他部門から用役提供を受けることが少ないものとして表中右から第二番目に位置する。

　補助部門の順位付けにあたって，たとえば材料部門と労務部門が同様に四つの他部門へ用役提供を行い，他部門から用役提供を受ける程度も同様であれば，当該諸補助部門はどちらを先順位とするか問題となる場合がある。このような場合，材料部門費が¥500で，労務部門費が¥550であれば部門費の多い労務部門費を先順位とする。上の部門費集計表のように材料部門費も労務部門費もともに¥500であれば，材料部門は労務部門へ用役提供を¥100行い，労務部門は材料部門へ用役提供を¥120行っているとすれば相手部門へ用役提供を行って

いる額の大きい補助部門である労務部門を先順位とする。

(4) 連立方程式法

補助部門費の製造部門への配賦を方程式を立て，計算することが考えられる。製造部門の鋳造部門をA，鍛造部門をBとし，補助部門の動力部門をX，事務部門をYとして連立方程式法を考えてみよう。部門費集計表と補助部門費の製造部門への配賦基準を次のように簡潔な例として設定する。

部門費集計額

	鋳造部門(A)	鍛造部門(B)	動力部門(X)	事務部門(Y)
部門費	100,000	80,000	50,000	40,000

配賦割合

	鋳造部門(A)	鍛造部門(B)	動力部門(X)	事務部門(Y)
動力部門 (X)	0.4	0.4	—	0.2
事務部門 (Y)	0.4	0.3	0.3	—

用益提供授受にしたがって各補助部門費を相互配賦に沿って計算した最終の補助部門費をX，Yとする。補助部門二つ，製造部門二つという簡潔な設定例をもとに相互配賦法の観点にたって次のような方程式が成り立つ。Xは動力部門費を他部門へ配賦し，他の補助部門費から配賦を受けた補助部門費とする。Yも同様に事務部門費を他の部門へ配賦し，他の補助部門から受けた補助部門費とする。

$$\begin{cases} X = 50,000 + 0.3Y \\ Y = 40,000 + 0.2X \end{cases} \quad \begin{cases} A = 100,000 + 0.4X + 0.4Y \\ B = 80,000 + 0.4X + 0.3Y \end{cases}$$

上記の方程式を解いて，$X = 65,957.446$，$Y = 53,191.489$の解を得る。X，Yの解を製造部門費に関するA，Bの方程式にあてはめ，次のようにA，Bの製造

部門費の数値を得る。

A＝ 147,659.574

B＝ 122,340.4251

補助部門費，製造部門費のそれぞれを合計すれば部門費集計表の各部門費の合計と同一となるはずであるから¥270,000にならなければならない。上の方程式で解けば製造部門A，Bに集計されたそれぞれを合計すれば¥269,999.9991となり，多少誤差がでるがこれは方程式を解く上での小数点以下の端数処理に起因している。だいたい¥270,000に一致しているといえる。

練習問題

1 次の資料に基づいて補助部門費の振替表を相互配賦法よって行いなさい。相互配賦法における第二次配賦は直接配賦を行うものとする。

	製造部門		補助部門			
部門個別費	A	B	甲	乙	丙	計
直接材料費	2,000	2,000				4,000
直接労務費	1,000	1,000				2,000
製造間接費	500	400	300	300	200	1,700
部門共通費	(各部門の人員数比によって配分)					2,000
人員数	50	30	10	5	5	100

補助部門の各部門への用役提供割合

	製造部門		補助部門		
	A	B	甲	乙	丙
甲	4	4	—	2	
乙	4	3	2	—	1
丙	3	2	3	2	—

2 下記の各部門の部門費と部門費の配賦基準から連立方程式に

よって補助部門費を製造部門へ振り替える振替計算を行い，製造部門費を計算せよ。

部門費集計表

	製造部門		補助部門			計
	A	B	x	y	z	
部門費集計額	2,000	2,000	1,000	800	500	6,300
配賦基準	製造部門		補助部門			
	A	B	x	y	z	
x	3	3	—	2	2	
y	4	3	2	—	1	
z	4	4	1	1	—	

第5章　個別原価計算

§1　個別原価計算（Job Order Costing）の意義

1　個別生産と原価計算

　原価計算の目的は第1章で述べた。原価計算のこれら目的は原価会計情報の財務会計上の役割と管理会計上の役割として認識される。管理会計上の原価計算の利用は予算編成，原価管理，価格設定などへコスト・データの提供が考えられる。財務会計上のコスト・データの利用は損益計算書上の売上原価の決定，貸借対照表上の棚卸資産評価等が考えられる。また特殊原価調査では経営意思決定のためにコスト・データが利用されるものである。原価情報は基本的には管理会計報告目的にも財務会計報告目的にも両方に利用される。

　原価計算情報を収集し，報告する二つの基本的システムが個別原価計算システム（Job Order Cost System）と総合原価計算システム（Process Cost System）である。個別原価計算と総合原価計算の相違は生産が行われる生産形態にしたがって生産給付に対していかに原価計算記録が行われるかという計算方法上の相違である。

　個別生産は通常，製造される製品の生産量がロット別や製品個々に相違し，生産スケジュールが注文にしたがって編成される。たとえば，住宅建築は建築資材が木造か，鉄筋かにより，あるいは受注量が一戸受注か，数十戸受注かにより生産形態に大きな相違が存在する。また印刷業ではアウト・プットの種類と量が顧客の注文によりそれぞれ異なる。特に精密機械は顧客の希望により設計されたものが製造されることが少なくない。個別原価計算は類似製品でも受注量がまったく異なり，あるいは異質の製品を製造する場合に適用される原価計算形態である。

このような生産形態をとる企業には造船業，土木建築業，家具製作業，特殊精密機械業，その他種々存在する。この原価の計算法は企業の生産形態と関連をもっているのである。個別原価計算が適用される企業で生産される製品は注文ごとに，またロット別にサイズ，規格，製造仕様が異なってくる。

原価計算制度は生産システムと併行して設計される。個別原価計算のもとでは異なった製品が別々に生産されるが，各々の計算記録が各々の給付に対して行われる。コストの記録は日，週，月，年といったような期間ごとに行われ，一定の生産の原価を累積していく。個別原価計算では間接費において，総合原価計算では全原価要素において平均原価を算定するが，個別原価計算は製品ごとの原価の合計を当該製品の原価とし，ときにはロット別原価をそのロット別製品数量で割って製造単価を算定する。総合原価計算は一定期間に生産された製品に関連する総合原価を当該期間に製造された製造数量で割って製造単価が計算される。

2 製造指図書（Production Order）

個別原価計算では，注文を顧客から受ければ製造指図書が発行される。製造指図書は製品の注文を受けた当該製品の生産命令書，製作伝票とでもいうもので生産管理部，工務課等で発行される。各注文製品ごとに対する製造指図書には製造指図書番号を打っておき，原価集計の際，製造指図書番号別に原価を集計することによって製品ごとの原価を算定することを可能としている。直接材料費，直接労務費は製造指図書番号別に賦課されているが製造間接費は注文製品ごとに，すなわち製造指図書番号別に配賦しなければならない。個別原価計算の特徴はサイズ，型，仕様の異なる注文製品ごとにそれぞれの製造指図書番号を打っておき，その製造指図書番号別に原価を集計する方式である。したがって製造指図書が原価集計上，大きな役割を果たし，単位原価，価格設定にも欠かすことのできないものである。顧客の注文によって生産管理部などが製造指図書を発行すれば，そこで材料必要量，利用機械の種類，加工時間など作

業手順表等を作成し生産準備にとりかかる。製造指図書の一例には，次のようなものがある。その形式は企業の業種，規模，製品，工事の内容によって異なる。

製造指図書			
年 月 日 　　　　指図書 No.			
＿＿＿＿＿殿　発行者＿＿＿＿印			
発注先　　　　納入場所			
注文書番号　　納入期限			
製造着手日　　納入方法			
品名規格	製造数量	完了予定日	完了日
備考			
部印	課印	摘要	

通常，製造指図書には次のような項目を記入する。

1．製造指図書発行日
2．製造指図書番号
3．生産数量
4．製造品目の名称
5．発 注 先
6．生産着手予定日
7．生産完了予定日
8．材料所要量
9．作業手順
10．その他必要事項

製造指図書は数通作成され，その一通は発行した部門，たとえば，生産管理部門に保管され，他は関連部門の製造部門，材料部門，原価計算部門などへ配布される。原価計算部門では製造指図書をもとに原価計算表を作成する。生産形態によっては最終完成品の製造指図書，当該製品を構成する部品の製造指図書というように製品に二つ以上の製造指図書を発行する場合があり，その場合，前者を主製造指図書，後者を副製造指図書という。

3　個別原価計算の計算サイクル

　個別原価計算制度のもとでは，生産活動の進行にしたがって通常次のような段階で諸記録が行われる。
(1)　原材料，生産設備，用役等の調達
(2)　生産要素の生産工程へのイン・プット
　　a　直接材料費
　　b　直接労務費
　　c　製造間接費　　等の発生コストの記録
(3)　給付のアウト・プット
(4)　製品の販売

第1段階では材料，機械，工場建物，労働用役というような諸資産の調達を総
　　勘定元帳へ記録する。
第2段階では材料，生産設備，労働が生産工程に投入され，生産活動が行われ
　　るとき，消費する原価を総勘定元帳の仕掛品勘定へ振り替える。
第3段階では製品が完成されるとき，完成品原価を総勘定元帳の仕掛品勘定か
　　ら製品勘定へ振り替える。
第4段階では製品が販売されるとき，その原価が製品勘定から売上原価勘定へ
　　振り替えられる。

　仕掛品勘定に対する明細記録，すなわち，材料費，労務費等の製品別消費記録を行ったものが個別原価計算表で，生産が進行するにつれて，直接材料費，

直接労務費などが各々の個別原価計算表に記録されていく。製造指図書別に原価を集計する過程で直接費である材料費や労務費は材料出庫票や作業票などに製造指図書の番号を打っておき，当該製品の製造指図書に属する材料費および労務費を製造指図書の原価計算表に集計，賦課していく。

4　製造直接費と製造間接費

　原価要素は，また特定の製品との跡付けが可能かどうかによって製造直接費と製造間接費に区分できる。製品の組立作業に従事する工員の賃金は直接賃金となり，修繕部門，検査部門の係員の賃金は間接賃金である。当該製品の生産のために直接に消費される素材や買入れ部品は直接材料であり，機械等の修繕に消費される材料は間接材料に分類される。このように製造との関連から原価を分類すれば次の図表5－1のようになる。

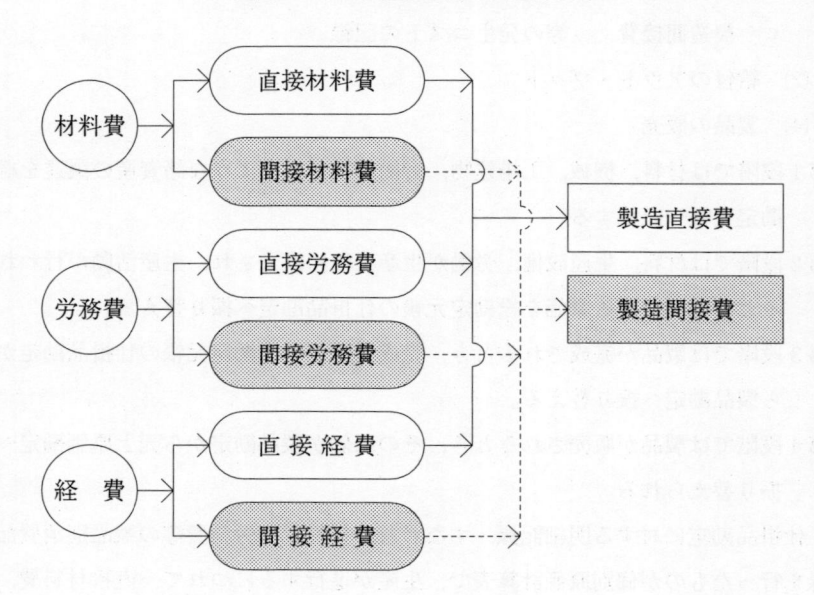

図表5－1　製造直接費と製造間接費

```
材料費 ┬→ 直接材料費 ─────┐
       └→ 間接材料費 ─ ─ ─┐│
                           ││→ 製造直接費
労務費 ┬→ 直接労務費 ─────┤│
       └→ 間接労務費 ─ ─ ─┤├→ 製造間接費
                           ││
経　費 ┬→ 直 接 経 費 ─────┘│
       └→ 間 接 経 費 ─ ─ ─ ┘
```

経費はそのほとんどが間接費であるが，外注加工費，設計費，型代など直接に製品との跡付けができるものもあり，跡付けができる経費は直接経費に入る。図表5－1のように直接材料費，直接労務費，直接経費を製造直接費といい，間接材料費，間接労務費，間接経費は製造間接費を構成する。営業活動により発生する営業費，すなわち，販売費・一般管理費は総原価に入れても製造原価には入れない。

5　製造間接費の配賦

製造間接費は製品の製造と直接的な原価発生の因果関係が把握しにくい。製造間接費は各製造指図書に賦課するのでなく，配賦せざるを得ないが，配賦にあたっては次のようなことを考慮しなければならない。

(1)　製造間接費を工場一括的に配賦するのか，部門別に配賦するか
(2)　製造間接費を間接材料，間接労務費など原価要素別に配賦するか，あるいは間接費を一括配賦するか
(3)　製造間接費を配賦する場合，当該製品と適切な関係をもつ配賦基準は何か

製造間接費を工場一括して配賦すれば配賦手続きは簡単になり，工場一本の配賦基準を決定すればよい。原価配賦の妥当性からすれば一括配賦は疑問の余地がないではない。部門別に配賦する場合には部門別に配賦基準を設定し，部門別に製造間接費を把握しなければならない。部門別に製造間接費を配賦するより製造工程を細分したコスト・センター別に配賦する方がより正確な製造間接費の配賦が期待される。しかし，計算手続きを細かく細分すればするほど原価の配賦は妥当な結果が得られるとはいえ計算の手数がかかり，その経済性からどの程度細分化して配賦計算を行うべきかの判断も欠かせない。

§2 製造間接費の配賦方法

1 製造間接費配賦の諸基準

　製造間接費を材料費関係の間接費，労務費関係の間接費，設備関係の間接費として分類し，材料費関係の間接費は直接材料費を基準に，労務費関係の間接費は直接労務費を基準に，設備関係の間接費は機械運転時間基準に基づいて配賦することもできる。また製造間接費を製品との関係で，ある製品にまったく関係ない間接費，特定の製品には非常に関わりの大きい間接費というように分類することができる。そこでは関わりの深い配賦基準を用いて配賦する余地がでてくる。

　製造間接費を配賦するとき，間接費の発生と相関関係ある配賦基準が選ばれることが理想であるが，現実には理想的な配賦基準は得られにくい。製造間接費の配賦基準として具体的に何を選ぶか検討しなければならない。

　配賦対象に対していかなる配賦基準を用いるか決めなければならない。この配賦基準は原価計算の正確性や有用性に決定的重要性をもつことになる。配賦基準が異なれば製品原価も異なることになる。通常，配賦基準は価値的基準と時間的基準に分類されるが，これらの配賦基準には具体的に，次表のようなものがあげられる。

図表 5－2　製造間接費の配賦基準

製造間接費の配賦基準
- 価値的基準
　　直接材料費基準，直接労務費基準，素価基準法
- 時間的基準
　　直接作業時間法，機械運転時間法

2　価値的基準法

(1) 直接材料費基準法

製造間接費の発生が直接材料費の発生と関連するものと考え，直接材料費の発生総額と当該製品のために発生した直接材料費額の割合によって製品に配賦する方法である。したがって，次のような計算を行う。

> 製造間接費の配賦率＝製造間接費の発生総額÷直接材料費発生総額
> 指図書別製造間接費の配賦額＝製造間接費の配賦率×指図書別直接材料費

直接材料費基準はその発生額と製造間接費発生額が現実には必ずしも比例関係にあるとは限らない。製品に占める材料費の比率が大きいからといって当該製品が多くの製造間接費を発生させたとはいい得ない。しかし，直接材料費法は特に材料関係の間接費を製品別に配賦することに利用すれば計算の妥当性は一層増すことになる。

(2) 直接労務費基準法

直接労務費の製品ごとの発生割合によって製造間接費を各製品に配賦しようとするものである。製品の製造作業で人間労働の占める比率が多いような場合，この方法がある程度妥当する。しかし，生産の機械化にともなって，この方法は疑問の余地が増えつつある。各製造指図書別の配賦は次の計算によって行われる。

> 製造間接費の配賦率＝製造間接費の発生総額÷直接労務費発生総額
> 指図書別製造間接費の配賦額＝製造間接費の配賦率×指図書別直接労務費

(3) 素価基準法

　製造間接費を直接材料費と直接労務費の合計額を基準として，その合計額と各製品ごとの直接材料費，直接労務費の合計額の割合に配賦しようとするものである。直接材料費法と直接労務費法の折衷法とでもいえる方法である。

> 製造間接費の配賦率＝製造間接費の発生総額÷(直接材料費＋直接労務費)
> 指図書別製造間接費の配賦額＝
> 　　　　製造間接費の配賦率×（指図書別の直接労務費＋直接材料費）

　次に具体的計算例でもって示してみよう。部門別，あるいは工場全体のいずれかの場合を想定し，原価発生額，および操業時間等の資料，特定製造指図書のそれらを以下のように仮定する。

	原価の発生総額	製造指図書 No.1
実際直接材料費	¥300,000	¥50,000
実際直接労務費	250,000	30,000
製造間接費	¥600,000	
直接作業時間	10,000 時間（全体）	1,000 時間
機械運転時間	8,000 〃	1,500 〃

直接材料費法による配賦

$$\text{配賦率} = \frac{¥600,000}{¥300,000} = 2$$

製造指図書 No.1 への配賦額
¥50,000×2＝¥100,000

直接労務費法による製造間接費の配賦

配賦率 = $\dfrac{¥600,000}{¥250,000}$

= 2.4

製造指図書 No.1 への配賦額

¥30,000×2.4 = ¥72,000

素価法による製造間接費の配賦

配賦率 = $\dfrac{¥600,000}{¥250,000+¥300,000}$

= 1.09

製造指図書 No.1 への配賦額

(¥50,000+¥30,000)×1.09 = ¥87,200

3　時間的基準法

　この方法は製造間接費を直接作業時間や，機械の運転時間を基準として特定の製品へ配賦する方法である。この方法では作業時間記録，機械運転時間記録が行われていなければならない。製造間接費の配賦率は作業時間1時間当たり，あるいは機械運転時間1時間当たりについて算出される。

(1)　直接作業時間法

　労働作業の多い労働集約的な生産工程では労働者の作業時間による製造間接費の配賦はある程度妥当性をもつといえる。ただし，種々の製品を製造する場合には，それぞれの労働作業がだいたい均一化していることが望ましい。製造間接費の配賦計算は価値的基準に準じて行うことも時間的基準によって行うこともできる。

製造間接費の配賦率＝製造間接費の発生総額÷直接作業時間総数

指図書別製造間接費の配賦額＝
　　　　　　　製造間接費の配賦率×指図書別直接作業時間数

---

(2) 機械運転時間法

機械化された資本集約的な生産工場において製造間接費を配賦する場合，機械運転時間を基準として間接費を製品に配賦する方法としてこの方法が利用されることが多い。機械による生産活動においては労働作業時間や労務費を基準に間接費を配賦するより，機械運転時間の方がはるかに合理性をもつといわれている。しかし，機械によって馬力数が異なったり，機械の性能が違えば一律に機械運転時間数を集計して配賦率を求めてもその妥当性に疑問が残る。小規模工場の場合や，大規模工場でも部門別に機械運転時間法を適用する場合，機械の性能が多少異なってもそれを調整して科学的な機械運転時間を算定し，機械時間当たりの配賦率を計算すれば，製造間接費の配賦の正確性が増すことになる。配賦計算は，次のように配賦率を計算し，指図書別機械運転時間数を掛け合わせる。

製造間接費の配賦率＝製造間接費の発生総額÷機械運転時間総数

指図書別製造間接費の配賦額＝
　　　　　製造間接費の配賦率×指図書別機械運転時間数

前例の資料によって直接作業時間法，機械運転時間法の計算例を示しておこう。

直接作業時間法による配賦

$$配賦率 = \frac{¥600,000}{10,000} = ¥60$$

製造指図書 No.1 への配賦額

¥60×1,000＝¥60,000

機械運転時間法による配賦

配賦率 ＝ $\dfrac{¥600,000}{8,000}$　　　　製造指図書 No.1 への配賦額

　　　＝ ¥75　　　　　　　　　　　¥75×1,500＝¥112,500

4　製造間接費の配賦の目的

　製品1単位当たりの製造間接費は直接的には確定し得ず，製造間接費は製品単位と直接的に関連付けられにくい製造原価である。直接材料費，直接労務費は素価（Prime Cost）を構成するものであり，製品との直接的な関連付けが可能であるが，価格設定や利益測定，棚卸資産評価目的のためにそれを推定することは必要である。なぜ製造間接費が製品に推定配分されなければならないか考えてみよう。

(1)　製品の価格設定

　経営者は販売価格によって原価が回収されるために製品単位当たりの全部製造原価を知る必要がある。製品を販売価格以下で製造し，満足な利益を獲得することができなければ長期的な生産を継続することができない。

(2)　期間利益の測定

　財務会計上，販売製品の全部原価が売上総利益を算定するために損益計算書のうえで，売上高から控除されなければならない。販売費，一般管理費は営業利益を算定するために，さらに売上総利益から控除されなければならない。製品の製造過程のその全部原価は製造間接費も製品へ配賦して計算できる。

(3)　財政状態の把握

　期末の棚卸資産は貸借対照表上に表示されなければならないが，製品，半製

品などの評価を行うためには製造間接費を配賦せずに素価のみによる棚卸資産評価は現在，認められておらず，全部原価計算で評価しなければならない。しかし棚卸資産の原価があまりに低い場合，時価でそれを評価せざるを得ない場合もある。

5 配賦基準と製造間接費

製造企業における製造間接費は理想的にはその原価を発生させた製品に割り当てられるべきである。たとえば，工場機械の減価償却費は機械が製造した製品数量により発生させられたと推測できる。減価償却費は，通常，時間基準で測定されるから製品には減価償却費は機械が製品に作業を加えた機械時間数に比例して配賦されるべきである。所定の期間に機械減価償却費が ¥40,000 であり，同期間におけるすべての製品に機械が 10,000 時間を費やしたとするとき，機械時間当たり減価償却費は

¥40,000÷10,000＝¥4

となる。もし，ある製品 Job 1 へ機械が200時間稼働したならJob 1 へは

¥4×200＝¥800

の減価償却額が配賦されることになる。

補助材料費は，時間に比例して消費されるというよりも直接材料費の使用に比例して消費されると一般には考えられることがある。間接労務費や監督者給料等は直接作業時間に比例し，製品に対して発生するとも考えられる。機械の減価償却費や間接材料費，間接労務費などの製造間接費の発生は機械時間，直接材料費，直接作業時間などと完全に因果関係をもって発生しているとはいいきれず，製造間接費の発生原因とされる要因と発生した間接費との関係は，元来，合理的であると仮定されているにすぎない。製品への製造間接費の配賦基準には複数の配賦基準が製造間接費の発生と合理的因果関係をもつと考えられるが所定の部門，コスト・センターの間接費を製品へ配賦する際に一つの配賦基準よりも，より多くの基準を適用することは理論的であっても実務的には不

可能であろう。

あらゆる会計情報に関してその情報を提供するコストが情報を利用することの効用を越えれば会計情報を提供する経済的価値があるとはいえない。部門やコスト・センターの間接費を製品へ配賦するのにいくつかの複数基準を利用することは結果として算定された製品原価データの価値に照らして不当に高いコストがかかることがある。ゆえに製造間接費を製品に配賦するために単一基準を利用することが通常はベストといわざるを得ない。

6　実際製造間接費配賦の短所

製造間接費が製品へ配賦されるのは原価計算期間である月間の製造間接費が算定された後に行われる。実際配賦率が実際に発生した間接費と時間を計算基礎として算定されるが，これは次のような諸理由によって望ましいものとはいえない一面がある。

(1) タイミングの欠如

製品が月の途中に完成された場合，その製品にいかなる価格設定を行うべきかという重要な意思決定に際し，その製品が負担する配賦製造間接費が未定のためただちには製品の総原価が知られないことになる。したがって，価格決定ができない。

(2) 操業度の相違による配賦率の変化

操業度が年間を通じて大きく変化するならば，月間の実際製造間接費および実際操業時間に基づいて計算した間接費配賦率は月々変化し，それに基づいて配賦された製造間接費は同じ製品に対しても異なる額の間接費を負担する結果になり，それでは計算された製品原価の信頼性を低下させてしまう。これを考察するために1か月に次のように製造間接費が発生したと仮定しよう。

　　固定製造間接費 ……………… ¥10,000

変動製造間接費 ……………………… ￥3 　　（直接労働時間当たり）

　年間の総直接労働時間は30,000時間とする。しかし製品需要は季節的に変化するために2月は2,000時間，3月には8,000時間の直接労働時間が発生し，直接労務費，直接材料費は変動費としてあわせて製品単位当たり￥8発生し，単位当たり製品に必要な直接労働時間は1時間要すると仮定しよう。もしこれらの予測が合理的で正しく，実際製造間接費が月々の実際操業度を基準に製品に配賦されるならば単位原価は，以下のようになる。

	2月	3月
直接材料費，直接労務費 …………	￥8.00	￥8.00
変動製造間接費 ………………………	3.00	3.00
固定製造間接費		
￥10,000÷2,000H ………………	5.00	
10,000÷8,000H ………………………………………		1.25
	￥16.00	￥12.25

　2月に製造された製品が3月に製造された製品よりも製造原価が大きいとするのは妥当だろうか。3月に製造された製品よりも2月に製造された製品に￥3.75多く間接費を配賦することが合理的とは考えられない。この場合，最善の処理方法は固定製造間接費の年間の配賦率を算定しておくことである。

年間予想製造間接費 ………………………	￥120,000
年間予想直接労働時間 ………………………	30,000
単位時間当たり固定製造間接費	￥　4

　このような配賦基準で2月に製造された製品も3月に製造された製品も単位原価は￥15と統一される。というのは，単位当たり変動原価は￥11，固定製造間接費が￥4であるからである。

7 実際配賦から予定配賦へ

　製造間接費の配賦に関して，実際配賦の短所をみてきた。実際の製造間接費の発生額と実際の配賦基準によって配賦率を計算し，各製品の製造間接費の負担額を計算するのが間接費の実際配賦である。製造間接費を実際配賦すれば配賦額を計算する計算手続きが遅れる。したがって月中に完成した製品の材料費，労務費の原価は把握できても，製造間接費の配賦額は月末にならなければ算定できない。なぜならば，実際の労務費，実際の材料費は月末にならなければ判明しない場合が多いからである。特に間接材料費，間接労務費，間接経費などの多くは月末にならなければその月の実際発生額は判明しない。原価管理のうえからも，売価決定のうえからも製品原価の確定が実際配賦率による間接費の算定のために遅延することは望ましいことではない。

　製造間接費を実際配賦することから起こる次の欠点は実際計算によれば，製造間接費の構成要素の中に固定費と変動費が存在するから，計算の都度，間接費の配賦率が相違し，季節的変動によって操業度の低い期間には高い配賦率を，操業度の高い期間には低い配賦率を算定する結果となり，指図書別に同一の配賦基準が利用されたとしても異なった間接費負担額が計算される結果となる。このような原価が計算されるならば，経営意思決定にとってそのコスト・データは有益とはいえない。

　会計年度中に製造間接費の配賦率に高低が生じることは望ましくないため，計算の迅速性のためにも製造間接費の配賦は実際配賦より予定配賦を行った方が有益なデータが得られる。予定配賦率は，次の式で計算される。

$$\text{予定配賦率} = \frac{\text{一定期間（通常1年間）の製造間接費予算}}{\text{同期間の予定配賦基準数値}}$$

各製造指図書への配賦額＝予定配賦率×指図書別実際配賦基準数値

　製造間接費の配賦を実際配賦率による場合は配賦率を原則として毎月算定するが，予定配賦率による場合は予定配賦率を通常1年について予定する。製造間接費を予定配賦することにより計算の迅速性が確保され，配賦率の変化による製品原価の歪曲の問題が是正される。

8　製造間接費の配賦差異

　製造間接費を予定配賦率によって各製造指図書に配賦する場合，予定配賦額と実際発生額とに差異がでる。予定はあくまで予定であり，実際の間接費発生額との食い違いが生ずることはやむを得ない。製造間接費の実際発生額と予定配賦額との差異を製造間接費配賦差異（Over and Under Absorbed Overhead）といい，この配賦差異には実際発生額より予定配賦額が超過する配賦超過と，反対の配賦不足の場合が存在する。図表5－3のように各指図書に配賦された間接費の配賦額は元帳勘定の上では月末に配賦製造間接費勘定から仕掛品勘定へ振り替えられ，その金額はまた，配賦製造間接費勘定借方と製造間接費勘定貸方へ記入される。製造間接費勘定では借方に間接費の実際額が，貸方に予定配賦額が記入されることになり，製造間接費配賦差異額が現れることになる。この差異額は製造間接費配賦差異勘定に振り替えられる。製造間接費差異勘定への振替えは配賦製造間接費勘定から振り替える手順をとってもよい。

　製造間接費の配賦差異は原価計算期末にはそのままにしておき，次月に繰り越す。ある月には借方残になる場合があれば，また，ある月には貸方残になることもある。したがって年度中の各月を通じて貸方，借方の相互が互いに相殺されることもあり，借方，貸方の一方側に累積されることもある。各月末には

製造間接費差異は原価管理の観点から，予算差異，操業度差異，能率差異などに分析され，その発生原因が調査され，是正措置が採られる。

図表5－3　製造間接費予定配賦による勘定記帳

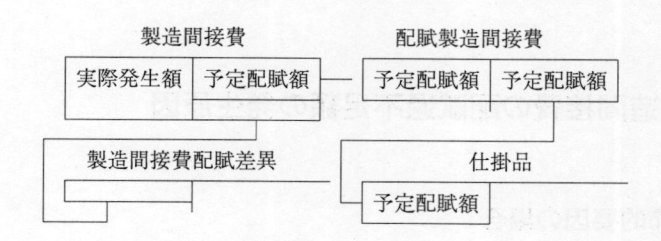

```
       製造間接費              配賦製造間接費
  ┌─────┬─────┐      ┌─────┬─────┐
  │実際発生額│予定配賦額│      │予定配賦額│予定配賦額│
  └─────┼─────┘      └─────┴─────┘
        │ 製造間接費配賦差異        仕掛品
        └───────┐        ┌─────┐
                │        │予定配賦額│
                │        └─────┘
```

製造間接費の配賦差額は年度末に次のいずれかによる措置が必要である。
(1) 営業外損益にする方法
(2) 売上原価に加減する方法
(3) 補充率によって再配賦する方法

この中でも補充率法（Supplementary Rate）は製造間接費を予定配賦することによって発生した製造間接費配賦差異をさらにもう一度，製品，仕掛品，売上原価などへ配賦する方法である。したがって次の計算によって補充率を計算し，配賦差異を再度配賦することになる。

$$補充率 = \frac{製造間接費配賦差異}{配賦基準数値（または予定配賦総額）}$$

指図書別の配賦基準数値×補充率＝指図書別配賦差異の追加配賦額

指図書別に間接費の配賦差異を追加記入することは手数がかかり，結局，製品の実際原価を算定することになるから，そのような追加配賦の記入はあまり行わない。

原価計算基準によれば製造間接費配賦差異は原則として当年度の売上原価に

賦課するように薦めている。しかし，比較的多額の原価差異が生じれば個別原価計算の場合，売上原価と期末の棚卸資産に指図書別に配賦するか，さもなければ売上原価と期末棚卸資産に科目別に配賦するように求めており，総合原価計算の場合には，当年度の売上原価と期末の棚卸資産に科目別に配賦するとしている。

9　製造間接費の配賦過不足額の発生原因

(1)　季節的要因の場合

　給付の原価の概算をタイムリーに知る必要と操業度の季節的変動による計算原価の歪曲に対処するため多くの企業では製造間接費配賦において予定配賦率を用いる。その予定配賦率は製造間接費の固定的要素と同様に変動的要素に対しても計算される。固定間接費配賦率が￥4，変動間接費配賦率が￥3とすれば月の途中に製品が完成したとき，その原価計算表へ各々の予定配賦率でもって間接費を配賦できる。ある仕事が月の途中に完成し，直接労働時間（H）が100時間費やされたとしよう。直接材料費，直接労務費に加えて，さらに製造間接費が直接労働時間法によって配賦されるなら当該製品の配賦額は次のようになる。

```
変動製造間接費    100H ×￥3 ＝￥300
固定製造間接費    100  ×￥4 ＝￥400
                              ￥700
```

(2)　調達価格の変化，不能率等による場合

　製造間接費の配賦不足額がかなり大きく，その発生原因が単に季節的原因のみによらないときは次の二つの処理のいずれかによることになる。

① コントロール可能な要因から発生する配賦過不足額の処理

　この処理方法は差異発生の原因がその期間の経営活動の不能率に起因していることが明らかであるような場合，たとえば継続的に発生することが考えられない怠業，異常な不能率といったときに期間損益として処理することが適切である。

② コントロール不可能な要因から発生する配賦過不足額の処理

　これは原価計算表の製品，総勘定元帳の仕掛品勘定に対する追加修正として配賦加減することが考えられるのである。このような処理は差異がコスト・センターのコントロール外である価格変化により引き起こされるようなとき，適切と考えられる。

　生産企業では期末に当期製品の製造原価が計算され，損益計算書の明細書として製造原価報告書が作成される。その一例を示せば次掲のとおりである。

図表 5 − 4　製造原価報告書

製造原価報告書		
	T・M社　2000.12.31	
Ⅰ　材料費		
期首棚卸	¥ 40,000	
当期購入	300,000	
合　計	340,000	
期末棚卸	50,000	
当期材料費		290,000
Ⅱ　労務費		
基本給	150,000	
諸手当，福利費	50,000	
当期労務費		200,000
Ⅲ　経　費		
電力料	20,000	

ガス，水道代	10,000	
運　賃	30,000	
減価償却費	10,000	
租税公課	15,000	
修繕費	15,000	
不動産賃借料	5,000	
保険料	15,000	
当期経費		120,000
当期製造費用		¥ 610,000
期首仕掛品		70,000
合　計		680,000
期末仕掛品		100,000
当期完成品原価		580,000

練習問題

1　次の資料から直接材料費法による原価計算表 No. 1 を作成し，製造指図書 No. 1 に対する製造間接費の配賦額を直接材料費法，直接労務費法，素価法，直接作業時間法，機械時間法によって算定しなさい。

	発生総額	製造指図書　No. 1
実際直接材料費	¥200,000	¥60,000
実際直接労務費	250,000	20,000
製造間接費	¥1,200,000	
直接作業総時間	10,000 時間	1,000 時間
機械運転総時間	8,000 〃	1,500 〃

2　上記製造間接費の配賦を

　A　直接材料費法による予定率6.5によれば製造間接費の配賦

差異はいくらか。
　B　直接労務費による予定率4.5によれば製造間接費の配賦差異はいくらか。

第6章　総合原価計算

§1　総合原価計算の意義

　総合原価計算（Process Costing）は通常，同種製品を継続的に生産する生産形態に適用される。このような生産形態は化学，石油精製，食品，鉄鉱，繊維等にみられる。この計算システムを利用する企業においては異なった種類の製品を生産するとき，その中のある種製品のアウト・プットの生産量は相当量にのぼり，アウト・プットの各々の特性については識別できない。

　総合原価計算は同種の製品を大量生産する場合に適用される計算方式であるので原価を製品一単位ごとについて集計するのではなく，一原価計算期間について集計し，同原価計算期間に完成された数量で，完成品に対する原価を割ることにより，製品単位当たり原価を算定する。大量生産，継続生産であるから原価計算期末には未完成品，すなわち仕掛品が存在する。この仕掛品の評価が製品原価の計算に影響してくる。一定の原価計算期間において完成品と仕掛品が存在するとき仕掛品の評価額が大きくなれば完製品原価は相対的に小さくなり，仕掛品の評価が小さければ完成品の評価額は大きくなるという関係がある。特定原価計算期末の仕掛品は次期に再び加工を加えられ，やがて完成される。

　企業の生産形態にも単品生産，複数種類製品生産など生産形態が存在し，総合原価計算にも単純総合原価計算，組別総合原価計算，等級別総合原価計算，連産品原価計算など種々計算形態が存在するので生産形態に適した計算形態が利用される。

　総合原価計算においても計画と管理の機能をもたせることは重要で，そのために製造指図書が発行される。製造指図書は単に生産命令を行うのみに留まらず，いかなる期間にどの製品をいかほど生産すべきか，あるいは原材料の投入をいつまでに何トン投入すべきかといったようなコントロールのためにも製造指図書が必要である。

総合原価計算における製造指図書は一定の原価計算期間の継続生産に関して発行されるので継続製造指図書といわれ，原価集計単位にはならない。

総合原価計算は，一定期間における同種製品の生産量の単位当たり平均原価の計算を行うものである。単位原価は材料費，労務費，製造間接費などからなり，これらを原価要素別，期間別に集計し，期間生産量で除して算定されるが，原材料費と労務費および製造間接費の加工費とに区分して計算することが多い。

総合原価計算を行う場合，次の諸点を確認することが望ましい。
(1) 工程や生産中心点の範囲と管理者の責任の範囲
(2) 原価要素の投入工程や生産中心点
(3) 工程，生産中心点から産出されるアウト・プットの測定単位

1 給付数量のフローとコスト・フロー

総合原価計算において，管理者が責任をもつ製造活動に二つのフローが存在する。その一つは物理的数量に関するものであり，他の一つは経済的原価に関するものである。

総合原価を計算するにあたって物理的数量のフローを跡付け，計算することである。当該期間に発生した実際原価を前期から未完成分として繰り越した仕掛品の原価とともに完成したアウト・プットと期末仕掛品へ割り当てることである。この単位原価はイン・プットの原価要素を，期首，期末の仕掛品が存在しないとき，あるいは無視できるとき次式により計算されなければならない。

$$\frac{投入原価}{アウト・プット完成数量} = アウト・プット単位当たりイン・プット原価$$

期首か期末の一方，あるいは両方において仕掛品が存在するときは，分母に仕掛品をそのまま完成品数量に加えることは適切でない。特に労務費，製造間接費に関しては仕掛品は完成品に換算されなければならず，完成数量と完成品

換算量で分母を形成するよう調整されなければならない。総合原価計算においては仕掛品もその数量を完成品に換算して全体的に等価生産量を計算することが重要である。全体的な完成品等価生産量については後述するが，上の計算式の場合，期首，期末の仕掛品が存在しない場合である。

実際原価を製品，仕掛品へ割り当てるには，原則として次の段階をふむことになる。

(1) 原価要素ごとに原価がどれほどのアウト・プットに対応するか期間的な等価生産量を計算する。
(2) 原価要素ごとの実際原価を，その単位原価を算定するために期間的等価生産量で割る。
(3) 期末仕掛品の完成品換算量に原価要素ごとの単位原価を掛け，その期末仕掛品原価を算定する。原価要素ごとに算定された期末仕掛品原価をそれぞれ加えて，期末仕掛品原価を算定する。
(4) 原価要素ごとの単位原価を加算して完成品単位当たり原価を算定し，その完成品単位原価に完成品数量を掛け合わせ，完成品原価を算定する。

2 期首仕掛品が存在する場合の単位原価の算定

総合原価計算では期首仕掛品が存在するとき，発生原価を期末仕掛品と完成品に配分し，アウト・プットとしての工程完了品原価がどのようにフローしていくと考えたらよいであろうか。総合原価計算においては平均法（weight average method）と先入先出法（first in first out method）という二つの基本的コスト・フローの仮定がよく設定される。

(1) 加重平均法 (Weight Average Method)

加重平均法のもとでアウト・プット単位当たり原価要素の原価算定の公式は次のように設定される。

$$\frac{\text{期首仕掛品原価}+\text{当期投入原価}}{\text{当期完成数量}+\text{期末仕掛品完成品換算量}} = \begin{array}{l}\text{アウト・プット単位当たり}\\ \text{イン・プット要素の原価}\end{array}$$

工程の始点で投入される材料費のようなイン・プット要素の実際原価は完成品へ賦課され,期末仕掛品にも同様に完成品単位原価基準で賦課される。未完成のまま前月から当月に繰り越された仕掛品の原価は上式において分子におかれ,引き続き当月に投入された原価は分子におかれる。完成数量と月末仕掛品の完成品換算量は,分母におかれる。ステップ1,2,3と段階的に考察してみよう。

step 1

期首仕掛品は次のとおりであったと仮定する。

	数量（ガロン）	進捗度％	等価生産量（ガロン）	原価
材料費	10,000	100	10,000	¥15,000
加工費	10,000	20	2,000	5,000
合　計				20,000

実際生産量：

実際に消費された30,000ガロンの原価	¥51,000
直接労務費と製造間接費	¥78,300
完成量	25,000 ガロン
期末仕掛品15,000ガロンの進捗度	60 ％

step 2

平均法による等価生産量

	材料（ガロン）	加工（ガロン）
完成量	25,000	25,000
期末仕掛品（15,000ガロン）		

材　料	100 %	15,000	
加工費	60 %		9,000
		40,000	※ 34,000

※ 2,000＋（8,000＋15,000）＋9,000＝34,000 と解釈してもよい。

step 3

等価生産量（平均法）

	トータル・コスト	等価生産量	単位原価
材　料：			
期首棚卸高	¥ 15,000		
当期投入高	51,000		
	¥ 66,000	40,000	¥1.65
加工費：			
期首仕掛品	¥ 5,000		
当期加工費	78,300		
	¥ 83,300	34,000	¥2.45
	¥149,300		¥4.10
完成振替高	¥102,500	25,000	¥4.10
期末仕掛品			
材料費	¥ 24,750	15,000	¥1.65
加工費	22,050	9,000	2.45
	¥ 46,800		
	¥149,300		

　完成製品の各単位は材料に関しては @¥1.65，加工費については @¥2.45 の原価を負担することになる。材料費 @¥1.65は先月の単位原価¥1.5の当月

の繰越分10,000ガロンと当月分の単位当たり¥1.7の30,000ガロンの材料原価から算定したものである。同様に¥2.45の加工費は先月の完成品換算量当たり¥2.5の原価と当月わずかに低い加工費¥2.4468（78,300÷32,000）とから加重平均されたものである。

(2) 先入先出法（First In First Out Method）

単位原価を算定するに当たり，先入先出法のもとでは期首仕掛品から完成した製品と当期投入分から完成した製品を区別して製品原価を計算する。当該部門で完成されて入庫されるか，次工程へ振り替えられていく工程完成品の単位原価はこのような2点を区別して認識することができる。生産工程の物理的数量のフローそのもののコストを計算する。アウト・プットは月初仕掛品からの完成分，当月投入分からの完成品，当月投入分からの月末仕掛品へと次のように区分される。

- A　期首仕掛品からの当期完成分
- B　当期に投入され，当期に完成された部分
- C　当期に投入され，月末仕掛品として工程に留まった部分

	材料（ガロン）	加工費分（ガロン）
完成数量	25,000	2,5000
期首仕掛品数量（10,000）		
材料　　100％	(10,000)	
加工費　 20％		(2,000)
当月投入完成分	15,000	23,000
期末仕掛品（15,000）		
材料　　100％	15,000	
加工費　 60％		9,000
純粋当月分	30,000	32,000

当期に投入されて完成された製品原価が期首仕掛品から完成された製品の生産原価と異なるならば先入先出法による原価は平均法による製品原価，売上原価，期末仕掛品原価等の原価とは結果的には異なることになる。

前頁のデータは前の資料を補足したものであるが，先入先出法によってこれを考察してみよう。

先入先出法のもとでは材料の当月分完成品換算量30,000単位はさきの平均法の40,000単位と比較して差異10,000単位を生ずることになる。加工費分は平均法の34,000単位に対して3,2000単位となる。その差異2,000単位は先入先出法の完成品換算量から前期に未完成であった等価生産量を除去することに由来している。平均法は期首仕掛品が存在するとき，つねに先入先出法よりも高い等価生産量になる。完成品換算量という語が先入先出法の計算に用いられ，アウト・プット法という語が平均法に用いられることがある。それは単に先入先出法，平均法といった異なった計算手順を区別するためである。

当月中の生産活動に対する単位原価は，次のように計算される。

材料費：$\dfrac{¥51,000}{30,000}$ ＝ ¥1.7（アウト・プット当たり）

加工費：$\dfrac{¥78,300}{32,000}$ ＝ ¥2.447（アウト・プット当たり）

分子のイン・プット・コストは前月に期首仕掛品にすでに加えられたコストを含まず，分母も期首仕掛品の材料数量および加工の完成品換算量は含まない。それ故に材料の単価¥1.7と加工費の単価¥2.447は当月においてのみ発生した単位当たり原価を表すのである。

完成品のコスト・フローを跡付けるために2組のアウト・プットが認識されている。

A　期首仕掛品の数量
B　当月に着手し，完成した数量

期首仕掛品のトータル・コストは先月に作業を加えられたコストに加えて当

月完成するために追加のコストが必要である。それは先月に月末仕掛品10,000単位の材料とその20％を完成するために必要な加工費が加えられていた。これらの原価を合計して¥20,000のコストが先月から当月に繰り越された。当月になって残り80％の加工費，すなわち完成品換算量にして8,000単位（10,000×0.8）の加工作業が加えられる必要がある。当月の単位当たり加工費は¥2.447であるから最初に完成させられた方の計算は，次のようになる。

期首仕掛品の原価	¥20,000
当月加工費（8,000×¥2.447）	19,576
10,000ガロン完成に必要なコスト	¥39,576
平均単位原価	¥3.958

　当月に投入され，完成された第2組の15,000ガロンのコストはアウト・プット単位当たり¥4.147の金額を利用することにより¥62,205と計算される。第1組の平均原価は先月と当月の両月の各々の原価からなっており，それは前月の材料単価¥1.5／ガロンと加工費は前月の完成度20％の¥2.5／ガロンおよび当月の少し低い¥2.447／ガロンとから算定される。当月分，すなわち第2組の平均原価は材料に関しては¥1.7／ガロンおよび加工費¥2.447／ガロンから算定されることになる。

§2　総合原価計算

1　仕掛品の計算原理

　単純総合原価計算は総合原価計算の最も基本的なものであり，生産する製品が一種類であり，生産工程が一つの場合に適用される原価計算形態である。こ

の生産工程で発生した原材料費，労務費，諸経費の発生原価を算定し総合原価を計算し，期首，期末の仕掛品原価を加減して完成品原価を計算し，完成品原価を当該原価計算期間の生産量で割って製品単位原価を計算する。総合原価計算には期首，期末に仕掛品が存在するが，この仕掛品計算は期末に行い，期末仕掛品は次期に繰り越す。したがって，期間における仕掛品評価という場合，通常は期末の仕掛品評価を意味する。生産工程が二つ以上あれば第一工程を完了したものは完成品でなくとも仕掛品とはいわず，半製品，中間製品，工程完了品などという原価計算上適切な科目にする。総合原価計算では月初仕掛品原価と当該原価計算期間に発生した原価を完成品と期末仕掛品とに按分しなければならない。

(1) 直接材料費

単純総合原価計算において，材料が工程の始点で投入されるとき完成品単位当たり材料費と，期末仕掛品の単位当たり材料費とは平等に負担させるのが計算上妥当である。労務費，諸経費等の加工費については加工作業の進行とともに加工費が消費されるものと考えられるから，完成品，仕掛品は加工の進捗度に応じて加工費を負担すべきである。原材料が作業の進行にしたがって投入される場合，期末仕掛品の原材料は加工費と同様に加工の進捗度に応じて負担されるべきである。

たとえば当期の期首仕掛品が存在せず，製品完成量が10,000個で期末仕掛品が3,000個であれば，原材料費の投入額が￥260,000であるとき，期末仕掛品の材料費はいくらになるか計算してみよう。ただし，製品1単位に原材料が1個含まれるとする。

当月投入量	13,000個	投入材料費	￥260,000
月末仕掛品	3,000	期末仕掛品材料費	60,000
完成品	10,000個	完成品材料費	200,000

期末仕掛品材料費については￥260,000÷13,000＝￥20の計算で￥20が材料

単位当たりの材料費負担額として計算される。したがって，期末仕掛品の3,000個分に相当する材料負担額は￥20×3,000＝￥60,000と計算される。

(2) 加工費の期末仕掛品

直接材料費を除いた直接労務費，諸経費を加工費ともいうが，この期末仕掛品の負担額は加工の進行の程度にしたがって原価が消費されていくもの考えるのが妥当である。いま，期末仕掛品3,000個の加工の程度，すなわち進捗度が50％であるとすれば3,000個×0.5＝1,500個の計算で1,500個が期末仕掛品の完成品換算量となる。完成品換算量とは仕掛品数量を完成品レベルに換算した数量である。

いま，当月の加工費が￥130,000であるとすれば上例では加工費の期末仕掛品負担額は次のように計算される。

当月投入量	11,500個	当月加工費	￥130,000
月末仕掛品（換算量）	1,500	期末仕掛品加工費	16,950
完成品	10,000個	完成品加工費	￥113,050

月末仕掛品の完成品換算量は1,500個であるから，その加工費の負担額は￥16,950となる。1個当たりの加工費の負担額は￥130,000÷11,500≒￥11.30となるから，これを完成品換算量3,000個×0.5＝1,500個に掛けて￥11.30×1,500＝￥16,950の期末仕掛品加工費分が算定されているのである。

期首仕掛品が存在するとき，総合原価計算を行う場合，期首仕掛品の評価額が期末仕掛品の評価に影響を与える。期末仕掛品を計算する場合，期首仕掛品額をどのように扱うかによって平均法，先入先出法，後入先出法といった方法が区別される。

2　単純総合原価計算

(1) 平　均　法

期末仕掛品評価にあたっての平均法は月初仕掛品原価と当月投入原価を合計し，この合計額を完成品と期末仕掛品へ配分するのである。次のような状況を仮定しよう。

月初仕掛品2,000個(30%)，材料費￥50,000，加工費￥26,000

当月材料投入量13,000個，投入材料費￥260,000，当月加工費￥130,000

月末仕掛品量3,000個(50%)，(　)の%は加工進捗度を表す。材料は工程の最初において投入するものとする。

期末仕掛品の材料費はまず月初仕掛品の材料費￥50,000と当月投入材料費￥260,000を合計し，それを完成品原価と期末仕掛品原価に按分するのであるから12,000個 (2,000＋13,000－3,000) と3,000個に配分すればよい。したがって，次の計算が行われる。

$$(\yen 50,000+\yen 260,000) \times \frac{3,000個}{12,000個+3,000個} = \yen 62,000$$

加工費も原則的には材料費と同じ手続きで期末仕掛品の評価を行うが仕掛品の完成度（進捗度）を考慮しなければならない。加工費に関して当月の着手分は

2,000個＋13,000個－3,000個（1－0.5）＝13,500個

または

12,000個＋3,000個×0.5＝13,500個

$$(\yen 26,000+\yen 130,000) \frac{3,000個\times 0.5}{12,000個+3,000\times 0.5個} = \yen 17,333.3$$

平均法による期末仕掛品原価は（¥61,999.9＋¥17,333.3）＝¥79,333となる。

図表6－1　単純総合計算表

（平均法）

摘　　要	材料費	加工費	計
月初仕掛品	50,000	26,000	76,000
当月製造原価	260,000	130,000	390,000
当期総製造原価	310,000	156,000	466,000
月末仕掛品原価	62,000	17,333	79,333
当月完製品原価	248,000	138,667	386,667
完　成　数　量	12,000	12,000	12,000
単　　　　価	20.67	11.56	32.2

(2) 先入先出法 (first in first out method, FIFO)

　この方法はさきに投入された原価からさきに完成品となって工程からアウト・プットされるという前提のもとに計算するのである。原材料など物の数量的フローとコスト・フローが一様に生産工程を流れ，アウト・プットされていくものと考えている。したがって，月初仕掛品原価は完成品原価となり，月末仕掛品原価を構成しない。当月に発生した原価が完成品と月末仕掛品になっていくのである。したがって，当月製造費用を当月の等価生産量で割って期末仕掛品の完成品換算量を掛ければ期末仕掛品の原価が算定される。等価生産量とは月初仕掛品，完成品，月末仕掛品などを加工の側面から完成品に換算して当月何単位が加工されたか計算した数量単位である。

> 月初仕掛品（1－加工進捗度）＋当月投入量－月末仕掛品（1－加工進捗度）

の計算によって算定される。

次は前例の資料であるが先入先出法により期末仕掛品および完成品原価を計算しよう。

月初仕掛品2,000個(30%)，月初仕掛品材料費￥50,000，同加工費￥26,000

当月投入量13,000個，投入材料費￥260,000，当月加工費￥130,000

月末仕掛品3,000個(50%)，（　）の％は加工進捗度を表す。材料は工程の最初において投入するものとする。完成数量は12,000個とする。

材料費の期末仕掛品は当月投入分の材料費を完成品分と期末仕掛品分に按分すればよい。材料の加工進捗度は工程のはじめに投入するのであるから100％とみなせばよい。

$$¥260,000 \times \frac{3,000個}{12,000個-2,000個+3,000個} = ¥60,000$$

加工費の期末仕掛品については等価生産量を計算して，当期の加工費をそれで割り，期末仕掛品の完成品換算量分へ加工費を按分すればよい。等価生産量は

$$2,000個（1-0.3）+13,000個-3,000個（1-0.5）=12,900個$$

と算定するか，または

$$12,000個-2,000個 \times 0.3+3,000個 \times 0.5=12,900個$$

として計算する。

$$¥130,000 \times \frac{3,000 \times 0.5}{12,000-2,000 \times 0.3+3,000 \times 0.5} = ¥15,116.2$$

期末仕掛品の評価額は材料費の￥60,000と加工費の￥15,116を合計して得られる。

$$¥60,000+¥15,116.2 = ¥75,116.2 \cdots\cdots 期末仕掛品評価額$$

図表6-2　単純総合計算表

（先入先出法）

摘　　要	材料費	加工費	計
当月製造原価	260,000	130,000	390,000
月末仕掛品原価	60,000	15,116.2	75,116.2
差　　引	200,000	114,883.8	314,883.8
月初仕掛品(＋)	50,000	26,000	76,000
当月完製品原価	250,000	140,883.8	390,883.8
完　成　数　量	12,000	12,000	12,000
単　　価	20.83	11.74	32.57

(3) 後入先出法 (last in first out method, LIFO)

　後入先出法は後から投入した材料費や加工費がさきに完成品になってアウト・プットされていくとみなして，期首の仕掛品が期末に仕掛品として工程に留まっているものとして仕掛品を評価するのである。期末仕掛品が期首仕掛品より増加している場合は，その増加額は当期に投入した原価から構成されているとみる。期首仕掛品より，期末仕掛品が減少していればその減少額は期首仕掛品の原価が完成品になっていると考えるのである。この方法によればインフレーションの激しいとき，時価が製品原価に反映しやすい。前例の次の資料から期末仕掛品の計算を行う。

　月初仕掛品2,000個(30%)，材料費￥50,000，同加工費￥26,000

　当月投入量13,000個，投入材料費￥260,000，同加工費￥130,000

　月末仕掛品3,000個(50%)，(　)の％は加工進捗度を表す。材料は工程の最初において投入するものとする。

① 期末仕掛品完成品換算量が期首仕掛品完成品換算量より大きい場合

材料費　月初仕掛品 2,000個　＜　月末仕掛品 3,000個

$$50,000 + 260,000 \times \frac{3,000 - 2,000}{12,000 - 2,000 + 3,000} = 70,000$$

加工費　月初仕掛品 2,000×0.3＝600　＜　月末仕掛品 3,000×0.5＝1,500

$$26,000 + 130,000 \times \frac{3,000 \times 0.5 - 2,000 \times 0.3}{12,000 - 2,000 \times 0.3 + 3,000 \times 0.5} = 3,5070$$

月末仕掛品は　70,000＋35,070＝105,070　となる。

図表6－3　単純総合計算表

(後入先出法)

	材料費	加工費	計
当月製造原価	260,000	130,000	390,000
月 初 仕 掛 品	50,000	26,000	76,000
当月総製造費用	310,000	156,000	466,000
月末仕掛品原価	70,000	35,070	105,070
当月完製品原価	240,000	120,930	360,930
完 成 数 量	12,000	12,000	12,000
単 価	20	10.07	30.07

② 期首仕掛品量が期末仕掛品量より多い場合

　期首仕掛品量より期末仕掛品量の方が少ない場合の期末仕掛品評価を前例を一部変更して考えてみよう。期末仕掛品量が期首仕掛品より少ないというのは期首仕掛品の一部が当期完成品原価へ流れ込んでいることになる。したがって，期首仕掛品量に対する期末仕掛品量の割合に応じて期末仕掛品の評価を行うこ

とになる。

月初仕掛品3,000個(60%)，同材料費￥50,000，同加工費￥26,000

当月投入量13,000個，投入材料費￥260,000，当月加工費￥130,000

月末仕掛品2,000個(50%)，（　）の％は加工進捗度を表す。材料は工程の最初において投入するものとする。

　　材料費　　月初仕掛品　3,000個　＞　月末仕掛品　2,000個

期末仕掛品材料費：$￥50,000 \times \dfrac{2,000}{3,000} = ￥33,333$

　　加工費　　月初仕掛品　3,000個×0.6　＞　月末仕掛品　2,000個×0.5

期末仕掛品加工費：$￥26,000 \times \dfrac{2,000 \times 0.5}{3,000 \times 0.6} = ￥14,444$

期末仕掛品評価額 ＝￥33,333＋￥14,444

　　　　　　　　＝￥47,777

　この計算例では，期首仕掛品の材料費のうち￥16,667（￥50,000－￥33,333）が完成品原価へ流れたことになる。加工費については￥11,556（￥26,000－￥14,444）が完成品原価へ流れたことになる。後入先出法では生産工程におけるものの流れと原価の流れの仮定が逆行するが，なかにはそのまま当てはまる場合もある。原材料を一定の加工処理して，その段階で貯蔵し，後から貯蔵したものから出庫して次の生産工程に再び投入してさらに加工を施し，完成品にするという場合は必ずしも逆行してはいない。後入先出法はインフレ時の時価を原価に反映させようとする対策に適用することが多いが，そのためには1か月単位に後入先出法を適用するよりも，たとえば3か月，半期，一会計年度について適用した方がはるかに効果は高い。

(4) 加工進捗度の推定困難性

　仕掛品の加工進捗度は生産品によっては把握しにくい場合がある。生産のある工程で，その完了点まで行き着いていないとき，どの程度まで原価を負担させるのが正しいか判断するのは容易でない。工程の始点から終点までたとえば十等分して加工の進行がたとえば半分であるなら進捗度は0.5，8割程度なら0.8というように見積もって評価せざるを得ない。工程の中の各作業単位がいずれも平均的に労務費，間接費を発生させるなら進捗度の推定はこのように比例的に行えばよいが，作業単位ごとに労務費の発生や間接費の発生額が異なれば原価の費目別に作業単位にしたがって進捗度を推定すべきである。

3　工程別総合原価計算

(1)　累　加　法

　工程別総合原価計算とは原材料が投入され，半製品，完成品として工程から産出されてくるまでの生産工程をいくつかの部分工程に分けて連続生産する場合，工程ごとに原価を集計して総合原価を計算する方法である。経営規模がそれほど大きくない企業で，生産工程を細分することがかえって煩雑であれば工場全体を一つの工程として原価の集計をすることになる。工程の区分は生産される給付が貯蔵可能か，販売可能な給付の生産活動を行う生産段階ごとに行うことが原則である。工程別に原価を把握すれば原価の発生を責任者別に把握することになり，コントロールに効果を発揮せしめることが可能となり，製品原価計算の一層の正確性を確保することができる。

図表6－4　工程別計算の仕組み

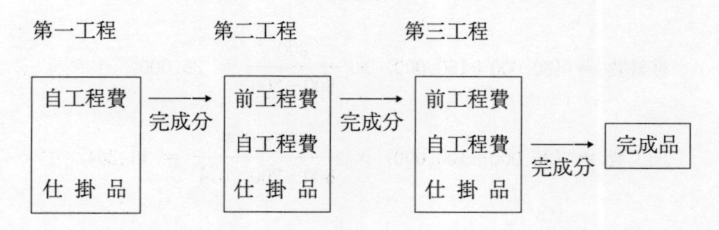

```
   第一工程           第二工程           第三工程
┌────────┐        ┌────────┐        ┌────────┐
│自工程費│ 完成分 │前工程費│ 完成分 │前工程費│
│        │───────→│自工程費│───────→│自工程費│ 完成分  ┌──────┐
│仕 掛 品│        │仕 掛 品│        │仕 掛 品│────────→│完成品│
└────────┘        └────────┘        └────────┘         └──────┘
```

　工程別総合計算は工程別に原価を集計するのであるから，たとえば上図で考えるなら第一工程では完成分と仕掛品分に区分し，完成分は第二工程へ振り替えられる。第二工程では第一工程より振り替えられた原価は前工程費として原材料の受入れと同様に計算し，自工程費も完成分と期末仕掛品分に区別，計算し，第二工程完成品分は次の第三工程へ振り替えるのである。第二工程の期末仕掛品は自工程費と第一工程費の原価を負担することになり，第三工程の期末仕掛品は第一工程費，第二工程費および自工程費の原価を負担することになる。

　次に計算例で期末仕掛品を平均法によって計算し，材料は工程のはじめに投入するものとして考えてみよう。

データ

		第一工程	第二工程
期首仕掛品	材 料 費	¥30,000	―
	加 工 費	25,000	¥15,000
	前工程費	―	10,000
当期製造費用			
	材 料 費	¥150,000	―――
	加 工 費	100,000	¥120,000
工程完成量		800Kg	700Kg
期末仕掛品		200Kg（40％）	300Kg（50％）

第一工程期末仕掛品原価

$$材料費 = (30,000+150,000) \times \frac{200}{800+200} = 36,000$$

$$加工費 = (25,000+100,000) \times \frac{200 \times 0.4}{800+200 \times 0.4} = 11,364$$

第一工程期末仕掛品原価 $= 36,000+11,364$

$= 47,364$

第一工程完成品原価 $= (30,000+150,000+25,000+100,000) - 47,364$

$= 257,636$

第二工程期末仕掛品

$$前工程費 \ (10,000+257,636) \times \frac{300}{700+300} = 80,291$$

$$加工費 \ (15,000+120,000) \times \frac{300 \times 0.5}{700+300 \times 0.5} = 23,824$$

第二工程期末仕掛品原価 $= 80,291+23,824$

$= 104,115$

第二工程完製品原価 $= (10,000+257,636+15,000+120,000) - 104,115$

$= 298,521$

図表6－5　工程別原価計算表

(累加法)

摘　　要	第一工程	第二工程
期首仕掛品原価	¥ 55,000	¥ 25,000
当月製造費用		
原料費	150,000	—
加工費	100,000	120,000
前工程費	—	257,636
計	305,000	402,636
期末仕掛品原価	47,364	104,115
完成品原価	257,636	298,521
完成数量	800Kg	700Kg
工程単価	¥322	¥426

(2) 非累加法

　工程別原価計算における非累加法は生産の物理的数量フローに対応してコストを累積していくのではなく，最終完成品原価を原価発生の工程別に計算する方法である。累加法のように第一工程から第二工程へ工程完成品原価を順次振り替えることはしない。第一工程期首仕掛品原価は自工程分を含むことはもちろん，第二工程の期首仕掛品の第一工程分も含めて計算する。他工程における自工程発生分仕掛品原価を自工程に引き戻して計算することは期末仕掛品についても同様である。したがって，累加法における前工程費欄は非累加法の原価計算表では不要である。前記の累加法によるデータで作成した次掲の非累加法の計算表のように第一工程の最終完成品原価は第二工程における自工程原価の期首，期末仕掛品原価を加減して計算される。最終完成品原価および製造単価は累加法，非累加法の両者において近似値を示す。

図表6－6　工程別原価計算表

(非累加法)

摘　　　要	第一工程	第二工程	合　計
期首仕掛品原価一工程	￥ 55,000	—	￥ 55,000
当月製造費用			
原料費	150,000	—	150,000
加工費	100,000	￥120,000	220,000
計	305,000	120,000	425,000
期末仕掛品原価一工程	47,364		47,364
差引	257,636	120,000	377,636
期首仕掛品原価二工程	10,000	15,000	25,000
計	267,636	135,000	402,636
期末仕掛品原価二工程	80,291	23,824	104,115
完成品原価	187,345	111,176	298,521
完成数量	700Kg	700kg	700kg
工程単価	￥267.63	￥158.8	426.458

(各工程期末仕掛品原価の計算は累加法の計算を参照のこと)

(3) 加工費工程別計算

　加工費工程別計算は加工費を工程別に計算し，原材料はいくつか工程を通過しても工程別に計算せず，全体的に一つの工程とみなして計算する。原材料を各工程別に計算する計算の煩わしさから解放される。加工費を工程別に計算する手順は前述の工程別計算となんら変わるところがない。原材料の減損，仕損じが発生するとき，計算の正確性を確保するためには原材料も工程別に計算する必要がある。それをしなければ原材料の投入量を歩留率を考えて修正して計算する必要がある。

　前述の工程別原価計算の資料を次のように少し修正して加工費工程別計算を行えば，以下のようになる。

第一工程期末仕掛品加工費は工程別計算と変わりない。第二工程の前工程費は原材料費を除いた加工費のみから計算することになる。平均法によって前工程費およびその第二工程費の期末仕掛品を計算すれば￥113,636，￥35,291となる。第二工程の自工程加工費の仕掛品原価は￥23,824で第二工程における加工費の期末仕掛品原価は合計￥59,115である。

	第一工程	第二工程
期首仕掛品　材料費	￥36,000	
加工費	￥25,000	￥15,000
前工程費	—	￥4,000
当期製造費用		
材料費	￥150,000	
加工費	￥100,000	￥120,000
工程完成量	800Kg	700Kg
仕掛品	200Kg（40％）	300Kg（50％）

第一工程期末仕掛品加工費　$(25{,}000+100{,}000)\times\dfrac{200\times0.4}{800+200\times0.4}=11{,}364$

第二工程前工程費　$125{,}000-11{,}364=113{,}636$

　〃　　仕掛品　$(4{,}000+113{,}636)\times\dfrac{300}{700+300}=35{,}291$

第二工程自工程仕掛品加工費　$(15{,}000+120{,}000)\times\dfrac{300\times0.5}{700+300\times0.5}=23{,}824$

第二工程期末仕掛品加工費合計　$=35{,}291+23{,}824=59{,}115$

材料費の期末仕掛品　$=(36{,}000+150{,}000)\times\dfrac{300+200}{700+300+200}=77{,}500$

図表 6 − 7　加工費工程別原価計算表

(平均法)

摘　　要	第一工程	第二工程	材料費	合　計
期首仕掛品加工費 当期製造加工費	¥ 25,000 100,000	¥ 19,000 120,000	¥ 36,000 150,000	¥ 80,000 370,000
計 前工程費 期末仕掛品原価	125,000 — 11,364	139,000 113,636 59,115	186,000 — 77,500	450,000 — 147,979
完成品原価	113,636	193,521	108,500	302,021
完成数量 工程単価	800kg ¥142	700kg ¥276	700kg ¥155	700kg ※¥431

※276＋155

4　組別総合原価計算

　種類の違ういくつかの製品を同時併行的に，あるいは交互に生産する生産形態に適用する計算形態を組別総合原価計算という。果物の缶詰，魚の缶詰，自動車，化学工業製品の各製造業は組別総合原価計算を行う。たとえば，魚の缶詰では鯖の缶詰，鰯の缶詰，鮪の缶詰などの各々の缶詰の原価はいくらか計算する。組別総合原価計算は組別の継続製造指図書ごとに発生する原価を組別に集計する。組別に賦課，配賦された原価によって組ごとに総合原価計算を行い，製品単位原価を計算するといえる。原価計算期間の原価を組直接費と組間接費に分類する。組直接費は生産される各製品の種類別に原価の発生が明確に区別され，当該製品に賦課し得る原価である。組直接費には直接材料費，直接労務費，直接経費などが存在する。組間接費は二種以上の製品に共通的に発生する原価で，たとえば共用設備の減価償却費，固定資産税，地代など製造間接費が存在し，適当な配賦基準で各種製品に配賦しなければならない。製品種類別に原価が把握できたなら製品種類別の総原価を完成品原価と期末仕掛品原価に按

分し，完成品原価を完成品数量で割って単位原価を算定する。

　原価を組別に集計するという点では個別原価計算の方法に類似しているし，期間的に原価を計算する方法では総合原価計算の手法によっていることになる。組別総合原価計算はこのように個別原価計算の側面と総合原価計算の側面の両方を兼ね備えていることになる。しかし，単位原価を算定する手続きは期間的に集計された原価を期間の生産量で割って計算するから総合原価計算に属するものと考えられる。

　次の資料によって組別総合原価計算を行う。

	A製品	B製品
月初仕掛品量（1/2）	300Kg	200Kg
当月投入量	800〃	1,000〃
計	1,100〃	1,200〃
月末仕掛品量（1/3）	200〃	300〃
完成品数量	900〃	900〃
月初仕掛品	¥ 40,000	¥ 30,000
当月原価直接材料費	〃100,000	〃120,000
〃　　加工費	〃 80,000	〃 90,000

組間接費 ¥350,000は当月直接費合計によってA組製品，B組製品へ按分する。

（　）の数字は加工進捗度を表す。

材料は工程最初に投入

期末仕掛品の評価は先入先出法による。

図表6－8　組別総合原価計算表

（先入先出法）

摘　要	A組	B組	合　計
月初仕掛品	￥40,000	￥30,000	￥70,000
組直接費材料費	100,000	120,000	220,000
加工費	80,000	90,000	170,000
組間接費	161,538	188,462	350,000
計	381,538	428,462	810,000
月末仕掛品	44,717	66,940	111,756
完成品原価	336,821	361,522	698,343
完成品数量	900Kg	900Kg	
単位原価	￥374	￥402	

A組間接費：$350,000 \times \dfrac{100,000+80,000}{100,000+80,000+120,000+90,000} = 161,538$

B組間接費：$350,000 \times \dfrac{120,000+90,000}{100,000+80,000+120,000+90,000} = 188,462$

A組製品　月末仕掛品

材料費　$100,000 \times \dfrac{200}{900-300+200} = 25,000$

加工費　$(80,000+161,538) \times \dfrac{200 \times (1/3)}{900-300 \times (1/2)+200 \times (1/3)} = 19,717$

期末仕掛品額＝25,000＋19,717＝44,717

B組製品　月末仕掛品

材料費　$120{,}000 \times \dfrac{300}{900-200+300} = 36{,}000$

加工費　$(90{,}000+188{,}462) \times \dfrac{300 \times (1/3)}{900-200\times(1/2)+300\times(1/3)} = 30{,}940$

期末仕掛品額　$= 36{,}000 + 30{,}940 = 66{,}940$

5　等級別総合原価計算

　洋服を製造するときLサイズ，Mサイズ，Sサイズ製品を製造する場合があり，手袋，靴下の製造にも同様な場合がある。木材の製造にも異なったサイズの木材を製造することがあり，またベニア板の製造にも厚さが5ミリ，10ミリといった異なった厚さのベニア板を製造する場合がある。このように同一工程で同一原材料から製造される厚さ，長さ，重さ，純分度，形状の異なった同種製品を等級品というが，これらを製造する生産形態に適用される原価計算を等級別原価計算という。この場合，異なった等級製品ごとに原価を別々に集計して当該製品単位原価を計算するのではなく，全体の原価をとりあえず集計，把握して，その全体原価をこれら形態，重さ，長さなどの異なった各等級製品へ按分するのである。異なった製品ごとに原価を集計するのであれば組別原価計算になる。同一種類であるが長さ，重さ，容積，純分度などが異なったこれら等級製品がかなり合理的に原価の負担割合を推定できるとき，この負担割合の基準数値を等価係数といい，この等価係数を使用することにより等級別原価計算が可能となるのである。等価係数は単に製品別に決めることもできるし，原価要素別に等級製品間にわたって決定することも可能である。

　次のような場合の等級別原価計算を行ってみよう。

等級別製品	甲品	乙品	丙品
期首仕掛品			
材料費	¥5,000	¥4,000	¥4,500

加工費	2,000	2,500	3,000
数量	200個	300個	250個
進捗度	50%	40%	60%
完成品数量	800個	900個	1,000個
期末仕掛品			
数量	300個	200個	300個
進捗度	40%	50%	50%
等価係数			
材料費	1.0	1.2	1.5
加工費	0.8	1.0	1.2

　以上の資料から等級別製品　甲品，乙品，丙品の原価を次のように計算できる。ただし材料は工程の始点で投入され，期末仕掛品は平均法で計算する。当月製造費用は材料費が¥520,000，加工費が¥400,000とする。

　まず材料費の計算から行う。等級品別の生産量と等価係数の積数を算出し，積数の比によって材料費を按分する。

	甲品	乙品	丙品
完成品数量	800	900	1,000
等価係数	1.0	1.2	1.5
積数	800	1,080	1,500
期末仕掛品	300	200	300
等価係数	1.0	1.2	1.5
積数	300	240	450
積数計	1,100	1,320	1,950

$$積数単位当たり材料費 = \frac{5,000+4,000+4,500+520,000}{1,100+1,320+1,950} = 122$$

	甲品	乙品	丙品
完成品積数	800	1,080	1,500
積数単位当材料費	122	122	122
完成品材料費	97,600	131,760	183,000
期末仕掛品積数	300	240	450
積数単位当材料費	122	122	122
期末仕掛品材料費	36,600	29,280	54,900

次に加工費の計算を行う。

	甲品	乙品	丙品
完成品数量	800	900	1,000
等価係数	0.8	1.0	1.2
積数	640	900	1,200
期末仕掛品	300	200	300
進捗度	0.4	0.5	0.5
完成品換算量	120	100	150
等価係数	0.8	1.0	1.2
積数	96	100	180
積数計	736	1,000	1,380

$$積数単位当たり加工費 = \frac{2,000+2,500+3,000+400,000}{736+1,000+1,380} = 130.7766$$

	甲品	乙品	丙品
完成品積数	640	900	1,200
積数単位当加工費	130.7766	130.7766	130.7766
完成品加工費	83,697.024	117,698.94	156,931.92
期末仕掛品積数	96	100	180
積数単位当加工費	130.7766	130.7766	130.7766
期末仕掛品加工費	12,554.5536	13,077.66	23,539.788

図表6－9　等級別原価計算表

(平均法)

(完成品)	甲品	乙品	丙品
材料費	97,600	131,760	183,000
加工費	83,697.024	117,698.94	156,931.92
計	181,297.024	249,458.94	339,931.92
完成品数量	800	900	1,000
単位原価	226.62	277.17	339.93
(期末仕掛品)			
材料費	36,600	29,280	54,900
加工費	12,554.5536	13,077.66	23,539.788
計	49,154.55	42,357.66	78,439.788

等価係数は原価要素群の原価や，結合原価を各等級製品に，また各連産品に

按分するときに利用する原価負担割合である。等級製品の等価係数は各等級別製品の重量，長さ，面積，純分度，カロリー，硬度等の当該製品の原価発生額と最も相関関係にある尺度を用いることが望ましい。

原価要素別に製品間の等価係数を決定することもできる。各製品の標準材料費，標準労務費，標準作業時間など，その他適切な尺度を用いて原材料費の等価係数，加工費の等価係数を決めるのも一法である。

連産品の等価係数は，各連産品自体が異種製品であるが故に求めることが不可能である。このような場合，市価を等価係数に利用せざるを得ない。かりに連産品が分離後，加工して販売可能となるような場合，販売予想価格からその加工費，販売費・一般管理費等を控除して分離点の等価係数とする。これについては次章で触れる。

6 連産品計算

連産品とは石炭からコークス，タール，ガス等を製造する場合のように同一原料を用いて種類の異なった複数製品を同一工程から製造する場合に，アウト・プットされる製品を連産品という。これら連産品はお互いに主副の区別ができない。このような生産形態における各製品の原価計算を行うには市価を利用した等級別総合原価計算を行うしかない。製造過程においては各種連産品の原価を別々には把握できない。したがってこのような場合，当該結合原価は原価の発生と相関関係をもつ等価係数を用いて按分することができないから市価を基準として原価を按分するより仕方がない。連産品の等価係数は製品一単位の正常市価を用い，これに各製品の生産量を掛けて得られた積数の比によって結合原価を按分するのである。生産工程において各連産品が分離して以後，さらに加工を加えるというような場合は，その製品の「正常売価×生産量」の積から追加加工費を控除して，それを正常価格とみなして積数の基礎とする。連産品のある製品を売却せずに社内で使用するとき，正常市価が見いだせなければ，それによって節約される原材料やサービスの相当額を推定し，正常市価と

せざるを得ない。各連産品の正常市価が極端に違う場合には等価係数を用いた等級別原価計算の方法に準じることなく，副産物計算に準じて製品を主産物，副産物に区分し，結合原価から副産物の販売可能価格，すなわち評価額を控除して主産物の原価を算定する方法を採ることができる。

次に連産品の計算例を示そう。

連産品	生産量	正常売価	連産品分離点以後必要な正常加工費
A	60,000Kg	¥50	¥800,000
B	20,000Kg	40	600,000
C	20,000Kg	30	500,000

資料
1．分離点以後に必要な個別の加工費を含む実際総製造原価は¥3,000,000である。
2．各連産品の分離点以後に発生するA，Bの個別加工費は正常額と実際額が同じであるが，Cは¥100,000少なかった。
3．すべての連産品は販売済みとする。

図表6－10　連産品計算表

連産品	生産量	正常売価	正常売上高	正常加工費	分離点売上高
A	60,000	¥50	3,000,000	800,000	2,200,000
B	20,000	40	800,000	600,000	200,000
C	20,000	30	600,000	500,000	100,000
計	100,000		4,400,000	1,900,000	2,500,000

構成比(%)	結合原価の按分額	実際加工費	製造原価	単価
88	1,056,000	800,000	1,856,000	30.9
8	96,000	600,000	696,000	34.8
4	48,000	400,000	448,000	22.4
100%	1,200,000	1,800,000	3,000,000	

　結合原価の合計欄の¥1,200,000は実際製造原価総額¥3,000,000から分離点以後に発生する正常加工費¥1,900,000でなく，実際加工費¥1,800,000を控除して計算される。正常売上高は生産量に正常売価を掛けて計算する。分離点売上高は正常売上高から各連産品の正常加工費を控除して算定する。構成比は各連産品の分離点売上高の比である。各連産品の結合原価の按分額は結合原価の合計額をこの構成比によって分けた金額である。製造原価は結合原価の按分額と分離点以後の実際加工費を加えて計算する。単価は製造原価を生産量で割って算定することはいうまでもない。

7　減損 (shrinkage)，仕損 (spoilage)

　仕損や減損，その他の原因でアウト・プットの物理的数量が減少するとき計算上適切な処理をしなければならない。仕損や減損が正常 (normal) の範囲であるか異常 (abnormal) であるかにより処理方法が異なってくることになり，通常発生すると認められる正常の範囲であるならば，仕損，減損のコストは棚卸資産に配賦されるのが通例である。これは善良な注意をもっても通常発生すると認められる減損や仕損が避け得ず，それは棚卸資産が負担するという一般的原則に基づくものである。

練習問題

1 次の工程別原価計算を行いなさい。期末仕掛品は平均法によって計算し，材料は工程のはじめに投入し，減損コストは仕掛品と完成品に負担させるものとする。（ ）内の％は加工進捗度である。

資料

		第一工程	第二工程
期首仕掛品	材料費	30,000（100kg, 50％）	―（200kg, 40％）
	加工費	25,000	15,000
	前工程費	―	10,000
当期製造費用			
	材料費	250,000（900kg）	―
	加工費	100,000	120,000
工程完成量		750Kg	590Kg
仕掛品		200Kg（40％）	300Kg（50％）
減損量		50kg	60kg

2 上記問題で平均的に発生する減損分コストを完成品にのみ負担させる場合の第一工程の期末仕掛品原価を計算を行いなさい。

3 先入先出法によって上記1の第一工程の期末仕掛品原価を計算せよ。

第7章
結合原価の配分

§1 連産品と結合原価

1 結合原価（Joint Cost）と連産品（Joint-product）

　同一の原材料から同一の生産工程で，複数の製品が生産されるとき，それらは相対的重要性の程度に応じて連産品か副産物として扱われる。連産品は相対的に重要な販売価値を有するものであり，副産物は販売価値が主産物や他の連産品に比較して相対的に小さい。結合原価は連産品がグループとして生産されるために発生するイン・プットのコストである。その結合原価は連産品のいずれとも因果関係の検証ができない。結合原価は，たとえば缶詰工場で肉牛の購入に対して支払われる代価である。種々の肉片，皮，膠，そして肥料といったような連産品が生産される。膠や肥料が相対的に小さな販売価値しかもたないならば，それらは，副産物として分類されることになろう。ステーキ，ハンバーガー，骨等に肉牛原価がどれだけ割り当てられるかは明確には判断できない。結合原価の各連産品への配賦は恣意的なものである。連産品が生産工程のある点で分離されるとき，その点を分離点というが，その分離点以後に加工されて生産された連産品の各々は互いに単品として独立しているのである。連産品のまま販売するのか，さらに加工を施してから販売するかはそれぞれの損益観点にたって意思決定される。分離点以降，追加加工するのに原価が発生するが，それは分離可能コスト（Separable Cost）と呼ぶことができる。これらのコストはそれが関連する連産品に対する跡付けが可能となる。

2 結合原価配分の会計的問題

　結合原価の配分に関しては二つの会計問題が提起され，その第一は期末棚卸

資産や売上原価の測定に対して結合原価をいかに配賦するかということであり，その第二の問題は意思決定のために結合原価をいかに処理するかという問題である。結合原価を連産品へ配賦するのに従来　1．物理的単位基準，2．販売価格基準，3．純実現価値基準など三つの異なった方法が推奨されてきた。

(1) 物理的単位基準

　結合原価を連産品へ配賦する物理的単位基準はガロン，ポンド等といった各アウト・プットの物理的尺度の基準で結合原価を割り当てる場合がある。

　たとえば単一工程から二つの製品が生産されると前提しよう。所定の期間に連産品生産の総イン・プット・コストが￥400,000とする。アウト・プットは200,000ガロンのA品と300,000ガロンのB品とからなり，A品はガロン当たり￥0.55で販売され，B品もガロン当たり￥1.3で販売されるとする。

　各連産品へ配賦されたトータル・コストは次の二つの方法のいずれかで計算される。

第一法

$$\frac{結合原価}{トータル生産量} = 平均（単位当たり）結合原価$$

$$各製品量 \times 単位当たり結合原価 = 各連産品原価$$

それ故に

$$\frac{￥400,000}{500,000ガロン} = ￥0.8 （ガロン当たり結合原価）$$

A品のトータル・コスト　$0.8 \times 200,000 = ￥160,000$

B品のトータル・コスト　$0.8 \times 300,000 = ￥240,000$

図表7-1　結合原価の配分表

アウト・プット	アウト・プット(ガロン)	配分原価(¥) トータル	単位当たり(¥) 原価
A品	200,000	160,000	0.8
B品	300,000	240,000	0.8
	500,000	400,000	

第二法

結合原価を各連産品の総アウト・プット量に対する比によって配分する。

$$\frac{各製品量}{アウト・プット総量} \times 結合原価 = 各連産品に配賦される原価$$

$$A品のトータル・コスト = \frac{200,000ガロン}{500,000ガロン} \times ¥400,000$$

$$= ¥160,000$$

$$B品のトータル・コスト = \frac{300,000ガロン}{500,000ガロン} \times ¥400,000$$

$$= ¥240,000$$

両方法ともアウト・プット単価算定の場合に循環小数がでることもあるがそれらを除いては同じ配分原価を生じることになる。たとえば連産品A品がポンドで，B品がガロンで表現されるような異なった物理的単位数量で測定されるならば，それら連産品は共通の公分母，等価係数などへ変換されなければならない。そのためポンドがガロンへ換算されるか，ガロンがポンドへ変換されるといったような必要に迫られることがある。物理的配分基準は論理的でないが適用するのに簡易で，有用性が認められる場合がある。これによって次の損益計算書を考察してみよう。

図表7-2 損益計算書

	製品A	製品B
生産販売量	200,000ガロン	30,000ガロン
販売単価	¥0.55／ガロン	¥1.30／ガロン
単位当たり結合原価	0.80	0.80
純益／ガロン	¥(0.25)	¥ 0.50
売 上 高	¥110,000 (100％)	¥390,000 (100％)
売 上 原 価	160,000 (145％)	240,000 (62％)
売 上 総 利 益	¥(50,000) (45％)	¥150,000 (38％)

A品に発生した¥50,000の損失は単に結合原価の配賦の基準が恣意的であるため，発生したことも考えられる。A品が有利でなく，B品が有利であると結論づけられるのは妥当ではないであろう。このような場合，A品，B品両方から生じた総損益を併せて考えることが欠かせない。

売上高合計			
A品	(200,000ガロン×0.55)	¥110,000	
B品	(300,000ガロン×1.30)	390,000	¥500,000
売上原価合計			¥400,000
純利益			¥100,000

物理的配賦基準の結果が非論理的であるということは当期に生産された製品のいくらかは在庫として残るとき，より明白となる。A品が50,000ガロン棚卸品として在庫する場合を考えてみよう。ガロン当たり¥0.8の原価がそれらに配賦され，トータルで¥40,000の棚卸資産額となるが，しかし，この価値は期末棚卸資産の測定尺度として利用すべきでない。資産はその未来利益より高い価値では測定され得ない。50,000ガロンのA品の予想未来収益は販売単価

¥0.55で総額¥27,500となる。それ故，もし¥40,000の結合原価が配賦されるなら棚卸資産は予想未来収益¥27,500に切り下げられねばならないことになる。¥12,500は損益計算書上，ロスとして報告されねばならないであろう。会計的観点からは棚卸資産価値が単位当たり¥0.55の価値より低く切り下げられなければならないと主張できる。それは各単位が¥0.55で販売される未来期間に，報告されるべき利益マージンがマイナスになるからである。この場合，純実現価値に対して棚卸資産評価額から生ずる損失は市場の変化など，環境変化による不適応な状況から起こったのではない。単に結合原価を連産品へ配賦するのに用いられた非論理的な配賦基準に起因するものである。

(2) 販売価値基準

連産品が分離点以後，加工が加えられることなく販売されるとき，結合原価を配賦するのに広く利用される基準は連産品の相対的販売価格である。同様なデータで販売価格基準の配賦を考えよう。

図表7−3　結合原価の配賦

アウト・プット	アウト・プット(ガロン)	販売単価(¥)	売上総額(¥)	配賦原価(¥)	単価
A品	200,000	0.55	110,000	88,000	¥0.44
B品	300,000	1.3	390,000	312,000	1.04
			¥500,000	¥400,000	

各連産品の結合原価の配賦は，次のように計算される。

$$\frac{各連産品販売価値}{連産品全体の売上高合計} \times 結合原価 = 各連産品原価$$

それ故に

$$A品のトータル・コスト = \frac{¥110,000}{¥500,000} \times ¥400,000$$

= ¥88,000

B品のトータル・コスト = $\dfrac{¥390,000}{¥500,000}$ × ¥400,000

= ¥312,000

連産品単位の原価は配分された結合原価を当該連産品の単位数量で割り計算される。

$$\dfrac{\text{各連産品へ配賦された原価}}{\text{各連産品の単位数量}} = \text{単位原価}$$

各連生産品が販売されたとすれば損益計算書は，次のようになる。

図表7－4　損　益　計　算　書

	A品		B品	
生　産　量(ガロン)	200,000		300,000	
販　売　単　価	¥ 0.55	(100%)	¥ 1.30	(100%)
単　位　原　価	0.44	(80%)	1.04	(80%)
ガロン当たり総益	0.11	(20%)	0.26	(20%)
総　売　上　高	110,000	(100%)	390,000	(100%)
売　上　原　価	88,000	(80%)	312,000	(80%)
売　上　総　益	22,000	(20%)	78,000	(20%)

販売価格が相対的に正確に予測されるなら，結合原価を配賦する販売価値基準は各連産品の総益の割合と同じ結果となる。上記例ではA品の売上高の20%，B品の売上高の20%が各々の総益となっている。物理的単位基準によって結合原価を配賦したとき，棚卸資産評価額を引き下げる必要性に迫られたが，このような非論理的な原価配賦基準によって起こるロスをなくするために期末棚卸資産項目の原価を引き下げる必要性は，この場合生じないのである。もし，総

益が連産品全体から算定されるのであれば,総益率の割合は各連産品に現れた総益率と同様のものとなる。

(3) 純実現価値基準 (relative net realizable value)

連産品分離点以後,加工を加えなければ販売できないとき,結合原価は純実現価値基準によって連産品へしばしば配分される。純実現価値は各連産品の予想販売価値から追加加工処理に必要な予想追加コストを控除することにより算定される。

純実現価値基準を例証するため,連産品C,Dが単一工程から生産されると仮定しよう。一定の期間における生産工程へのイン・プットのコストが¥150,000とする。アウト・プットに対するデータが次のようであったとしよう。

	製品C	製品D
生産量	100,000ポンド	10,000ポンド
予想販売価格	¥2／ポンド	¥5／ポンド
追加加工コスト	¥20,000	¥30,000

図表7－5　純実現価値計算

アウト・プット	販売価格	追加加工コスト	分離点での販売価値	結合原価の按分
C品 (100,000×¥2)	¥200,000	¥20,000	¥180,000	¥135,000
D品 (10,000×¥5)	¥50,000	¥30,000	¥20,000	¥15,000
計	¥250,000	¥50,000	¥200,000	¥150,000

結合原価は次のようにして各連産品へ配賦することができる。

$$\frac{\text{分離点での販売価値}}{\text{分離点での販売価値合計}} \times \text{結合原価}$$

C品： $\dfrac{¥180,000}{¥200,000} \times ¥150,000 = ¥135,000$

D品：$\dfrac{¥20,000}{¥200,000} \times ¥150,000 = ¥15,000$

図表7－6　損益計算書

	C品		D品		合計
	トータル	単位当たり	トータル	単位当たり	
売 上 高	¥200,000	¥2.0	¥50,000	¥5.00	¥250,000
売 上 原 価	135,000	1.35	15,000	1.50	150,000
追加加工費	20,000	0.20	30,000	3.00	50,000
売上原価合計	155,000	1.55	45,000	4.50	200,000
総　　　益	45,000	0.45	5,000	0.50	50,000
売上総益率	22.5%		10%		20%

　上記計算書は連産品がすべて販売された場合である。連産品Cの売上総利益率が22.5％であるのにD品の売上利益率が10％であるというのは注意を要する。これは結合原価を配賦する恣意的基準に起因しているのである。連産品の分離点で結合原価配賦に利用可能な販売価値というものは本来存在しない。上記のような計算は連産品に対する原価配賦基準として分離点での販売価値が妥当であるとみなしているその結果である。

3　総益控除法（総益率を等しくする配分法）

　追加加工が必要な場合，結合原価は各々の連産品に同様の総益率をもたらすような方法で配賦されるべきであるという主張がある。結局は結合原価を配賦するいかなる基準も私意的であり，有用性にしたがって行われることになる。次のような計算は純実現価値法がいかに利用されるかを示すものである。

図表7－7　結合原価の配分

	製品C	製品D	合計	
製品販売	￥200,000	￥50,000	￥250,000	100％
20％の総益控除	40,000	10,000	50,000	20％
売上原価	160,000	40,000	200,000	80％
追加加工費控除	20,000	30,000	50,000	20％
配賦結合原価	140,000	10,000	150,000	60％
単位原価	￥1.40	￥1.00		

　総益合計は二つの連産品売上総計からその結合原価を控除し，次に追加加工費合計を差し引くことにより計算される（￥250,000－￥150,000－￥50,000＝￥50,000）。そこで期待総益率（￥50,000÷￥250,000＝20％）が算定される。この場合，20％の総益率を捻出した結果としての80％はどれくらいの結合原価を連産品が負担できるか，そして追加加工コストの負担を許容し得るか否かの目安になる。総益が各連産品の売上高から結合原価，追加加工コストを控除して算定されることは述べたが，もし，単位販売価格や追加コストが予測と異なれば連産品の総益率，結合原価の配分額もまた異なってくることになる。

4　経営意思決定上の結合原価の処理

　連産品を分離点で販売するのか，さらに加工を加えて販売するのかといったような意思決定を行うのに連産品に配賦された結合原価は関連をもたない。それをそのまま販売するのか，さらに加工を加えるかという意思決定への唯一の関連情報は分離点以後の加工によって販売価格をあげうるのか，また追加加工コストがどれくらいかかるかである。連産品の結合原価はその売上高と同様に連産品を全体として生産すべきかどうかの意思決定にとっては重要な情報である。このことについて次の事例を考察してみよう。

連産品	E	F	合計
結合原価	無関連	無関連	¥300,000
分離点での売上高	¥200,000	¥175,000	¥375,000
追加加工原価	¥ 50,000	¥ 40,000	
追加加工した場合の販売高	¥280,000	¥200,000	

もし管理者が連産品を生産することを決定するならば，それを生産しない場合に較べて総益を

¥375,000 － ¥300,000 ＝ ¥75,000

増加せしめるであろう。

管理者がこれら連産品を生産した後で次のような選択肢をもつことになる。

(1) いずれの連産品をも追加加工せずに販売する。
(2) 連産品Eをそのまま販売し，連産品Fを追加加工する。
(3) 連産品Eを追加加工し，連産品Fはそのまま販売する。
(4) 連産品E，F両方を追加加工する。

(2)(3)(4)の三つの各々のコースを選択した場合，それぞれ損益上の影響は次のようになる。

選択肢	差額収益	差額原価	差額損益
(2) Fを追加加工する	¥ 25,000	¥40,000	¥ (15,000)
(3) Eを追加加工する	¥ 80,000	¥50,000	¥ 30,000
(4) 両方を追加加工する	¥105,000	¥90,000	¥ 15,000

このような状況の中で管理者はFを追加加工する意思決定は行わないであろう。なぜなら¥15,000の差額損失をもたらす結果となるからである。上記選択肢の(3)の意思決定を行うことが賢明な選択を行うことになる。追加加工に関する意思決定では結合原価，各連産品に配賦された結合原価，また各連産品の製造単価は無関連原価として処理されるべきである。追加加工により変化し得る

売上収益や追加加工原価のみが連産品を追加加工せずに販売するか，追加加工を行って販売するかといった意思決定に関連性を有する情報となる。

§2 副産物の会計

1 副産物（by-product）の諸会計処理

　副産物は主産物と同一工程から発生するものであるがその販売価値は主産物や連産品に較べて相対的に低い。副産物コストを計算する方法を純化していっても，副産物の相対的価値が低いから通常あまり有益でないと考えられている。副産物に対する会計的処理方法の基本的問題は副産物が棚卸資産化されるときに現れる。

　副産物の生産された期間に，当該副産物に原価を配賦しない処理法に代わって，次のような諸処理方法が存在する。
(1) 副産物が販売された期間に当該副産物から得られた収益を売上収益，または雑収益として処理する方法
(2) 副産物が販売された期間に副産物から得られた収益を売上原価からの控除項目として扱う方法

　いま，第1年度に副産物400ポンドが生産され，第2年度に¥200で販売されたとしよう。第一の方法，第二の方法の両方法のもとで第1年度末の貸借対照表上，副産物としての棚卸資産は計上しない。また，両方法のもとで第2年度の利益は副産物の売上収入によって¥200増加することになろう。第2年度の損益計算書上，(1)の方法は¥200の収入を収益の追加として示し，(2)の方法は¥200を売上原価の控除項目として示す点にある。

　さらに副産物が生産された期間に原価を副産物へ配賦する次のような第三，

第四の方法も存在する。

(3) 連産品の原価の計算においては，副産物そのものの原価は控除せず，副産物の純売上額を生産された期間の連産品あるいは主産物原価からの控除項目として示しておく。

(4) 副産物価値を連産品の原価計算段階で控除するが，他は上記(3)と同じように処理する方法

結合原価が第1年度に¥40,000発生したとしよう。第1年度に次のようなアウト・プットの結果となったとする。

アウト・プット	生産量	販売価値
連産品G	20,000ポンド	¥11,000
連産品H	30,000 〃	〃39,000
副産物Z	400 〃	〃 200

G品及びH品の半分は第1年度に予想販売価格で売却され，他の半分は第2年度に売却されたとする。副産物Zのすべてが第2年度に期待価格で売却された。連産品G，Hへの結合原価配賦は相対的販売価値によるものとする。

図表7－8　結合原価の配賦

	連産品G	連産品H	副産物Z
1法，2法（副産物を棚卸資産化しない）			
¥40,000×（¥11,000/¥50,000）	¥8,800		
¥40,000×（¥39,000/¥50,000）	………	¥31,200	¥ 0
3法 ………………………	¥8,800	¥31,200	¥200
4法（¥11,000/¥50,000×¥39,800）	¥8,756		
（¥39,000/¥50,000×¥39,800）	………	¥31,044	

4法は¥40,000から¥200を引き純生産原価の¥39,800がG，Hへ結合原価の配

賦として計算が行われる。

図表7-9　損益計算書

第1年度

売上収益：	1法	2法	3法	4法
連産品G	¥ 5,500	¥ 5,500	¥ 5,500	¥ 5,500
連産品H	19,500	19,500	19,500	19,500
副産物Z	0	0	0	0
計	25,000	25,000	25,000	25,000
売上原価（控除）				
連産品G	4,400	4,400	4,378	4,378
連産品H	15,600	15,600	15,522	15,522
副産物Z	0	0	0	0
計	20,000	20,000	19,900	19,900
	¥ 5,000	¥ 5,000	¥ 5,100	¥ 5,100

第2年度

売上収益：	1法	2法	3法	4法
連産品G	¥ 5,500	¥ 5,500	¥ 5,500	¥ 5,500
連産品H	19,500	19,500	19,500	19,500
副産物Z	200	0	0	0
計	¥25,200	¥25,000	¥25,000	¥25,000
売上原価				
連産品G	4,400	4,400	4,378	4,378
連産品H	15,600	15,600	15,522	15,522
副産物Z	0	(200)	0	0
計	20,000	19,800	19,900	19,900
	¥ 5,200	¥ 5,200	¥ 5,100	¥ 5,100

第4法は第3法と同様であり，売上原価数値にも変化はない。

2　副産物会計諸方法の比較

　第1法は副産物へ原価を割り当てないので会計期末に副産物に関して資産を低く評価することになる。また副産物が生産された期間に利益を過小に評価し，次年度の販売期間に利益を大きく表示する。生産された時期と販売された時期にわたって副産物としての棚卸資産の会計責任の記録を提供しない点で満足できないが，副産物が販売以前に販売価額が予測される必要性および詳細な副産物の棚卸資産の記録は実務的には必要とされない。

　第3法は副産物が生産された期末に副産物に純実現価値を資産価値として振り替えているのである。しかし，主産物の期末棚卸高に副産物の純実現価値に対する原価低減分を控除しているために年度利益を過大表示することになる。この方法は副産物が相応の金額で販売された翌年度の利益を過小表示する結果となる。純実現価値が正しく予測されるとしても副産物が販売される年度に販売を基準に収益￥100を認識することは望ましくないことになる。

　第4法もまた生産された期末に副産物に資産価値を振り替えている。しかし，第3法のように，もし販売価格が正しく推測されるにしても副産物売却年度における売上を前年度に収益として認識することは望まれない。

　第3法，第4法ともに副産物の詳細な記録は保持されなければならない。これらに理論的長所，短所が存在するが，結合生産過程から生ずる副産物の売価がそれほど大きくなければ，適切に考慮してどの処理方法が副産物に適用されるかは別に重要な問題ではない。注意されるべきことは，ある時代に主産物，連産品であったものが他の時代には副産物となり，また，副産物であったものがやがて主産物になるということがある。たとえば何年も前，灯油は製油所で重要な主産物であったが，燃料需要が衰退していくにつれて副産物になってきた。最近において再び重要性を取り戻してきた。というのはジェット機の燃料としてそれが利用されはじめたからである。

3　結合原価配分の別の側面

　会計専門家の間では結合原価が連産品の分離点で販売価格に比例して連産品へ配分されるべきであるというのが一般的見解である。さらに追加加工を行わなければ販売価格に関しては信頼できる情報が得られる。結合原価とよぶよりむしろ共通原価とよぶ方が適切かもしれない。原価の配賦が市場価格基準で配分されるのは他の領域においても存在する。たとえば、広大な土地が購入され、巨額の資金が支払われる。住宅建設のため居住区画に土地が区分けされ、販売された区画と未販売の区画とは棚卸資産価額決定に関してある私意的な配賦方法が採られることがしばしばある。同様にある異なった資産がまとめて購入される場合、各々に割り当てられる一般的方法は市場価値に比例して原価が配賦されるのである。

　精肉業のような企業では連産品へ結合原価を配賦するようなことはせず、その代わりに純実現価値で棚卸資産を評価しておくことが慣例となっている。この実務は精肉となる肉牛を購入する購入原価を種々の連産品へ配賦することは不可能であるということを背景に、しばしば遵守される。実現価値で棚卸資産を評価するその影響は、トータル・コストより実現価値が高いとき、事実上、販売以前に利益を報告する結果になることである。一般的には、このような利益を予想することは会計においては受け入れられない。しかし、多種類の個々の製品数量が変化したり、さらに特定製品について追加原価が発生する可能性が存在するような場合、販売額に較べて棚卸資産が微小であるから、その方法が容認されるという以前に、実現価値法が実務的に容認されてしまう。もし、期末棚卸資産がその期間に生産された製品のうち、ごく少量であるならば、販売により実現される以前に利益が勘定で認識される金額は微小なるものである。

練 習 問 題

連産品甲，乙，丙の生産高，正常売価，分離後要する個別加工費は次のとおりである。甲，乙，丙の配分原価と単価を計算せよ。

連産品	生産量	正常売価	分離後正常加工費
甲	50,000ポンド	@¥60	¥1,000,000
乙	20,000	30	200,000
丙	40,000	50	400,000

生産量はすべて販売済みとし，営業費はゼロとする。

個別加工費を含む実際製造原価は¥4,500,000である。

甲，乙の分離後実際加工費は正常加工費と同様であり，丙のそれは正常加工費よりも¥100,000少なかった。

第8章　予　算

§1 予算と経営活動

1 予算の機能

　経営活動に計画性を導入し，企業管理を効果的にするため予算の導入が考えられた。経営活動は予算によって計画性が導入される。原価，収益，資産，資本等を金額的に表した経営活動のプランが予算であり，効率的経営管理を行うためには管理者の責任をもつ経営活動の範囲が明確に決定され，責任を果たすために権限を委譲されることが必要である。予算は経営活動の用具であり，計画数値と実績を比較した差異分析は経営管理の有益な用具となり，その報告書は管理者の責任領域に限定的に責任の達成程度を表すものである。経営の計画，すなわち予算は管理者の参加により樹立され，それは従業員により運用されていくものである。企業の管理活動は会計システムのプランニングとコントロールの両面を含むものであり，それは管理者に企業の全体目標および個別目的と管理者自身の行動との調和を図りながら行動するよう管理者に奨励し，動機づけを行うものである。行動諸科学の観点からは予算編成に対する下級管理者の積極的参加が，予算を達成することの動機づけの重要な方法であると考えられている。もし，管理者が予算編成に参加し，実行できる予算編成をしたと考えるならば，その管理者は組織目標を達成するために積極的に，能率的に仕事に専念することになろう。

2 製造企業の予算の長所，短所

　企業予算は将来を一定期間に区切り，経営活動を予定するが，たとえば月次，

四半期，年度，さらに未来の数期間に対して編成される会計的計画といえる。それは活動期間の計画を数値によって表現したものであり，予算には販売予算，製造予算など損益予算に加えて，資金予算，資本予算などがある。製造企業の損益（業務）予算は通常，次のような部分から成り立っている。

(1) 販売予算
(2) 製造予算 ── 材料予算
　　　　　　　　労務費予算
　　　　　　　　製造間接費予算
(3) 売上原価予算
(4) 販売費，一般管理費予算
(5) 予算損益計算書

上記5番目の予算損益計算書は収益，費用の実現，発生等に影響を与える諸活動を計画し要約したものであり，販売予算，製造予算をはじめ上記五つの予算から作成されるものである。

予算が適切に運用されるならば，それは経営管理の用具として最も有益な力を発揮するものになる。

およそ予算の長所として次のような事項があげられる。

(1) 管理者が意思決定を行うとき予算のもとで慎重さと注意を喚起する。
(2) 管理者の参加を求め，予算編成を行うことにより，彼らの目標達成意欲を駆り立てる。
(3) 予算は経営活動に計画性が持ち込まれているか否かの判定基準を提供し，正しい意思決定を奨励し，また経営行動を修正する基準を与えるものである。
(4) 予算はあらゆる階層の管理者に，また組織の機能部門各々に計画設定と調整機能をもたらすものである。

予算は企業において適切に運用されなければ実害をもたらすこともある。その実害と運用にあたっての留意すべき点は次のように考えることができる。

(1) 予算が組織のトップからダウンへと機械的に下ろされるならば，そこで

は予算が協調的に運用されるというより，動機づけのうえでマイナスの効果をもたらすこともある。
(2) 経営活動を効果的に管理するために編成される予算がその運用効果を発揮できなければ，予算編成に費やす時間が浪費される結果になる。
(3) 予算は弾力的運用が図られるべきである。予算数字は現実の諸条件，そして将来の諸条件の推定に大きく依存している。推定はときに内部的，外部的環境の変化，予測上の誤り等のため，現実と相違することがある。予算編成は発展的に進められるべきで時間を通して修正，改善され，その数字が淘汰されていかなければならない。

3 業務（損益）予算の編成手順

業務予算を編成するにあたって基本的には販売予算を編成することからはじまる。企業が成功するかどうかは，企業が財貨・用役を生産し，販売し，経営機能を能率的に行い，効果的に資源を利用するか否かにかかっている。しかし，企業における経営活動の当面の目標は財貨，用役が販売されなければならず，目標販売達成のために市場に焦点が合わされなければならない。通常，業務予算は販売予算から編成される。

(1) 販売予算

ほとんどの企業で販売予算が諸業務（損益）予算を編成する礎石となっている。簡潔な販売予算の一例は，図表8－1のようなものである。

一定の期間の販売予算は数量，販売価格，販売原価といったものが各製品，財貨について計画される。販売予算には新製品の追加，流行遅れのため衰退していく製品，生産方法の変化，販売政策の変更など過去の趨勢変化の要因と将来にわたる趨勢的変化要因の両方が予算編成に反映されなければならない。一定の期間の製造予算は予算期間の販売予算の計画販売量，販売製品の棚卸資産の期待水準，現実の棚卸資産水準，または生産の経済性等に基づいて編成され

図表8-1 販売予算

売上	¥1,250,000	※ @¥25×50,000台
売上原価	1,000,000	※ @¥20×50,000台
売上総利益	¥ 250,000	
販売費	¥ 60,000	
管理費	40,000	
販売費一般管理費	¥ 100,000	
税引前営業利益	¥ 150,000	
所得税（40%）	60,000	
営業利益	¥ 90,000	

る。予算期間の生産量は生産の経済性も考慮して単位原価が低く維持されるような最適生産量が斟酌されなければならない。

(2) 製造予算

企業が一般的な食品原料混合機を生産，販売しているとする。6月の製造の予定原価は直接材料費 @¥9，直接労務費 @¥4，変動製造間接費 @¥2，機械1台当たり変動製造原価¥15であったとする。6月30日現在，手もとに10,000台があり，単位原価はおよそ6月の予算上の原価と等しいものである。7月の販売台数は50,000台と予想され，管理者は6月30日の時点では，これから需要が増加すると予想されるため7月末には手許に20,000台の完成品を棚卸資産として在庫しておきたいと考えている。生産の経済性の観点から1,000台の機械が一度に製造されることが望ましく，6月末日にも7月末日にも仕掛品は存在しないと予想される。このような情報に基づき製造予算を編成すれば，次のような必要生産量が要約される。

製造予定量 ＝ 販売予定量 ＋ 期末在庫量 － 期首在庫量
60,000台　　　50,000台　　　20,000台　　　10,000台

図表8－2　製 造 予 算（7月期）200X年

期末予定棚卸数量（台数）		20,000台	
計画販売台数		50,000 〃	
必要台数		70,000 〃	
月初棚卸数量		10,000 〃	
必要生産台数		60,000 〃	

	完成品機械	単位原価	総製造原価
直接材料費	60,000台	￥9	￥ 540,000
直接労務費	〃	4	240,000
変動製造間接費	〃	2	120,000
固定製造間接費	〃	5	300,000
	60,000台	￥20	￥1,200,000

　固定製造間接費は機械1台当たり平均（￥300,000÷60,000）＝￥5と予想されるが，それは単に60,000単位製造されるときの単位当たり固定製造原価である。固定製造間接費総額は当面の期間にわたって製造量が変化しても￥300,000と考えられるのである。

　材料購入予算は製造予算と厳密に関連している。調達されるべき各材料の数量，原価は製品生産数量により決定される。すなわち生産に投入されるべき材料数量に期末におけるその材料の所定の棚卸量を加え，期首材料在庫量を控除すれば必要購入材料数量が決定される。次の計算式によって材料必要購入数量が計算される。

> 材料必要購入数量＝生産に必要な投入数量＋期末予定棚卸数量－期首棚卸数量

　直接労務費の発生額が製造予算から¥240,000と推定されるとき，賃率と労働時間数を掛け合わせることによって消費されるべき賃金が算定されるので調達すべき労働時間も確定できる。

(3) 現金予算

　現金の収支は企業活動の血流とも考えられ，設備，材料，労働，その他企業の生産活動に投入される各種のサービスといったような生産資源の獲得に必要な手段でもある。また，現金は借入金返済の手段であり，投資家への配当支払いにもあてられる。現金収支計画は予算編成上，きわめて正確さを要求される部分である。というのは，該当する期間に支払いに必要な通貨の総計を維持することが重要だからである。利用可能な現金保有高があまりにも少なければ企業は倒産する可能性さえある。また，現金はあまりにも多すぎれば資金の有効利用が行われているとはいえず，経営活動が非生産的となり，企業の本来の利潤獲得活動の範囲が多くを占めないといえる。貨幣形態や要求払い預金の形で保持されている現金在高は，そのままではなにも利潤獲得に貢献しない。

　現金予算の編成上，主要な構成要素は期首現金在高，予定現金受取高，予定現金支払高，期末現金在高予定額である。現金受取高は顧客からの売上代金の徴収，債権者からの借入れ，投資家による投資，長期資産の売却，追加借入れといったようなものからなる。顧客からの現金受取高の予算は次期の販売計画と緊密に関連を有している。過去の会計記録を調査すれば製品やサービスの販売高と現金回収高との在来のタイム・ラグがどれくらいであるか判明する。

　次の事例は，そのような情報がいかに利用されているかを示すものである。すなわち，ある企業の記録を分析すれば販売の翌月にその80％の代金が回収され，19％がさらに次の月に回収され，1％が回収されないとする。

7月の代金回収予想　200X年

¥1,000,000の6月分販売の80%		¥800,000
¥　900,000の5月分の　19%		171,000
6月分の予想回収額		¥971,000

　借入れや投資から受領するタイミングやその金額の大小は不確実で恣意的側面があることは無視できない。予備的に保有すべき必要現金在高がどれくらいか，いつ必要かが明らかになれば，借入れや株式売却等により，対処できる可能性が高くなる。

　現金支出は，事前的に計画された業務活動に緊密に関連を有している。また期間損益計算の中で事後的に認識される債務，配当金，株式の回収，長期資産の購入等に対する支払いにも関わりをもっている。業務活動に対する支払いは従業員にサラリーや賃金，原材料の購入代金の支払いがあり，またガス，水道，電気といった種々のタイプの用役に対する支払い等も含まれ，また所得税等の支払いも含む。

　次の計算はある現金支払いが材料購入予算といかに関連を有しているかを物語るものである。購入は送り状の10日以内に代金を支払えば1％の現金割引が行われるという条件が設定されているとする。それより遅れて支払えば割引は行われない。割引期間の最終日までにはすべての材料の支払いが行われるものとする。

200X年7月の材料支払い予測

6月購入分¥500,000の$\frac{1}{3}$ －（1％の現金割引）………	¥165,000
7月購入分¥600,000の$\frac{2}{3}$ －（1％の現金割引）………	¥396,000
7月の支払予定額　……………………………………	¥561,000

　　（注）　購入活動は月中を通じて平均的に行われ，その代金支払いは$\frac{1}{3}$が購入後
　　　　　10日目に行われるものとする。

　代金の支払決済のタイミングは私意的な面が小さくない。たとえば，借入金

返済は債務者が返済資金をもつとき，期間満了時に返済することもあれば，それ以前に返済を行うこともある。貸付債権も支払期日のはるか以前に返済を受けることがある。種々のタイプの支払決済の金額，時期は自由裁量的な面をもっている。株式会社の自己株式の取得，配当金の支払いなどは相当程度この範疇に入るものであり，短期の有価証券投資，長期資産の購入等に関連してさえも同様のことがいえる。このようなタイプの支払いは予備的現金保有高や超過現金在高が利用できるということが判明しても予算化しておく方が適切である。次の表は，7月の現金予算を示す。

図表8－3　200X年 7月 現 金 予 算

現金収入予定額	
顧客からの収入額・・・・・・・・・・・	¥ 971,000
固定資産の廃棄に伴う収入・・・・・・・・	59,000
総現金受領額	¥1,030,000
現金支出予定額	
材料購入分・・・・・・・・・・・	¥ 561,000
直接労務費・・・・・・・・・・・	240,000
製造間接費	
固定費・・・・・・・・・・・	200,000
変動費・・・・・・・・・・・	120,000
販売費	
固定費・・・・・・・・・・・	6,000
変動費・・・・・・・・・・・	50,000
管理費：固定費・・・・・・・・・・・	35,000
所得税四半期分・・・・・・・・・	150,000
総現金支出予定額	¥1,362,000
現金増（減）額	(332,000)
必要支払額の付加：ローンの分割支払分	(105,000)

新規投資の現金払分	(60,000)
予想の総現金増（減）額	(497,000)
期首現金在高	120,000
予備的現金保有額（不足額）	¥ (377,000)

（注）この場合の減価償却費は現金支出をともなわないから排除する。減価償却額の内訳は製造間接費¥100,000，販売費¥4,000，管理費¥5,000である。

7月の予備的現金保有額の支払超過額¥377,000は，この企業が少なくとも，現金支払いに対する資金の追加的源泉を探し求めなければならないこと，さもなければ業務計画を変更しなければならないことを示唆している。配当を支払うことは投資家の重大な関心の的であり，また社債を償還する条件として最小限度の銀行預金を維持しておくことも必要である。このような必要条件に対処するためには，投資のある部分を現金化したり，借金を行ったり，また株式を追加発行したりするといったような他の源泉から現金を増加して現金支出に備えられなければならないことになる。月次に対する現金予算はこのように簡潔に示され得るが，現実に企業が余分の現金を得ることができるかどうか，また追加の資金を必要とするかどうかは経営活動の未来の販売可能性と諸行動計画とに左右される。賢明な経営行動を行うために将来の数期間に対する現金予算を編成することが望ましい。

§2　販売予算の差異分析

1　販売損益の差異分析

経営活動において実際に発生した原価および収益は計画された原価，収益と

比較されなければならない。計画利益はいかに収益，費用を計画し，それらを比較して算定されるか，また，その結果としての実際の原価と収益を比較して，実際利益を算出し，計画利益と実際利益がどのような原因で相違を示したかその原因を考察してみる。さらに管理者のコントロールの観点から収益，費用の実際発生額と計画値との差異分析がどのように行われるか考えてみよう。

図表8－4　予算実績比較表　　　　200X.7.

	予算	実績	(費用)過小(借)	(収益)過大(貸)
売　上	¥ 1,250,000	¥ 960,000	¥ 290,000	―
売上原価	1,000,000	800,000	―	¥ 200,000
売上総益	¥ 250,000	¥ 160,000	¥ 90,000	―
販売費	¥ 60,000	¥ 54,000		¥ 6,000
管理費	40,000	39,000		1,000
販売費一般管理費	¥ 100,000	¥ 93,000		¥ 7,000
税引前営業利益	¥ 150,000	¥ 67,000	¥ 83,000	―
所得税(40%)	60,000	26,800		¥ 33,200
営業利益	¥ 90,000	¥ 40,200	¥ 49,800	―

この報告は実績が予算を下回ったことを示している。毎日の業務活動の管理に責任をもたされる管理者であれば誰でも会計報告がなくてもある程度何が起こったかわかる。実際販売高は計画から相当隔たって生産がすみやかに削減されていかなければ棚卸資産は山積することになる。前述の7月の現金予算は相当程度，支払資金としての現金を必要としている。販売の下降趨勢にともない生産をそれに合わせて縮小してもさらに資金繰りの必要の度は増すばかりである。管理者は変化した環境によりすばやく適応するため，たとえば，製造部長に対する販売注文在高や棚卸資産残高を日報で提供するとか，コントローラーといわれる財務担当者に対してもこの日報を提供し，将来の予想現金収支，毎

日の現金残高およびそれらの関連情報を彼らが周知しておくことは適切である。組織の各階層管理者は各利益の予算と実績との差異を知るべきである。上の予算実績差異報告書では予算上の利益より実際の利益が少ないならば，借方差異となって表れ，実際利益が予算上の利益より大きければ貸方差異となって現れる。収益，費用の予算実績差異は次のようにまとめることができる。

(1) 予算実績表で収益が予算より大きくなれば貸方利益差異が現れ，予算より小さければ借方差異となって現れる。
(2) 費用が予算より大きければ借方の費用差異となって現れ，費用が予算より小さければ差異は貸方差異となって現れる。

2 利益差異の原因分析

　実績を予算と比較する目的は管理者の責任のもとで発生する原価，収益をコントロールするのを援助することにある。予算と実績の差異が大きいとき予算を改定することが適切な場合もある。ここでは企業の利益差異について考察する。利益差異は通常，販売数量差異，販売価格差異，販売費差異といった三つのタイプの差異に分析され，予算上の利益と実際利益の相違を原因究明することになる。

　たとえば企業が40,000単位を@￥24で販売したが，予算上，50,000単位を@￥25で販売する予定であったとするならば売上総利益上，次のような差異が生ずることになる。

(1) 販売数量差異

　販売数量差異に関しては実際に販売された数量が予算上の数量から離れている場合に起こる。その結果，実際売上総益は予算上の売上総利益と異なってくる。販売数量差異は販売単価や単位製造原価そのものの予算と実績の相違から起こる利益差異とはまた別のものである。

利益の予算・実績差異

	(借　方)	(貸　方)
販売　　10,000単位×@￥25	￥250,000	
売上原価　10,000　×@￥20		￥200,000
（製造原価 @￥20）		
販売数量(総利益)差異	￥ 50,000	

(2) 販売価格差異

販売価格差異は実際販売価格が予算の販売価格とは異なり，予算上の売上高や売上総利益と異なった実際売上高や売上総利益が結果的に現れた差異である。実際販売価格が￥24で予算販売価格が￥25であるならば実際販売価格が￥1少ないのであるが，この￥1が販売数量40,000単位に乗ぜられ，借方￥40,000の販売価格差異となるのである。借方の販売数量差異に起因する総益差異￥50,000と販売価格差異に基づく借方差異￥40,000を合計すれば予算上の総益から実際の総益を差し引いた差額￥90,000の額になる。

	(借　方)	(貸　方)
販売価格差異（￥25−￥24）×40,000単位＝	40,000	−
販売数量差異	￥50,000	−
売上総利益差異	￥90,000	−

(3) 販売費差異

予算額と比較して実際の販売費が少なければよいと単純に考えてはならない。販売費がいかにコントロールされたかは変動する環境条件のもとで発生すべきはずであった額と実際発生額はいくらであったかが比較・分析されなければならない。

前述の予算実績比較損益計算書において販売費はいったいどれだけ発生すべきであったであろうか。固定費￥10,000と変動費は販売高の4％から予算額が計算されているとすれば，実際販売額は次のように計算される。

固定販売費	￥10,000
変動販売費（￥960,000×0.04）	38,400
許容販売費	￥48,400

実際販売費が￥54,000発生したことはもとの環境条件のもとで発生すべきであった額より（￥54,000－￥48,400）＝￥5,600多いことになる。利益上の差異額として次のような分析が可能である。

	借方	貸方
販売未達成による販売費の減少額（￥290,000×0.04）		￥11,600
許容額を越える販売費	￥5,600	
販売費差異額		￥6,000

上記の貸方差異￥6,000は前掲の図表8－4予算実績比較損益計算書の販売費欄の￥6,000と一致する。

販売管理者はむしろ販売高が予算よりも低かったにも関わらず販売費がなぜ多かったか説明を求められるべきである。

(4) 管理費差異

一般管理費は全面的に固定費と考えられ，実際の発生額が予算上の管理費と較べて￥1,000少なかったとしてもそれが販売高に起因するものでもなく，単に貸方の管理費能率差異が￥1,000発生したことを意味する。これによって実際利益は予算上の利益より大きくなることが考えられる。実際所得税額も費用，収益が予算上の額から相違するために予算上の所得税額と異なってくる。

当該企業の予算上の利益と実際上の利益との相違は次のように要約される。

予算・実際の利益差異

	過小 (借方)	過大 (貸方)
販売数量差異を起因とする総益差異	¥50,000	
販売価格差異	40,000	
販売数量差異による販売費差異		¥11,600
販売費能率差異	5,600	
管理費能率差異		1,000
税引前営業利益差異	¥95,600	¥12,600
税引前利益	¥83,000	

差異分析をする方法が数量差異，価格差異，能率差異といった分類に加えてセグメントの管理者はセグメント別に数量差異，価格差異，能率差異の発生原因について調査しなければならない。そこで予算と実績を比較して費用，収益の増減分のある部分がコントロール不可能であればその部分は予算実績差異計算において分析修正され，予算としての将来の原価，収益に一致するよう管理者は経営活動を行うことを期待されている。

練習問題

次の資料から（　）に適当な数字を入れ，下記の問いに答えよ。

	実際	予算
売上高	（a）	（b）
販売数量	6,000個	8,000個
販売単価	@¥90	@¥100
製造原価	@¥80	@¥80

1　売上高差異を求めよ。
2　販売価格差異を求めよ。
3　販売数量差異を求めよ。
4　売上総利益差異を求めよ。
5　上記の条件で製造単価が次のようであれば売上総利益差異はいくらか。

	実際	予算
製造原価	@¥85	@¥80

第9章　責任会計

§1　責任会計（Responsibility Accounting）の意義

　経営は Plan Do See によって遂行されていく。予算の運用は予算編成段階で予算の金額が確定されたことをもって完了するものでない。期間的に実際発生額が予算と比較されなければならない。予算を実際と比較するレポートを作成して経営活動を管理していくシステムは責任会計の一つのシステムである。

　責任センターは，マネジャーが職務上管理する領域の業績に責任をもつ組織のセグメントである。責任会計は短期の経営活動の詳細なコントロール情報を提供するシステムであり，一定期間ごとに業績レポートを提供することによって実施される。諸原価の予算からの詳細な偏差は業績レポートの照準となる。ここでは，管理可能原価と管理不能原価の区分が重要になる。マネジャーが管理不能原価に責任をもたされているか否か，責任会計はそれを分析することも行うことになる。業績レポートが罰則的な手段に利用されるならマネジャーはプランニングの段階で緩やかな予算を設定するよう求めることになろうし，将来に達成容易な予算が編成されるようになり，したがって低い業績しか達成できないことが起こり得る。それ故マネジャーは業績レポートが自分の業績改善に役立つものとなり，決して罰則的な手段として利用されるものではないことを理解することが重要である。

1　責任センター（Responsibility Center）

　管理者は委譲された権限を慎重に行使する責任と義務がある。責任センターというのは責任をもって経営活動が行われる組織単位，その経営活動の結果は上位の階層へ報告され，管理者によって経営活動が指揮される企業のある限定

された領域である。

　会計の観点から責任センターは，コスト・センター，利益センター，投資センター等へと分類される。

　コスト・センターは原価を発生せしめ，それを賦課，配賦する組織上のセグメントであり，企業の活動単位のことである。たとえば，一定の完成品を製造するために部品の組立てを行うといった製造工程の場合もあろうし，顧客への製品を届けるため運搬活動を行うサービス活動部門の場合もあろう。あるいは工場全体を意味する場合もあろう。コスト・センターは一人のマネジャーの監督下ですべての経営活動を遂行していく完全な責任センターの場合もあれば，所定の原価情報を収集しやすいように企図された，巨大な責任センターの中の一つの下位部門である場合もある。

　利益センターは原価，収益の双方に責任を負う経営活動のセグメントである。事実上，独立企業のようなものと同じく考えられる。支店，営業所といった組織単位は利益センターであり，製品別，地域別などに編成された事業部制は典型的分権管理組織であり，利益センターといえる。それであるから次のような特徴を有している。

(1)　目標が一定の利益を獲得することであること。
(2)　管理者が価格決定，販売市場の選択，資源の選択，利益目標の決定等に関する意思決定の権限をもっている。
(3)　利益センターの管理者は獲得利益を評価基準に照らして業績評価されることが多い。

　製造部門はコスト・センターで利益センターではない。なぜなら，そこで販売収益を獲得する責任を負わされない。企業がより大規模となり，生産，販売に関する重要な意思決定を行う権限が管理者に与えられているならば，それは利益センターと定義できる。

　投資センターは管理者が原価，収益に責任をもつのみならず設備投資の意思決定権をも委譲された組織単位で事業部制は典型的な投資センターといえる。投資センターの業績評価は資本利益率で行われることが多い。それは投下資本

に対する獲得利益を基準にして管理者が業績評価される，いわゆる利益センターでもある。利益センターの管理者は棚卸資産，受取勘定，支払勘定等と同様に長期資産を管理することがある。それ故に利益センターと投資センターとの間に厳密に区分を行うことはできない。利益センター，投資センターの用語は漠然と使用されることさえある。企業が責任会計システムを確立する目的で利益センターを組織，区分したからといってそれがただちに分権化された企業であると断言できない。分権化された企業というのは下位部門の管理者にその経営活動と利益獲得に関する広範な意思決定権限を与えられるものでなければならない。

2　分権化の中におけるマネジャーの機能

現代企業は組織が大規模化し，階層的となってきて，経営活動や企業利益に影響を与える意思決定の権限が下位部門の管理者へ大きく委譲されているということが特徴となっている。営業活動や収益に影響を与える意思決定の権限がトップに集中し，意思決定が下される企業は集権的な企業といえる。下位部門の管理者が彼らの部門活動に関する意思決定を行うために広く権限を委譲されているような企業は分権化された企業といえる。

企業の第一の目的は利益を獲得することであり，当該企業の各機能部門はその目的達成のため部門活動に努力しなければならない。分権化された企業は企業の利益率を改善するために次のような行動をとることを特徴としている。

(1)　権限が委譲されることにより部門の管理者は自らの経営活動の部門情報に精通し，スペシャリストとして対応処理ができ，より完全に責任が果たせる。

(2)　管理者は部門に関する努力と成果を直接的に検証できることにより，さらに部門業績に影響を与える管理権限をより多くもつことにより動機づけが増大される可能性をもつ。

(3)　トップ・マネジメントは部門活動の管理から離れて長期計画，経営政策

の意思決定に関して多くの時間を費やし，専念することができる。

　企業は分権化することにより，経営活動上，注意すべき点も生じる。意思決定を行った結果が従業員に大きな影響を与え，彼らの側からも会計情報提供の要求が増大する。その結果，会計システムはより複雑なコストのかかる会計システムとならざるを得ない。

　さらにある部門の管理者は自分の部門の最大利益を追求して他の部門の不利益を招来せしめる結果になるかもしれない。このような可能性は部門が相互に緊密に連携していればいるほどますます大きくなるのである。

3　責任会計の技術的，行動的側面

　責任会計ではマネジャーは責任センターの経営活動や，意思決定に責任をもつ。責任会計はさらにそのマネジャーが責任センターの会計情報を収集し，要約し，報告するシステムである。責任会計システムはその構成要素として二つの側面が考えられる。すなわち，技術的な側面と人間行動的な側面である。

(1)　技術的側面

　技術的な面とは報告システムに関するものであり，報告システムは基本的には企業の組織図に沿っている。組織図はトップ・マネジメントからロウ・マネジメントに至る権限の委譲方向，マネジャー間の水平的相互関係を示すものである。責任会計では組織図に基づいて責任と権限が下位マネジャーへ委譲される。

　責任会計システムの主要なる技術的構成をしているものは予算と標準原価計算である。予算は企業全体としての行動計画であり，各々の責任センターの活動計画を生産量，販売量，収益と原価というような数量的，金額的表現によって編成したものである。標準というのは製品一単位を製造するのに許容されるべき標準材料数量，材料の単位当たり標準消費価格といったような，業績目標の数量的，金額的表現規範である。とにかく，予算と標準原価計算は責任報告

システム上，重要な構成要素であり，有効な利用とその留意点の詳細な検討が望まれる。

責任報告システムを構成する他の技術的側面は経営活動の会計測定を記録する仕訳帳，総勘定元帳をどのように設定するか，そして情報を処理するための手作業や機械化の問題，階層別のマネジャーに対する種々の責任報告形式をいかに設定するかといった問題が存在する。

(2) 報告システムと人間行動的側面

技術的側面がいかに立派に設計されても，予算や標準原価計算などの責任報告システムが人間の行動的側面と深い関わりをもつため，この点が無視されれば管理者は目標達成を行うのに失敗をもたらすことになろう。責任センターのマネジャーは企業のトップ・マネジメントの目標達成のため自己の責任センターの目的を達成するよう奨励されるべきで，さらに彼らの部下は責任センターの目的を達成するために効率的に業務を遂行するように動機づけされるべきであろう。そのために次のような諸項目に留意すべきである。

① 目標の一致

管理者や要員は企業活動における自己の必要性を認識することによって動機づけられるのであり，組織目標を達成するなかで組織に対する彼らの管理活動，経営活動の遂行の必要性を認識し，満足させられるならば彼らの目標が組織目標と一致しているといえる。

② 達成可能な目標

管理者が組織目標を自分のものとして受け入れ，目標を効率的に遂行しようとするならば目標自体は合理的に達成可能なものでなければならない。予算や標準原価計算の諸目標値はあまりに厳格すぎても望ましくはない。目標数値があまり厳格すぎるならば彼らはそれを非現実である考え，それを達成しようとする動機づけが逆に作用する。そこでは諸目標値が名目的なものとなり，達成

目標が実現されない可能性がますます々大きくなる。

③ 予算編成への参加

予算や標準原価の目標数値が合理的に達成でき，下位のマネジャーを動機づけるためには組織目標，部門目標その他セグメントの目標等の目標整合性を図り，マネジャーの責任センターの目標設定に重大な関わりをもたせ，マネジャーを目標設定作業に参加せしめることである。計画設定上の幅広いガイド・ラインはトップ・マネジメントから下されるにしても下位のマネジャーは自らのアイデアを生かせるように奨励されなければならない。予算や標準原価の目標は責任センターのマネジャーと上層階層のマネジャーのギブ・アンド・テイクによって決定されるべきであり，トップ・ダウン的に命令的であってはその効果を上げ難い。

④ 例外管理

実際値と予定値，目標値を比較して責任センターの業績を評価，報告する際，重大な差異のある場合にのみ報告する原則は例外の原則である。予定あるいは目標と実際が異常な相違を示した場合のみ原因を調査すればよい。予算からの偏差が通常あまり大きくない場合，管理活動が全うされたものとみなすことができ，特別な注意は必要ないといえる。

⑤ 管理可能性

管理者はコントロールできる項目のみ責任をもたされるとき責任センターの責任を精神的に受け入れることができ，組織目標を個人の目標として容認できるであろう。原価，収益そして資産等の金額がマネジャーの裁量によって発生，実現させることができ，それらに対して重大な影響力をもつならば管理可能であるとみなし得る。原価等の数値をマネジャーの裁量によって変化せしめられないならば管理不能ということになる。

管理可能性とは大きく時間的次元に帰属する面があり，原価，収益等の発生，

実現に管理者が短期的には大きな影響を与えられなくとも，長期的にはそれらの変化に影響を与える可能性が存在することがある。たとえば，セグメントの設備の減価償却費は短期的には管理不能であっても，マネジャーが設備を取り替える権限をもつならば，長期的には管理可能である。責任センターの業績報告書はマネジャーがコントロール可能な項目のみ責任を負うことを前提にして作成し，上位階層のマネジャーに報告されなければならない。責任センターに関連してマネジャーのコントロール可能でない項目は補充項目として報告されることが適切である。

4 業績評価と予算

実績と目標を比較して業績が評価されるが，目標を遂行するために通常，予算が編成される。単一の操業度に対して設定される予算は静的予算あるいは固定予算とよばれ，単一の操業度において発生すると考えられるコスト，すなわち必要資源の配分額をマネジャーが計画設定する。予算期間に対する実際の経営活動の結果が判明すればその発生原価を当該予算と比較し，目標業績と実際業績がいかに隔たったか分析し，責任者としてのマネジャーはいかに効率的に自己の計画を遂行できたか評価される。

実際操業度は目標操業度から大きく相違するかもしれない。それは経営の内部的条件，外部的環境が変化するからである。このような状況では実際の結果をそのまま予算と比較しても現実に達成した活動水準でマネジャーがいかに効率的に資源を利用したかを示すとは限らない。能率はアウト・プットに対するイン・プットのコストの割合により測定される。このため変化した経営環境に応じた操業度に対して編成された変動予算，言い換えれば弾力的予算とよばれる予算を編成，利用することが業績評価上，有益である。

変動予算の編成に先立ってコストは固定費と変動費に分けられる。実際に経営活動が行われれば，その実際活動結果がいかに効率的であったかを評価するため，目標操業度と実際操業度が比較され，そして資源がいかに効率的に利用

されたかを評価するために実際発生原価が実際操業度に相当する予算上の発生原価と比較されるのである。

次に掲げるある機械部門の予算表をみよう。

図表9－1　　Aコスト・センター予算　　20XX.4

機械部門

	単位原価	総原価
製造量　10,000単位		
変動原価：		
直接材料費	¥2.00	¥20,000
直接労務費	1.00	10,000
間接材料費	0.20	2,000
間接労務費	0.30	3,000
総変動原価	¥3.50	¥35,000
固定原価：		
機械減価償却費		¥ 5,000
家　　賃		1,500
監督者給料		1,900
総固定原価		¥ 8,400
		¥43,400

固定原価項目に対しては単位原価を示していないが，操業度の範囲はたとえば7,000単位から10,000単位へ変化したと前提されれば，固定費の単位当たり平均原価は¥0.84と推定されるが操業度が異なれば，また異なった原価が推算される。

静的予算，また固定的予算は計画される原価発生額が操業度10,000単位の場合のみ適用されるにすぎない。しかし，たとえば操業度が7,000単位から

10,000単位へ及ぶ範囲内では，弾力的予算としていかなる操業度でも原価の発生額が計算可能である。

$$\text{総原価}＝\text{固定費}＋\text{単位当たり変動原価}\times\text{生産単位数}$$

＝￥8,400＋￥3.5×N（生産単位数）

N＝9,000の場合

弾力的予算の適用により，総原価の発生は次のように予測される。

￥8,400＋￥3.5×9,000＝￥8,400＋￥31,500

＝￥39,900

操業度の変化は変動原価の発生額を変化せしめる要因となり，操業度の変化は販売以外の他の要素，たとえば労働能率などによってはあまり大きな影響を受けない。このような状況であるから生産量が原価発生の影響要素の尺度として簡潔であるためよく利用される。しかし原価の発生や増減が生産のアウト・プットのみの関数であるかどうかは検討の余地があり，生産量のみが原価発生の関数であるという考えの中には無視できない欠陥をもはらんでいることに留意すべきである。

5 業績報告の事例

すべての原価発生項目にマネジャーは責任をもたされるのでなく，管理可能な項目のみ責任をもたされるべきことは前述した。コスト・レポートもその原則の上に行われるべきである。次のレポートはこの原則が生かされ，作成されている。

図表9－2　　　業　績　報　告　書　　　20XX.3

機械部門　　　　　　　　　　　　　　　管理者　S.M

摘　要	実際	予算	差異	（有利）不利
生産量	9,000	10,000	1,000※	（不利）
直接材料費	¥18,100	¥18,000	¥100	（不利）
直接労務費	9,700	9,000	700※	（不利）
補助材料費	1,750	1,800	(50)	（有利）
間接労務費	2,630	2,700	(70)	（有利）
直接管理可能原価	¥32,180	¥31,500	¥680	（不利）
機械減価償却費	¥ 5,200	¥ 5,000	¥200	（不利）
家　賃	1,390	1,500	(110)	（有利）
監督者給料	1,900	1,900	0	
管理不能原価	¥ 8,490	¥ 8,400	¥ 90	（不利）
原価総額	¥40,670	¥39,900	¥770	（不利）

　※のところは原因説明と修正行動が要求される。直接管理可能諸原価の予算額は操業度を生産量 9,000に対応させた金額である。

　このレポートには例外管理の原則が適用されている。生産量，直接労務費の発生額の項目の二つの差異に対して管理者の特別の注意が求められる。

　1,000単位の生産量不足は機械部門の内部事情によるもので機械運転のスロー・ダウンといったマネジャーの管理可能なものであるか，あるいは販売高の低下といった外部的な事情による管理不能なものかもしれない。不利な差異として直接労務費¥700が示されているが仕事の怠慢といった内部事情でマネジャーの管理可能な原因であるのか，組合交渉の結果，賃金引上げがその原因となり，マネジャーがコントロールできなかったかもしれない。とにかく原因調査しなければならない。

　不利な差異は弾力性予算のもとで許容されるコストの発生を上回る金額で，直接労務費差異は¥9,700実際発生した。弾力性予算のもとでは

@¥1×9,000単位＝¥9,000

におさまらなければならない。

　マネジャーは減価償却費，家賃，監督者給料等を完全にコントロールできないとしている。もし，マネジャーが機械設備の購入，利用する作業場所の床面積，自分のサラリーがコントロールできるなら，それらはコントロール・コストとして比較分析の対象にすることができる。

　変動原価はマネジャーに与えられた責任の程度によってコントローラブルともアン・コントローラブルとも考えられる場合があり，同様に固定費もマネジャーの権限と責任の程度によって必ずしもアン・コントローラブル・コストではない場合がある。

§2　原価の管理可能性

1　管理可能原価と管理不能原価

　個々の原価発生にマネジャーが責任をもつか否かを吟味することはコスト・コントロールの観点から重要である。責任会計が実施できるかどうかは企業によって異なる。

　販売分析は販売部門に対して行われ，購買分析は購買部門に対して行われる。製造部門に対しては製造分析が行われる。原価計算システムでは各部門に対して別々の業績レポートが作成される。このような分析レポートは各部門を責任領域としているが原価が全面的にその責任領域で管理者の権限によって発生しているのか保証できない場合がある。部分的にしか原価の発生とその責任領域が一致していないのに責任会計制度を実施して効果をあげうるか疑問である。

　責任会計を効果あるものにしていくためには原価を管理可能な原価と管理不

能な原価に分類することである。管理可能原価，管理不能原価の意味が少なからぬ企業で理解されていない。そしてこの管理可能原価，管理不能原価の分離の前提を重要事項として理解せず，さらにこのような原価分類を行っていない場合もある。製造部門の変動原価は管理可能で，固定製造原価は管理不能であるとみなされやすいが，単純に変動費が管理可能で固定費が管理不能であるとは限らない。たとえば部品であるモーターが完成品に取り付けられるとすれば，その原価は生産量に比例して増減する。しかし，部品を取り付ける組立作業部門ではこのモーターの原価はマネジャーの裁量で増減が可能とは限らない。さらに，マネジャーの配下に直属する3人の職長の給料などはマネジャーにとってある程度，管理可能な固定費と考えられる。

　管理可能原価，管理不能原価の区別は組織の階層のマネジャーのレベルによって異なる。ラインの職長によって管理不能原価でも，製造部長によっては管理可能原価となることはある。ほとんどの企業で設備投資を行う場合，その意思決定は製造部長によって行われたとすれば，そこで発生する減価償却は職長レベルでは管理不能である。

　機械設備の減価償却に関しても，毎日，毎週，毎月といった時間ベースで原価を管理していく場合を考えると，減価償却費は短期的には管理不能であるが長期的に考えれば減価償却も管理可能である。将来の設備投資を考えるとき減価償却は管理可能であり，すでに設備投資が行われてしまった段階では管理不能であるといえる。

　責任会計は責任の範囲の決定，あるいは責任の程度の配分に複雑な問題を投げかけている。当該マネジャーに対するレポートはその業績報告について彼の管理可能なコストのみが関係し，管理不能なコストは業績報告に影響させないというプリンシプルが重要である。職長のサラリーは職長の業績報告レポートには原則として記さない。それはレポートの業績報告の作成に影響を与えない別欄に記されることは許されよう。職長は自分自身のサラリーをコントロールできないし，彼が他部門に関わりをもってるような場合，自部門の彼のサラリーを減らすことは非現実的である。あらゆるコストが誰かによって管理され

ているというのが責任会計の原則である。職長，班長，部長といったマネジャーのサラリーは管理部門という部門を設定して当該勘定に振り替えるのも一法である。このようにマネジャーに関して必然的に発生するコストは無理に各部門，責任領域へ割り当てるのでなく，管理部門費として処理するのである。エレベーターのオペレータ，守衛，工場事務員の給料，減価償却，点検維持費といったものはこの部門にチャージするのが適切と考えられる。

　班長のサラリーは班を越え，職長のサラリーはその職場を越え，部長のサラリーは部門を越えて組織のより高い組織レベルでのマネジャーの責任と権限に属するコストとも考えられる。トップ・マネジメントからミドル・マネジメント，ロウ・マネジメントにわたってすべての管理者は彼らが第一に責任を負うコストを基準にして業績レポートが作成されるべきである。

2　管理可能原価の重複

　責任会計を実施していくうえでコストの発生が2人以上の意思決定に関わって起こることがある。この問題は責任会計では特に問題になる。たとえば，製造部長が年度途中に従業員の医療保険料を福利厚生費に加えようと決定すれば年度の残余期間の標準を上回る福利厚生費は各職長にとっては自己の責任によって標準を上回ったわけでなく，年度途中に医療保険料を福利厚生費に加えるという意思決定が批判の的にされよう。社長の業績報告上にこの福利厚生費の増加が帰属せしめられれば職長にとっての直接労務費の賃率差異は真実が反映されることになる。コストを誰の業績報告に帰属させるかは日々のコストの発生態様に誰が責任をもつかにかかっている。この場合は製造部長である。

　原価発生に対する二重責任が存在する場合は少なくない。製造部門が品質管理の徹底のために特定の仕入先から材料の調達を求めれば原材料の価格は高くなることがあり，購買部門の購買活動は不利な価格差異を生じさせることになる。販売部門が短期的に多くの受注を行ってそのためにセット・アップの回数が頻繁に重なり，それによって機械の操業能率がダウンし，製造部門において

は直接労務費差異が発生することもある。

　責任会計は完全な形で広く拡充利用されるためには困難な問題が存在する。この責任会計は一般管理販売領域でも実施されれば原価発生に，よりインパクトを与える可能性をもつことになる。企業全体が1人のマネジメントによって原価をコントロールされるような状況にある場合，諸コストのコントロールは実質的に行われ難い。支払い給料が標準を上回るとき，部長のスタッフのサラリーがその原因であるのか，通信のテレックス関係のオペレータのサラリーがその原因であるのか，いずれであるか判明しない。

　適切な業績レポートは適切なコスト・コントロール・システムに通じる。管理可能原価をもとに作成したコスト・レポートを受領すれば，受領したマネジメントは業績の改善の必要性を感じ，今後の経営活動の向上のために動機づけされる。このためには責任会計報告を実施し，例外の原則を利用することが効果的である。

　製造部門の個々の工場別コストは製造部門に帰属することはもちろん，工場の工程別コストは工場コストの一部を構成することになる。責任会計では製造活動において各々の班長，職長，部長がこれら発生するコストをコントロールできたかに関して，業績レポートに興味をもつか否かが注目される。

　次に部門長，工場長，製造部長といった階層組織上の各マネジャーの管理可能コストに重点をおいた業績レポートを示しておく。

図表 9 − 3　製造原価レポート

(管理可能費)

	予算	実績	差異
第一工場	11,700	12,300	(600)
第二工場	12,800	12,750	50
第三工場	12,000	12,500	(500)
共通費	3,000	3,000	0
	39,500	40,550	(1,050)

第一工場コスト・レポート
(管理可能費)

	予算	実績	差異
鋳造部門	3,500	3,900	(400)
プレス部門	3,100	3,250	(150)
組立部門	4,100	4,150	(50)
管理費	1,000	1,000	0
	11,700	12,300	(600)

第二工場コスト・レポート
(管理可能費)

	予算	実績	差異
鋳造部門	4,500	3,900	600
プレス部門	3,100	3,550	(450)
組立部門	4,200	4,300	(100)
管理費	1,000	1,000	0
	12,800	12,750	50

鋳造部門コスト・レポート
(管理可能費)

	予算	実績	差異
材料費	2,000	2,100	(100)
労務費	1,000	1,200	(200)
経　費	500	600	(100)
計	3,500	3,900	(400)

プレス部門コスト・レポート
(管理可能費)

	予算	実績	差異
材料費	1,500	1,400	100
労務費	1,000	1,200	(200)
経　費	600	650	(50)
計	3,100	3,250	(150)

組立部門コスト・レポート
(管理可能費)

	予算	実績	差異
材料費	1,900	1,400	500
労務費	1,500	1,800	(300)
経　費	700	950	(250)
計	4,100	4,150	(50)

3　弾力的予算の編成

　操業度が予算の操業度より高ければ，操業度とともに変化する原価は予算原価よりも大きくなろう。原価の変動性に考慮しなければならない。単位当たり￥1の原価が発生し，5,000単位の生産によって￥5,000の原価が変動原価として発生する予算では，実際5,500単位が生産されて￥5,200の変動原価が発生したとき実際発生額￥5,200と予算上の金額￥5,000と比較するのは誤りで，

$$¥5,000-¥5,200=-¥200$$

が余分に費やされた原価として誤って理解される。実際原価を単一の操業度に基づいて予算原価と比較することは誤った結果に導く。この場合，もとの予算は真の比較が可能になるように実際の操業度に調整されなければならない。

予算原価	実際原価
(5,500単位)	(5,500単位)
￥5,500	￥5,200

　このように予算と実際を比較すればマネジャーは5,500単位生産のもとで発生が予想される￥5,500よりも￥300原価の発生を抑制させたものであることが理解される。このように活動水準を実際操業度に調整して当該操業度での発生が予想される原価を表した予算を弾力的予算という。業績レポートに単一操業度のもとで比較すれば￥200の不利な差異が記録されるのに対して，弾力予算のもとでは￥300の有利な差異が記録されることになる。

　次のようなデータからある生産部門の操業度が80％，90％，100％の操業度の原価発生額が予想される弾力的予算を編成する方法を考察してみる。

資　料
1．直接労務費は時間当たり￥3.75発生するものとする。
2．100％の操業度は60,000直接労働時間とする。
3．変動費：間接労務費は直接労働時間当たり￥0.75 発生する。
　　　　　工場消耗品は同様に　　　　　　　￥0.375

福利厚生費は直接,間接労務費の6％発生する。

4. 準変動原価は過去5年間,直接労働時間と相関関係をもって発生している。

年	直接労働時間	準変動費
1996	64,000 H	¥20,800
1997	59,000	19,800
1998	53,000	18,600
1999	49,000	17,800
2000	40,000	16,000

5. 固定費

	減価償却費	¥18,000
	点検維持費	10,000
	保険料	4,000
	賃借料	15,000
	管理者給料	25,000

6. インフレーションは無視する。

7. 2001年の直接労働時間の稼働数は57,000時間とする。

製造間接費の弾力的予算の編成を行う。100％の操業度の直接労働時間数は60,000時間であるから次のように操業度に対する直接労働時間が設定できる。

図表9－4　弾力的予算の編成

操業度（活動水準）	80％	90％	100％
直接労働時間	48,000時間	54,000時間	60,000時間
変動原価：間接労務費	¥36,000	¥40,500	¥45,000
（直接労働時間当たり¥0.75）			
消耗品費	¥18,000	¥20,250	¥22,500
（直接労働時間当たり¥0.375）			

福利厚生費	¥12,960	¥14,580	¥16,200
（直接，間接労務費の6％）			
準変動費：変動原価	¥ 9,600	¥10,800	¥12,000
	¥76,560	¥86,130	¥95,700
準変動費：固定費分	¥ 8,000	¥ 8,000	¥ 8,000
固定費　減価償却費	¥18,000	¥18,000	¥18,000
点検維持費	¥10,000	¥10,000	¥10,000
保険料	¥ 4,000	¥ 4,000	¥ 4,000
賃借料	¥15,000	¥15,000	¥15,000
管理者給料	¥25,000	¥25,000	¥25,000
固定費計	¥80,000	¥80,000	¥80,000
	156,560	166,130	175,700

操業度100％，60,000時間の福利厚生費は $[60,000(3.75+0.75)] \times 0.06 = 16,200$ として計算される。

高低点法によって準変動費の変動原価を次のように計算する。

64,000	直接労働時間	¥20,800
40,000	〃	〃16,000
24,000	差　　額	〃 4,800

$$\text{直接労働時間当たり変動費率} = \frac{¥4,800}{24,000\text{時間}} = ¥0.2$$

固定費の計算は

$20,800 - 64,000 \times 0.2 = 8,000$

によって¥8,000となる。

いま，かりに操業度が57,000直接労働時間であるとすればその間接費予算の許容額は¥170,915と次のように計算される。

$95,700 \times (57,000 / 60,000) + 80,000 = 170,915$

§3 投資センターにおける責任会計

1 投資センター (Investment Center) の業績報告

　利益センターは原価と収益の両者にマネジャーが責任をもつ組織上のセグメントである。投資センターは売掛債権，棚卸資産，固定資産といった諸資産，支払勘定などの諸負債にも責任をもたされる。利益センターと投資センターとは大きな差があるわけではない。投資センターの業績評価に収益から費用を控除して得られる利益と，この利益を生む資産およびそれから負債を控除して得られる純財産，そしてその投資に目を向けよう。

(1) 企業の資本利益率 (Return on Investment of a Business)

　企業全体を評価する尺度としてひろく資本利益率 ROI (Return on Investment) 利用されている。

$$\text{ROI} = \frac{\text{利益 (E)}}{\text{投資額 (A)}}$$

　利益は営業活動から生じた一定期間の資産の純増加分である。それはプラスの純利益の場合もあればマイナスの純損失の場合もある。投資額は利益を獲得するために利用された資産の尺度といえる。経営実務では種々の利益測定尺度が利用され，そして種々の資産測定尺度が利用されている。投資利益率もある修正を加えて当該投資センターの業績評価尺度として利用されている。

　　利益測定尺度　　　　　　　　　投資額の測定尺度
　　　純 利 益：Net Income　　　　　総資産

営業利益：営業外損益を　　　　純資産：（資産－負債）
　　　　　控除する前の利益　　　　資産から短期的な利子を負担
　　税引前利益　　　　　　　　　　しない負債を控除した資産
　　利子控除後利益

　ときには会計記録による歴史的原価に代わって資産の現在原価が業績評価に利用される。
　投資の測定尺度もそれと一貫していなければならない。たとえば，利子控除前の営業利益を総資産と比較することは一貫性を欠いているといえないだろうか。資産のあるものは利子を負担する負債によって調達されているから経常利益と総資産を比較する方が合理的なように考えられる。一定期間の投資額が変化するようなとき，その期間に平均投資額が資本利益率計算に使用されなければならない。たとえば，次のように計算できる。

　　年度純利益　　　　　￥10,000
　　純　資　産　　期首　￥95,000　　ROI $= \dfrac{¥10{,}000}{¥100{,}000} = 0.1$
　　　〃　　　　　期末　￥105,000

株主や債権者，その他の企業利益に関心を寄せている利害関係者はその投資利益率を他企業の投資利益率と比較することができるとき，彼らに有益な情報として役立つことになる。比較しようとするとき，種々の企業で利用されている利益や投資の測定尺度が統一的で比較可能でなければならない。

(2) 投資センターの ROI 計算

　投資利益が投資センターのマネジャーの業績評価に利用されようとするとき，その計算に技術上の配慮，人間行動上に及ぼす影響へ注意深い考慮が払われなければならない。
　利益や投資の適切な測定尺度はそれらの構成要素が投資センターのマネジャーによって管理可能であるかどうかを考慮しながら決定しなければならない。

図表9-5の事例はこれらを要約したものであるが、ここに利用されている利益の測定尺度はマネジャーによってまったくコントロールできない本部費が配賦され、また本社の資産が投資に含まれているが、これもマネジャーによってはまったく管理できないものであるなら、マネジャーの業績評価のためにこれらを含めてしまうことは投資利益率の効用を限定してしまう。投資利益率の効用をより高めるために投資センターの管理可能利益を純粋に管理可能な投資額で割ることによって投資利益率を計算することである。この投資利益率は投資センターに直接、間接に関係のある収益や原価を計算の分子に含め、計算の分母に投資センターに関連する純資産のすべてを含めて計算した投資利益率はこの投資センターの経営活動の評価を行うのによりよい尺度となろう。しかし、投資利益率の計算上、一つの大きな問題として投資センターのマネジャーと事業本部長などとの間で各センター共通の本部費や純資産の配分に意見の相違がでて納得のいく配分ができないことがある。

図表9-5 投資利益率の計算事例

南部事業所　業績レポート　　20xx. 年度　　事業部長△△

	実際	予算	差異
純売上	¥2,100,000	¥2,000,000	¥(100,000)
投資センター費用			
売上原価	1,270,000	1,200,000	70,000
販売費	310,000	270,000	40,000
管理費	60,000	58,000	2,000
所得税（50%）	230,000	236,000	(6,000)
投資センター費用	1,870,000	1,764,000	106,000
投資センター管理可能利益	**230,000**	**236,000**	**6,000**
税引後本部費の配賦額	150,000	150,000	
投資センター利益	80,000	86,000	6,000

投資センター年度平均純投資額
　コントローラブル・センター資産
　　受取勘定　　　　　　￥205,000
　　棚卸資産　　　　　　　310,000
　　前払費用　　　　　　　 25,000
　　減価償却費諸資産　　　560,000
　投資センター
　　管理可能資産総額　　　　　　　￥1,100,000
　投資センター・コントローラブル負債
　　支払勘定　　　　　　　　　　　　250,000
　純管理可能投資額　　　　　　　　850,000
　本社資産の配分額
　　キャッシュ　　　　￥ 50,000
　　他　　　　　　　　　140,000
　本社割当資産　　　　　　　　　　　190,000
　投資センター純投資額実際　　　　1,040,000
　　　〃　　　　予算　　　　　　　1,000,000
　予算投資利益率　　　　　　　　　　　8.6％
　実際投資利益率　　　　　　　　　　　7.6
　差異（不利）　　　　　　　　　　　(1.0％)

(3) 投資利益率計算上の問題点

　本部の資産，現金，トップ・マネジメントのサラリーといった本部費を各投資センターへ配分することは実務的にも概念的にも困難である。投資センターのマネジャーがこれら配分方法に疑問を投げかけるとき，彼らの動機づけは曇りがちとなってくる。投資利益率で投資センターを業績評価しようとするとき，その計算の分子，分母が比較可能な基準で計算されなければならない。あるセンターでは減価償却を直接法で行い，あるセンターではそれを定率法で行うといったことは比較可能性を破壊してしまうという問題を起こす。あるセンターの資産が古く，価格の低いときに調達したものであり，他のセンターの資産は

新しく，価格の高いものであれば，投資利益率の比較の可能性は限定されてくる。

第一の問題は貨幣の時間価値，償却方法の統一などを考慮して投資利益率を計算すれば解決の道は可能であるが，これはなかなか困難である。

第二の問題は各センターの投資資産を公平な現在価値で測定することであるがこれもまた困難である。業績評価として投資利益率にあまり力点をおきすぎるとセンター・マネジャーによるゲーム遊びとか，計算手順の操作主義に陥る恐れがある。たとえば，短期的にROIを高めようとして設備の点検整備を延期することも考えられる。このような操作をすれば，短期的にはマネジャーの業績は水増しされることになり，投資センターの利益計画が長期的には望ましくない結果となろう。

ROIの計算に用いられる投資額や利益の測定額は具体的に何が選ばれるにせよ，割り引いて保守的計算に用いられるべきである。

練習問題

次の問いに答えなさい。

1　ROIについて説明しなさい。

2　変動製造間接費予算の基準操業度60,000時間で，変動間接費予算額が￥95,700，固定費が￥80,000のとき，操業度55,000時間の予算額および変動費率はいくらか。

3　原価の管理可能性，管理不能性について述べなさい。

4　投資センター管理可能純資産￥850,000，本部費￥150,000，配賦後の利益が￥80,000のとき，投資センター純投資利益率はいくらか。

第10章 原価維持
～標準原価計算～

§1 標準原価計算システムの意義

　原価管理には新製品開発段階の原価管理と製造段階の原価改善および原価維持があるが，標準原価計算は，このうち「原価維持」を目的とする。製造直接費の管理には標準管理が行われ，製造間接費には予算管理が行われる。本章では直接材料費，直接労務費の標準管理の方法を述べ，製造間接費の管理については固定予算，変動予算の意義，およびその差異分析を明らかにする。より進んだ学習では，変貌する標準原価計算とその環境変化について述べることにする。

　標準原価計算は，実際発生原価を標準原価に合致させるためのシステマティクなフィード・バック・コントロールの技法といえる。製品単位当たりの製造コストを事前的に標準原価として予定し，これを実際のアウト・プット量に対して適用して「実際生産量のあるべき標準原価」と実際コストのデータを収集する。そして，実際生産量に対する「あるべき標準原価額」と実際原価と比較して原価差異を求め，その原価差異の発生した原因を製造現場で除去あるいは改善し，無駄な原価の発生を防止しようとする計算制度である（図表10－1参照）。

図表10－1　標準原価システム

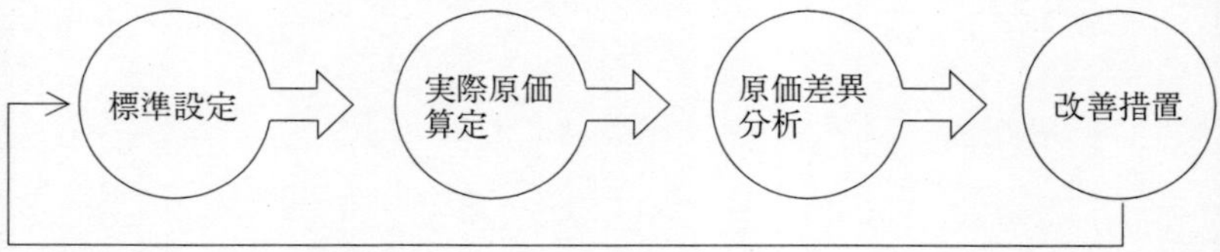

標準設定　→　実際原価算定　→　原価差異分析　→　改善措置

　原価差異分析は標準原価と実際原価の総差異を計算し，それからさらに原因別の原価差異へと細分していくことになる。差異の根本原因は調査，究明され

なけばならない。実際コストが標準コストを上回ればその差異は「不利な差異」で，実際コストが標準コストより小さければ「有利な差異」とよばれる。またこのような標準原価管理は原価の発生部門ごとに行われるので，製造現場の個々の管理監督者の原価管理業績を評価するためのフォーマルな技法を提供する。オペレイショナルなレベルで，例外管理の原則を実施する故に，その管理対象はロウ・マネジメント，ミドル・マネジメントが対象領域となる。それは短期的経営管理技法であり，差異分析を通じて標準に対する当期の活動業績をモニターする方法である。標準原価計算はさらに予算編成にも有益であり，製造間接費の予算管理については本章で明らかにされる。

§2　標準原価計算と生産形態

　生産領域における原価管理では，従来，ルーチン的作業をともなうマス・プロダクションにおいて標準原価計算が管理に本領を発揮してきた。しかし，受注生産企業であっても，最終製品に対する上流の工程では反復的な量産が行われることが多く（たとえばプレハブ住宅の組立部品，材料の生産工程），そこには標準原価管理が適用できる。さらにサービス生産企業においても，製造業の製品単位に相当するコスト・ユニットが確立されれば，標準原価計算が利用できない理由はない。企業において反復的作業が行われる場合には，標準原価管理の適用される余地がつねに認められるわけである。

1　直接費の原価標準設定

　標準がコントロール目的にとってよりよく機能するためには，標準が注意深く設定され，管理領域が階層的に組織化され，生産方法がルーチン化され，情報システムが体系化されなければならない。生産方法が固定しなければ標準原

価を展開する余地はない。

　原価標準を決定するにあたって材料の種類，規格，価格および機械設備，工具等の利用手順が決められ，作業時間，賃率，等級，作業工程などが特定され，これらの諸標準値が各種の生産物1単位当たりについて決定できなければならない。

　伝統的には標準原価が部品，製品の標準原価カードに記録される。標準原価計算の実施にコンピュータが利用されるようになっているが，その場合に標準原価カードはコンピュータのデータ・ベースとして記憶されるのみで，標準原価計算の基本原理に変わりはない。

(1) 材料費標準の設定

　直接費としての材料の内容は原料，材料，自製部品，買入部品などがあり，技術的，工学的に見積もられた材料明細書や製品仕様書から完成品単位当たりの材料必要量が推定される。製品単位当たりに必要な材料消費量は，さらに正常で不可避的なロス，製造工程中に発生する減損，蒸発，破損，仕損等の許容量を含むが，材料標準の設定にはこれら許容量に加えて代替材料，材料投入方法に関する分析が欠かせない。

　材料価格標準の設定は購買部門の協力も得て行うが，標準価格は単に過去の実際原価でなく，過去原価の平均およびその修正を加えた予想期待価格を当該期間に適用することになる。標準価格は材料の市場価格の動向，購入政策，数量および現金割引の有無，購入条件その他材料価格に影響する諸要因を考慮に入れて決定する。

(2) 労務費標準の設定

　労務費標準は標準賃率と標準作業時間から算定されるが，標準作業時間は詳細な生産計画や工程の作業手順表から推定できる。生産方法の決定が標準時間決定の基本となり，作業測定や動作研究を行い，作業研究プロジェクトと連携して標準作業時間が決定される。労務費標準の設定のため，標準作業時間が時

間数，分きざみの形で決められ，さらに労働等級も特定されなければならない。

標準時間の概念は特定の製品1単位の生産に必要な作業量に対する達成可能な標準時間であると定義できる。

賃率の計算は，人事部門の参加のもとに製造部門，原価計算部門等その他関連部門の協力を得て，過去の実際平均賃率を参考に将来の物価上昇，賃金交渉などを考慮して決定する。

2 製造間接費標準の設定

製造間接費は当該期間の製造間接費予算を直接作業時間数などの基準操業度水準で割り，1時間当たりの金額として予定製造間接費配賦率（overhead absorption rate, OAR）を計算し，当該製品単位当たりに必要な標準作業時間数などを掛けて製品へ配賦していく。操業度水準は生産数量，機械稼働時間といった尺度でも表されるが，最も一般的に利用されている尺度は標準直接作業時間である。標準直接作業時間が生産の活動尺度とされるのは，かつて労働集約的な製造活動が支配的であったため，いまでもひろく利用されている尺度である。予定間接費配賦率は部門別，コスト・センター別などに編成された年度予算および予算年度の予定直接労働時間数を利用して計算される。

現実的管理のため，製造間接費は固定費部分と変動費部分に分類し，配賦率も固定間接費配賦率と変動間接費配賦率に分けて計算されることがある。

製品単位当たりの製造間接費の標準は次式を部門ごとに適用して計算される。

製造間接費予定配賦率＝製造間接費予算÷予算年度の予定操業度

（この式の右辺には，月次の平均値に換算した予算，操業度をあててもよい）

単位当たり製造間接費標準 ＝ 製造間接費予定配賦率 × 単位当たり配賦基準数値（時間）

ここで右辺の単位当たり配賦基準数値には，直接作業時間とか，機械運転時間といったものがよく使用されている。

　上の計算式の適用例を示そう。たとえば，ある期間の基準操業度が100,000直接作業時間で製造間接費予算額が¥850,000であるとすれば，甲製品1単位当たり25時間の標準直接作業時間を要しているとき，甲製品の1単位当たり間接費標準は¥212.5と計算される。このとき，製品単位当たり直接材料費が¥80，直接労務費が¥70とすれば，製品単位当たり原価標準は下記のように¥362.5と計算される。

$$標準間接費配賦率 = \frac{850{,}000}{100{,}000} = 8.5$$

$$\begin{array}{l}単位当たり\\標準製造間接費\end{array} = 8.5 \times 25 = 212.5$$

$$\begin{array}{l}製品単位当たり\\標準原価\end{array} = (80+70+212.5) = 362.5$$

　ライン・マネジャーは標準を受け入れ，達成しなければならないから，標準設定に参加しなければならない。この標準設定に参加するなかで標準達成の動機的要素が大きく育まれてくる。作業研究スタッフ，エンジニア，会計専門家その他スペシャリストは技術的援助，関連情報を提供するが，ライン・マネジャーが中心になって標準設定に携わらなければならない。標準設定への参加を通じて達成水準としての標準を受け入れることができる。標準設定作業を経て原価標準が標準原価カード（standard cost card）に記録され，製品標準原価カードが作成される（図表10－2を参照）。

　最終製品の原価標準カードと当該製品の組立部品の詳細原価標準カードが作成されることもしばしばある。標準原価カードはコンピュータ・ファイルにもでき，その一例は図表10－2に掲げるようなものである。標準原価は毎期業績を測定し，コストを比較する基礎を提供するため，頻繁には変更できない。しかし，日々のコントロールを効果的にし，モーチベイションを高めるため，達

図表10－2　標準原価カード

part No. 00291　　　ジョイント　　　　　　　1ロット　100
工具　REF5983　　　作業研究　WS255　　　製図No. D59215
改訂日　　　　　　　　　　　　　　　　　　改訂者

摘　　要	標準価格・賃率	部門7	部門15	部門19	合　計
直接材料費					
2.5kgp101	¥14.8/kg	¥37.00			¥37.00
1,000単位A539			37.5		37.5
					74.5
直接労務費					
機械等級15					
4.8時間	2.5 /hour	12.0			12.0
9.2〃	2.5 /hour		23.00		23.00
組立　等級8					
16.4 hour	1.75/hour			28.70	28.70
					63.7
製造間接費					
機械時間率4.8ｈ	11.00/hour	52.8	101.12		153.92
作業時間率	6.0 /hour			98.40	98.40
					252.32
		101.80	161.62	127.10	390.52

直接材料費　¥74.50　　直接労務費　¥63.70　　製造間接費　¥252.32
　　　　　　　　　　　　　　　　　標準原価合計　¥390.52

成可能な標準を求めて適時の検討，改訂が行われなければならない。それがマネジャーに適切な管理指標となり，活動指標としての意義を高める。標準改訂の頻度，範囲は判断の問題であり，価格，賃率，消費量等の小幅な変化は一時的には無視されることがある。しかし，標準が累積的に無視し得ぬほど実際と遊離するようになれば，変更が余儀なくされる。標準原価の改訂は製品，部品などが生産される関連領域に対して細部にわたる影響をもたらすが，一般には6か月，1年という期間ごとに改訂されることが望ましい。

(1) 固定予算

　製造間接費は予算を設定することにより，効率的管理が実施されるが，さきにも述べたように編成された製造間接費予算から製造間接費配賦率が計算される。

　製造間接費予算には固定予算と変動予算があり，固定予算とは一定期間における一定操業度のもとに製造間接費の発生額を予定して編成された予算である。固定予算は原価管理に役立つのみならず，製品原価計算にとって標準製造間接費配賦率の計算の基礎を提供する。製造間接費の予算編成には会計部門や標準設定部門，生産管理部門その他関連部門が参加するが，予算には金額表示が行われる。しかし，予算編成には操業度など物量に直接に関わりのある製造部門や販売部門の非貨幣的資料の積極的な活用が欠かせない。

　固定予算は一定操業度に対してのみ唯一の予算額が編成されることを特徴とする。したがって，事後的に実績と予算を比較するときに，異なった操業度の間接費の発生額と固定予算を比較しても製造間接費差異分析の意義は減少する。

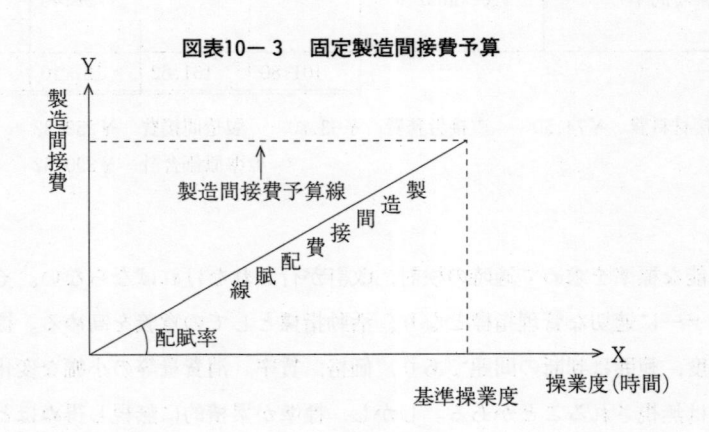

図表10－3　固定製造間接費予算

(2) 変動予算

　変動予算は事前的に全社的な年度予算上の予定操業度を基準として種々の操

図表10−4 変動製造間接費予算

変動製造間接費予算表 （公式法）			
月間正常直接作業時間 4,000時間　　製造部門			

費　目	金　額	固定費	変動費	変動費率
管理可能費				
（変動費）				
間接賃金	230,000	30,000	200,000	50.0
工場消耗品費	60,000	10,000	50,000	12.5
給　料	140,000	80,000	60,000	15.0
電力料	80,000	50,000	30,000	7.5
管理不能費				
（固定費）				
地　代	20,000	20,000	−	−
家　賃	50,000	50,000	−	−
特許料	30,000	30,000	−	−
	610,000	270,000	340,000	85.0

業度間隔をとり，それらの操業度のもとでの間接費の発生額を複数予定して，編成される予算である。これによって固定予算よりもさらに原価管理が効果的に行われ，差異分析もより意義が高まる。

変動予算にはその編成法に実査法と公式法がある。実査法による変動予算は種々の操業度における間接費の費目別の発生額を予定し，操業度ごとに予算額を編成した変動予算である。これは多桁式の変動予算表として表示される。

公式法による変動予算は，製造原価を固定費と変動費に分けて予算を編成する。固定費とは操業度の大きさに関係なく生産能力に対して一定額発生する原価であり，減価償却費，固定資産税，地代などである。変動費は操業度（生産量，直接作業時間など）の増減とともにその発生額が増減する原価である。原材料，外注工賃などは典型的な変動原価である。

固定費と変動費の区別がすべての原価にわたって容易に行われるものとは限らず，サービス・コスト，監督者給料など固定費，変動費の識別できにくい準固定費，あるいは準変動費については最小自乗法，スキャッターグラフ法等を

利用して固定費,変動費に分解しなければならない。しかし,いずれの分解方法も経営原価を完全明快に固定費と変動費を分割するものではなく推定の域を免れない。いま,固定費をb,変動費率をa,間接費予算額をy,xを操業度とすればy＝ax＋bとして間接費の変動予算公式が表される。その製造間接費の変動予算表は図表10－4のように表せる。

§3　原価差異分析

　予算管理における業績差異分析の一般的な手順は,特定期間における予算上の利益と実際利益の差異計算を出発点として順次,材料費,労務費,製造間接費の差異へと下位の差異分析へ展開していく。標準原価計算で計算される差異額も企業の生産,販売活動のコントロール活動に貢献するものである。一般にみられる差異分析もマネジャーとの責任の関連性をもたせる必要があり,その点で検討の余地がある。

1　材料費差異の分析

　直接材料費総差異は,実際生産量にとって許容される標準直接材料費とその実際材料費との差異総額として計算できる。直接材料消費数量差異は実際生産量に許容される標準数量と実際消費数量の差に標準価格を掛けた積として測定した金額である。直接材料価格差異は,標準価格と実際価格との差異額に直接材料の実際消費量を掛けた金額である。マイナスの差異が不利で,プラスの差異が有利になるように計算の順序をルールづけしておくと便利である（図表10－5と図表10－6の価格差異と数量差異を参照）。もし,図表10－5のように消費量が標準より小さければ数量差異はつねに有利で,それが標準より大きければ不利となる。

図表10－5　材料費の差異分析

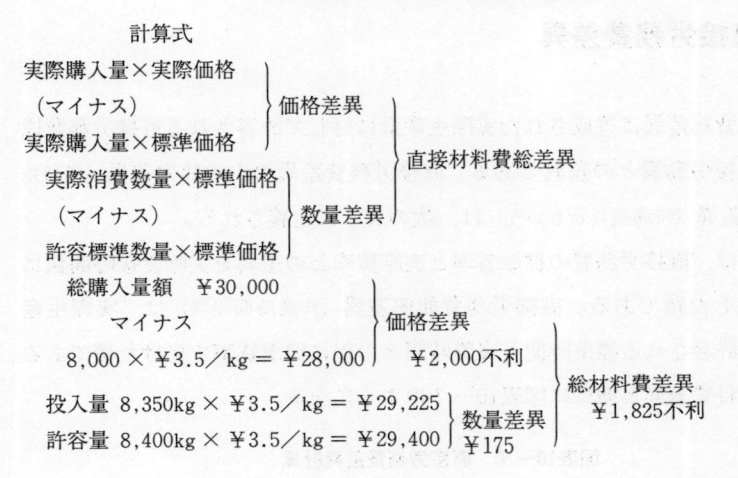

```
           計算式
実際購入量×実際価格  ┐
  （マイナス）       ├ 価格差異 ┐
実際購入量×標準価格  ┘         │
                              ├ 直接材料費総差異
  実際消費数量×標準価格 ┐     │
    （マイナス）        ├ 数量差異 ┘
  許容標準数量×標準価格 ┘
```

```
  総購入量額  ¥30,000          ┐
    マイナス                    ├ 価格差異 ┐
  8,000 × ¥3.5／kg = ¥28,000 ┘  ¥2,000不利 │
                                            ├ 総材料費差異
投入量 8,350kg × ¥3.5／kg = ¥29,225 ┐       │  ¥1,825不利
許容量 8,400kg × ¥3.5／kg = ¥29,400 ┘ 数量差異 ┘
                                      ¥175
```

価格差異の算定には，材料の購入時に計算する方法と，材料の消費の時点で算定する方法との両アプローチがあり，どの方法を採るかによって差異計算にも違いがでてくる。価格差異は製造段階ではコントロールのしようがないので，これを材料購入時点で把握してしまう方法の方がすぐれている。

いま，計算例を示そう。材料の標準単価が@¥3.5であり，当該期間の関係データが次のとおりであるとする。実際生産量140単位，製品1単位当たり必要な材料が60kg　直接材料購入量8,000kg，その実際購入価格が¥30,000，実際購入単価@¥3.75，期首棚卸材料1,800kg，期末材料棚卸高1,450kgとすると材料費差異計算は図表10－5の下段のようになる。

図表10－6　生産量に対する価格差異と数量差異

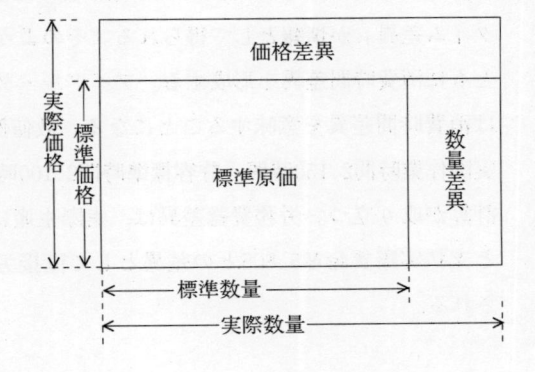

```
          ┌──────────────────────┬──────┐
          │      価格差異         │      │
  実際    ├──────────────────────┤      │
  価格 標 │                      │ 数量 │
       準 │      標準原価        │ 差異 │
       価 │                      │      │
       格 │                      │      │
          └──────────────────────┴──────┘
                  標準数量
                     実際数量
```

2 直接労務費差異

　直接労務費総差異は達成された実際生産量に対して許容される直接労務費標準と実際直接労務費との差異である。直接労務費差異の中の賃率差異（価格差異）と能率差異（時間差異ともいう）は，次のように定義される。

　賃率差異は，直接労務費の標準賃率と実際賃率との差異を実際直接時間数に掛けて算定した積である。直接労務費能率差異（作業時間差異）は，実際生産量に対して許容される標準時間と実際時間との差に標準賃率を掛けた積である。計算式は材料費差異と同様に図表10－7のようになる。

図表10－7　直接労務費差異計算

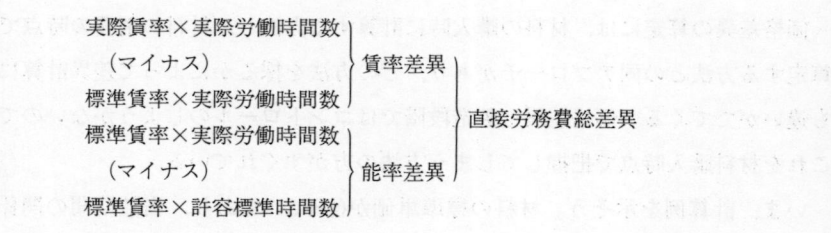

```
実際賃率×実際労働時間数  ┐
　　（マイナス）         ├ 賃率差異 ┐
標準賃率×実際労働時間数  ┘         │
                                    ├ 直接労務費総差異
標準賃率×実際労働時間数  ┐         │
　　（マイナス）         ├ 能率差異 ┘
標準賃率×許容標準時間数  ┘
```

　アイドル・タイム（遊休時間）が上記の実際作業時間から分離されて適切に記録されているときには，これに標準賃率を掛けることにより，「アイドル・タイム差異」が情報として得られる。そのように計算された差異は能率差異とともに消費時間差異を形成する。アイドル・タイム差異がなければ，能率差異は消費時間差異を意味することになる。数値例を示そう。実際賃金￥5,805，実際作業時間2,150時間，許容標準時間2,100時間とすれば図表10－8のような計算が成り立つ。労務費総差異は，実際生産に見合う許容標準労務費￥5,775と支払実際賃金￥5,805との差異として直接労務費差異￥30の（不利）が計算される。

図表10−8　賃率差異と時間差異の計算

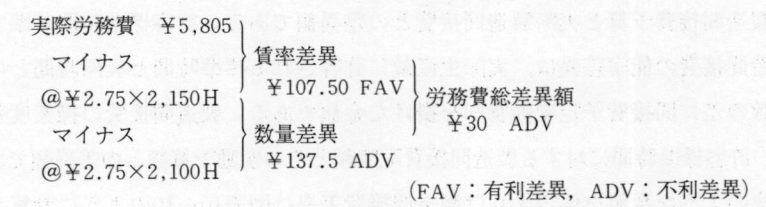

```
実際労務費　¥5,805 ┐
　マイナス　　　　 ├ 賃率差異
　@¥2.75×2,150H ┘ ¥107.50 FAV ┐
　マイナス　　　　 ┐ 数量差異　　├ 労務費総差異額
　@¥2.75×2,100H ┘ ¥137.5 ADV ┘　¥30 ADV
```

（FAV：有利差異，ADV：不利差異）

3　製造間接費差異の分析

　製造間接費は，直接材料費や直接労務費のように製品単位当たりの標準消費量や標準作業時間を使った標準原価による管理を行うのではなくて，製品単位当たりに代えて期間当たりの予算額による予算統制によって管理される。

　製造間接費差異の分析は固定間接費と変動間接費を別々に分析できるが，両者を一括して計算すれば簡潔である。一括計算では製造間接費差異総額は，許容標準配賦額（＝製造間接費予定配賦率×実際生産量の許容標準時間）と実際製造間接費発生額との差異額となる。この総差異を以下，予算差異（消費差異ともいう），能率差異および操業度差異に細分する方法は，図表10−9に示すとお

図表10−9　製造間接費差異分析表

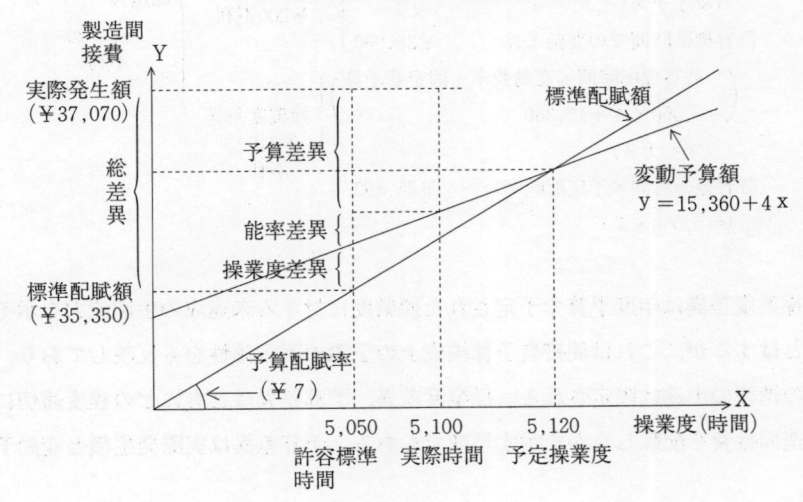

[グラフ：縦軸 製造間接費 Y、横軸 操業度（時間）X
実際発生額（¥37,070）、標準配賦額、総差異、予算差異、能率差異、操業度差異、標準配賦額（¥35,350）、予算配賦率（¥7）、変動予算額 y=15,360+4x
横軸：5,050（許容標準時間）、5,100（実際時間）、5,120（予定操業度）]

りである。製造間接費の予算差異（expenditure variance）は，実際操業度における製造間接費予算と実際製造間接費との差異額である。許容標準時間基準では製造間接費の能率差異は，実際生産量に許容される標準時間と実際時間との時間数の差に間接費予定変動費率を掛けた金額である。製造間接費の操業度差異は，許容標準時間に対する製造間接費配賦額とその変動予算額との差異額である。

次のような数値を仮定すれば製造間接費差異は図表10-10のように計算される。

製造間接費予算　¥35,840（固定費予算¥15,360＋¥変動間接費予算¥20,480）

予定基準直接作業時間　5,120時間　　実際直接作業時間　5,100時間

実際製造間接費　¥37,070　　　許容標準作業時間　5,050時間

製造間接費予定配賦率 ＝ (15,360＋20,480) ÷ 5,120 ＝ ¥7

製造間接費変動費率 ＝ 20,480 ÷ 5,120 ＝ ¥4

図表10-10　製造間接費差異計算表

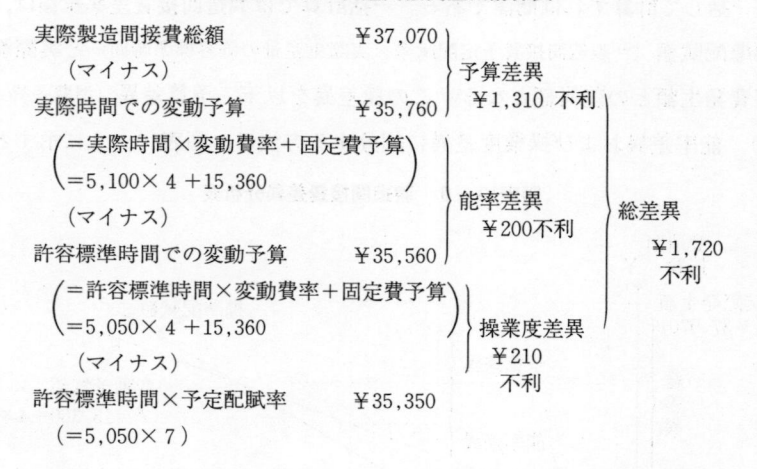

```
実際製造間接費総額                ¥37,070 ┐
（マイナス）                             ├ 予算差異
実際時間での変動予算              ¥35,760 ┘ ¥1,310 不利
（＝実際時間×変動費率＋固定費予算）
（＝5,100× 4 ＋15,360）                                        総差異
（マイナス）                             ┐ 能率差異           ¥1,720
許容標準時間での変動予算          ¥35,560 ┘ ¥200不利           不利
（＝許容標準時間×変動費率＋固定費予算）
（＝5,050× 4 ＋15,360）                  ┐ 操業度差異
（マイナス）                             │ ¥210
許容標準時間×予定配賦率          ¥35,350 ┘ 不利
（＝5,050× 7）
```

操業度差異は年度予算で予定された操業度に対する未達成の生産能力を示そうとはするが，これは間接費予算編成上の予測の不正確性をも反映しており，この情報の用途は限定される。操業度差異，予算差異はともにどの程度適切に製造間接費を配賦したかを示す尺度でもある。予算差異は実際発生額と変動予

算額との差異であるが，他の製造間接費差異よりも活動指標としての意義は大きい。この予算差異は，価格および数量要素の両方が発生原因となっている点で直接材料費や直接労務費の総差異の発生原因に類似しているから，責任センターのマネジャーによって一般にはコントロール可能と考えられている。しかし，製造間接費の費目ごとに差異分析することなしには，予算差異のコントロール目的に限界が生ずることになる。

§4 原価差異の原因別分析

1 材料費差異発生の原因

(1) 価格差異

材料が購入されるや否や価格差異が計算されれば，ただちに価格差異の発生原因について購買部門の責任者に検討を求めることができる。このように材料に対してまず価格差異が計算されれば，以降の計算記録では一貫して材料は標準価格で計算されることになる。しかし実務上は，材料消費時に価格差異を抽出することも少なくない。価格差異発生の原因として，次のようなものがあげられる。

(a) 契約購入価格より高い，または低い代価の支払い
(b) 通常の購入ロットサイズより小さい，あるいはより大きい数量の購入があり，その購入割引の得失
(c) 計画された購入量より少ない，あるいはより多い材料数量の調達
(d) 予定材料を利用できないため，代替材料を購入したため

上記のような価格差異発生の理由の中で(c)，(d)のような発生理由は消費量差異にも影響する。

(2) 消費数量差異

価格差異が抽出される計算ルールそのものは慣習にすぎない。この計算ルールは，数量差異のある部分が私意的に価格差異の中に含められてしまうことを物語っている（図表10-6を想定されたい）。しかし，実際価格が大きく標準価格から相違しない場合には，このような計算ルールは事実上問題はないといえる。当該期間に実際価格と標準価格とに大きな相違があれば，数量差異そのものが現実的，経済的に評価され得るか疑問である。伝統的に価格または賃率の差異分析には以上のような問題がある。

消費数量差異発生の原因には，次のようなものが考えられる。
(a) 一定材料からの歩留りが予定と相違する
(b) 予定より高い，または低い品質水準の材料とか代替品質の材料を利用したこと
(c) 利用機械の稼働状況によって予想より多くの，または少ない作業屑（scrap）が発生したこと

化学工場において複数種類の原料を投入して製品を製造するときには，消費数量差異はさらに混合差異と生産差異に細分される。

2 労務費差異の発生原因

(1) 賃 率 差 異

実際労務費と標準労務費の原価差異として直接労務費差異が計算され，その中に賃率差異，時間差異が認識されることは前に述べた。その発生の原因には次のようなものがあげられる。

賃率差異発生原因として，
(a) 実際賃率が予定された賃率より高く支払われたため
(b) 計画された作業等級よりも，より高い，またはより低い作業等級の利用

(c) 予期しない超過時間の発生，あるいは予測と相違するボーナス額の支払いの発生

等が考えられる。

(2) 作業時間差異

作業時間差異は，許容標準作業時間と実際作業時間との食違いによるものであるから，これは作業能率の良し悪しを反映するので，作業能率差異といってもよい。その発生原因には，

(a) 不適合な作業等級の利用があったために予定作業時間数と実際作業時間数の相違が生じたこと
(b) 作業要員の部門間移動が予想以上に行われたこと
(c) 機能別に区分した組織化が十分行われていないこと，および管理監督の不徹底から招来する作業遂行の遅れ

などがあげられる。

作業時間差異発生の背景にある仮定は，直接労務費が変動費であり，生産のアウト・プットが作業時間に比例しているということである。アウト・プットがほとんど機械化された製造環境で産出され，労務費が固定的に発生するなら，この作業時間差異の計算はコントロール目的に意義ある情報を提供できるかどうか疑問の余地がでてくる。

(3) 材料費差異と労務費差異との相互関係

材料費差異と労務費差異の各々の発生原因には相互関係が存在する。たとえば，標準より低い等級の材料は安価の故，購入決定されたと仮定しよう。この場合，原価差異に有利な価格差異が発生しよう。しかし，品質レベルが低いために材料消費の歩留りが悪くなって材料消費数量が予定より多くなるかもしれない。また消費量がより多くなるにつれて作業時間も長くなってしまい，作業能率が落ちる可能性もある。このとき，作業者にこの不利な作業能率が発生したことを責任転嫁はできない。

有利な価格差異が,劣悪な材料の利用のためにより多くの材料消費と作業時間が求められ,不利な材料消費数量差異や作業時間差異を引き起こしてしまうのである。同様に,たとえばA部門が他部門から半製品を受け入れ加工する場合,A部門の作業能率はある程度,他部門から半製品を受け入れるタイミングの良し悪しや,その品質の程度に依存する。作業時間差異と材料数量差異の両者の発生する原因として,品質の劣る受入材料や受入半製品および不能率な機械の利用が共通的に考えられる。

ほとんどの原価差異が諸部門の意思決定によって発生するが,イン・プット要素に関わる機能部門が相互関係をもつから,その原価差異発生の責任を単独の部門に負わせることはできない。各原価差異が単独に独立しては発生しないのである。企業がより安い価格で,よりグレードの低い材料を購入する意思決定が賢明であったかの評価は,結果として総括的な原価差異金額に現れる。有利な価格差異は不利な材料消費数量差異,不利な労働能率差異を相殺する可能性があり,それら原価差異を発生せしめた意思決定はトレードオフ (trade off) の関係を生ずる。やはり,企業は標準グレードの材料を調達すべきである。

3 製造間接費差異発生の実質的原因分析

(1) 予算差異

予算差異は製造間接費を構成する各費目の実際の価格および数量が予算上の価格,数量と異なったことにより発生した差異である。したがって,予算差異発生の原因は,製造直接費の原価差異発生の原因にも似た次のような原因があげられる。

(a) 租税公課や地代,および家賃の値上げ,補助材料の価格上昇,管理者や技術者およびその他補助スタッフの報酬値上げがあったこと

(b) ガスや水道,電話やテレックスなど通信回線の利用といった外部用役や補助材料などの用役使用量が予算上の使用量と相違したこと

などがあげられる。

(2) 能率差異

製造間接費が編成される際に作業時間数が操業度基準に選ばれることが多いが，この場合，能率差異は実際作業時間と実際生産量に対する許容作業時間との時間数の差を尺度として測定される。したがって能率差異の発生原因として，

(a) 製品の販売状況に左右されて，生産活動における早出や残業による操業時間が予想を上回ったり，あるいは操業時間短縮などがあったこと
(b) 作業遂行上，予定された作業等級とは異なった作業等級が利用され，それが実際作業時間に影響したこと
(c) 生産設備，機械，工具などの点検，維持，保全が不十分で生産効率が予定と異なったこと

などがあげられるが，能率差異は生産が機械と一体化するにつれてその発生原因が労務費の作業時間差異の発生原因とますます類似してくる。

(3) 操業度差異

操業度差異は計画された操業度と実際の操業度との差を作業時間数などを尺度として固定製造間接費によって測定したものであるが，操業度差異発生の原因としては，

(a) 材料購入の遅れ，適正な作業等級を確保して教育訓練を徹底し，それを維持していくことが不徹底であったこと
(b) 市場の動向によって，実際の製品売上高が予算上の売上高より減少，あるいは増大したこと
(c) 機械設備の保全が不十分で故障による稼働停止が頻繁に起こったこと
(d) 予算操業度そのものが見積違いであったこと

などがあげられる。

§5　標準原価管理の環境変化

1　標準設定条件の変貌

　標準原価計算が一般に普及しはじめたのは第一次大戦後の不況下（1920年代）であり，労働集約的な企業で標準原価管理はその威力を発揮してきた。生産工程の機械化と経営規模の拡大の中で少品種大量生産が進み，標準原価計算が圧倒的に能率管理に役割を演じてきた。

　初期の設備投資は直接部門の加工作業を助けるための投資，人手を補助する機械化であった。技術の進歩により，さらなる自動化，ロボット化は人手を排除する投資へと進んだ。そこでは人間性が疎外され，間接部門を増大させることになった。

　経営は生産指向，技術指向から市場指向，戦略指向へと変容した。FA化，多品種少量生産はサポート・コスト，サービス・コストの増大をもたらし，これらのコストは従来の操業度との関係を維持できないものである。産業用ロボットの導入は直接労務費を減少せしめて直接労務費差異分析の意義は減少し，多品種少量生産，ライフサイクルの短縮化などは標準設定を困難にし，設定されても標準そのものの妥当性は保証され得なくなってきた。製品ライフサイクルの短縮化により製造工程が短期的に変更され，標準原価計算の前提になる生産工程の長期的安定化が困難になり，それが原価標準設定の困難に輪を掛けている。

　自動化環境にあってはいったん，製造工程が確立されれば，材料加工に人手を介在しないから材料消費の無駄は減少し，直接材料費，直接労務費の標準設定の意義は低下してきている。製造段階の標準原価管理の役割はますます低下してきた。いまや原価管理の重点は研究開発段階，企画設計段階といった製造

段階より川上の領域へと移った。

2 生産の自動化と間接部門の増大

　オートメーション化，機械化が進行すれば製造領域の原価管理，能率管理はロボットが行うようになるから標準原価管理の必要性は減少する。標準原価計算を利用する目的はおもに予算管理，決算を簡易化するために実施している企業が多くなっている。

　自動化生産システムは工程の部分再調整に際し，全体を調整する膨大なコスト，時間がかかる。そして保守人員を増やし，間接費を増大させながら全体生産性がそれほど上がっていないし，この膨大な間接費は固定費部分が多くを占め，操業度とは比例関係をもっていない。ブルーカラー層の減少により直接作業時間に基づく製造間接費差異分析はもはやその意義を失った。

　厳しい企業環境の下で販売が期待できないなかで，ライフサイクルの短縮化は生産設備投資の採算生産量を満たせなくなった。オートメーション化に対する膨大な投資はその回収を危うくさせられている。トヨタでは自動化しても人は減らず，自動化により企業の生産性が向上するとは限らないとして生産技術部が自動化に反対した。そこで多能工による手作業が重視され，その生産性の上昇も図られた。

3 量産パラダイムの凋落

　日本は国際市場の商品を上手に安く作ることが得意であった。機能が優れていること，機能が同じなら安いこと，この二点で競争力を決めてきた。これまでの競争力がコスト・パフォーマンスにあった。自動車産業にこの典型を見る。ところが貿易摩擦，国内市場の低成長への突入などによって

　　　　大量生産　→　コスト・ダウン　→　シェア拡大

という競争力強化の循環は断ち切られた。バブルがはじけると日本経済は成長

を止めた。日本の製造業発展の基礎となり，標準原価管理に最も適応した大量生産パラダイムは明らかに変容を迫られた。低成長時代に直面していまや日本企業は固定費のアップ要因に見舞われている。

4　標準原価管理から原価維持・改善，原価企画へ

既述のような状況の中で，今日の標準原価管理は原価維持と原価改善の両面を含むよう変貌してきている。変動原価管理の主要な管理対象は労務費から材料費に移り，前期までの達成標準原価水準を今期の標準原価にして原価維持を遂行するようになり，標準原価管理はタイトネス管理からカイゼンによる標準原価自体の引下げに重点が移行している。原価改善は期待レベルまで計画的に原価を引き下げる活動である。これは目標利益と予想利益の差異を埋めるために生産段階で原価を低減させる活動である。原価改善は原価維持を基礎にして効果的に実施され，原価企画は原価維持，原価改善を基礎にして成果を発揮できるのである。

──── 練習問題 ────

1　材料の標準単価が@￥3.5であり，製品実際生産量150単位，製品1単位当たり必要な材料が50kg，直接材料購入量8,000kg，その実際購入価格￥30,000，実際購入単価@￥3.75，期首棚卸材料1,800kg，期末材料棚卸高1,450kgとすると材料価格差異，数量差異，総差異はいくらか。

2　次の製造間接費に関する予算差異，操業度差異，能率差異を算出せよ。

　　製造間接費予算　￥35,840（固定費予算￥15,360＋変動間接費予算￥20,480）

　基準直接作業時間　5,120時間

実際直接作業時間　5,100時間
実際製造間接費　￥37,070
許容標準直接作業時間　5,050時間

第11章　直接原価計算

§1　直接原価計算（Direct Costing）の意義

1　直接原価計算の方法

　技術革新によって企業は設備投資を繰り返し，組織は拡大し続け，人的にも物的にも組織を維持するための巨額の原価を発生させるに至った。固定費といえば物的設備の発生原価を意味してきたが，それが要員関係の原価にまで拡充してきた。固定費，変動費の分類は財務会計における期間損益の測定を越えて，経営管理目的に有益な情報提供を行う。固定費が財務会計上の期間費用とやや異なった意味の期間原価という呼び方で変動原価と区別する考えが台頭してきた。

　直接原価計算は伝統的な全部原価計算に対して製品原価を変動原価で計算する部分原価計算である。部分原価の典型的なものが直接原価計算である。直接原価計算では，まず原価を固定費と変動費に分け，固定費は製品原価に算入せず，変動費のみで製品の原価を計算し，固定費は期間原価として処理を行う。企業の利益は収益から費用を引いたものであるが，原価を固定費と変動に分類すれば，具体的に売上高から変動原価を控除し，さらに固定費を控除して利益が算定されることになる。売上から変動原価を引いたものを限界利益といい，限界利益から固定費を引いた差額が利益になる。固定費は生産，販売などの操業度に関係なく発生額が一定であり，減価償却費，固定資産税，地代などが存在し，変動費には原材料費，外注工賃，直接労務費などが存在する。原価の固定費，変動費の分類は操業度との関係から分類したものであるから直接原価計算は名称上，変動原価計算（Variable Costing）がより妥当であるといえる。全部原価計算と直接原価計算の計算構造は次のように示される。

直接原価計算	全部原価計算
売 上 高	売 上 高
－）売上原価（変動費）	－）売上原価（全部原価）
製造限界利益	売上総利益
－）変動販売費	－）販売費一般管理費
限界利益	営業利益
－）固定製造・販売費	
営業利益	

　直接原価計算ではまず原価を固定費と変動費に区別することであり，第二議的には棚卸資産の評価を変動原価で行う計算法である。製造間接費は固定製造間接費と変動間接費に分類されるが，直接原価計算では製品原価が原材料や直接賃金等の直接費と製造間接費の中の変動製造間接費とからなる。

　直接原価計算は原価，売上高，利益関係を明確に示すよう工夫された損益計算書であるといえる。会計記録を行ううえで経営管理の用具が組み込まれるように工夫された計算方法が直接原価計算ともいえる。

2　直接原価計算と全部原価計算による期間損益計算

　直接原価計算による期間損益計算を事例によってみよう。固定費は期間ごとに￥500，変動費は製品単位当たり￥0.5，一期，二期，三期のそれぞれの生産量を500個，600個，400個として全部原価計算と直接原価計算を考察する。

図表11-1　直接原価計算による損益計算書

（販売高が各期一定）

摘　　要	一期		二期		三期	
売上高 (500コ @¥2)		1,000		1,000		1,000
売上変動原価						
期首棚卸高	0		0		50	
当月製造費	250		300		200	
期末棚卸高	0	250	50	250	0	250
限界利益		750		750		750
固定費		500		500		500
売上利益		250		250		250
単位原価		0.5		0.5		0.5

図表11-2　全部原価計算による損益計算書

摘　　要	一期		二期		三期	
売上高 (500コ @¥2)		1,000		1,000		1,000
売上原価						
期首棚卸高	0		0		133	
当月製造費	750		800		700	
期末棚卸高	0	750	133	667	0	833
売上利益		250		333		167
単位原価		1.5		1.33		1.75

　直接原価計算では毎期販売高が一定であれば売上利益も一定である。生産量が各期間で異なっても売上高に対応される変動売上原価は売上高と一定関係を保っている。それに対して全部原価計算では販売高が一定額でも毎期の売上利益は異なっている。第二期の生産が最も多い期間に利益も最も多い。全部原価計算では売上に対応する売上原価は二期において最も少なく，固定費の一部が

第三期へ繰り越されているからである。直接原価計算では限界利益が販売高と比例関係を保ち，三期を通じて販売高が一定であるので限界利益も一定額を保っている。

直接原価計算における固定製造原価の発生は毎期￥500とした。全部原価計算の売上原価に占める固定費と直接原価計算における固定費を毎期比較してみよう。

		一期 固定費	利益	二期 固定費	利益	三期 固定費	利益
(1)	直接原価計算	500	(250)	500	(250)	500	(250)
(2)	全部原価計算	500	(250)	417	(333)	583	(167)
(3)	固定費差額（1−2）	0	(0)	83	(−83)	(−83)	(83)

固定製造費の第一期の単位製造原価は前の条件から￥1，二期，三期はそれぞれ￥0.83，￥1.25となり，売上原価額は前期繰越分，次期繰越分を当期の発生分に加減して当該期間の額が算定できる。一期には直接原価計算による場合と全部原価計算による場合の売上原価に占める固定費の差額はゼロであり，二期には全部原価計算の場合の方が￥83少ない。したがって，売上利益額は直接原価計算の場合の方が￥83少ない。三期においては全部原価計算の方が売上原価に占める固定費分が￥83多く，全部原価計算による利益は￥83少ない。このように三期を通じて売上高を一定とした場合に，それに対応する売上原価額に占める固定費が両計算の場合相違し，それが売上利益に影響していることがわかる。

それでは生産量，販売量が各営業期間にわたって異なる場合，直接原価計算，全部原価計算において期間利益はどのような影響を受けるのであろうか。さきの条件のもとで第一期，第二期，第三期の販売量が500個，400個，600個として計算する。

図表11－3　直接原価計算による損益計算書

(販売高が各期異なる)

摘　　要	一期		二期		三期	
売上高（@¥2）	(500コ)	1,000	(400コ)	800	(600コ)	1,200
売上変動原価						
期首棚卸高	0		0		100	
当月製造費	250		300		200	
期末棚卸高	0	250	100	200	0	300
限界利益		750		600		900
固　定　費		500		500		500
売上利益		250		100		400
単位原価		0.5		0.5		0.5

図表11－4　全部原価計算による損益計算書

摘　　要	一期		二期		三期	
売上高（@¥2）	(500コ)	1,000	(400コ)	800	(600コ)	1,200
売上原価						
期首棚卸高	0		0		267	
当月製造費	750		800		700	
期末棚卸高	0	750	267	533	0	967
売上利益		250		267		233
単位原価		1.5		1.33		1.75

　直接原価計算では生産量の如何に関らず利益は販売高によって影響され，販売高はその大きさ順にみれば三期，一期，二期という順であり，それにしたがって限界利益，売上利益も相応し，最大利益，最小利益は第三期および第二期の最大売上高，最小売上高に符合している。いわゆる限界利益と売上高が比例関係にある。全部原価計算では三つの営業期間を通じて最も少ない売上高の

二期において売上利益が最も多く,最も販売高の多い第三期において売上利益は最も少ない。販売単価や他の条件が変化しないのに販売高の増減に比例しない利益の発生は明らかに全部原価計算に矛盾があることを感じさせられる。全部原価計算の場合,利益の多寡は明らかに生産量によって影響されている。期間損益計算の趣旨から利益は販売によって実現し,生産によっては利益を認識しない。しかし直接原価計算は公表財務諸表として市民権を得ていない。それは経営管理の意思決定に有益なデータを提供するものとして役立つのである。

販売高,生産量が各期を通じて異なる場合,当然,直接原価計算と全部原価計算では,売上利益が異なるが,その利益が相違する原因を探ってみよう。これには固定費の売上原価に占める額を比較すればよい。

		一期		二期		三期	
		固定費	利益	固定費	利益	固定費	利益
(1)	直接原価計算	500	(250)	500	(100)	500	(400)
(2)	全部原価計算	500	(250)	333	(267)	667	(233)
(3)	固定費差額 (1)−(2)	0	(0)	167	(−167)	(−167)	(167)

生産量,販売量が各期間にわたって異なっても当該期間の売上高に対応する固定費の売上原価に占める額はさきの計算に準じて算出される。第一期の直接原価計算と,全部原価計算の場合の固定費の売上高に対応する額は同一となり,売上利益も同一である。二期においてはそれら差額は全部原価計算の方が¥167少なく,三期においては¥167多い。この二期,三期の売上高に対する固定費の違いは各期の期首,期末の棚卸分の固定費差額であり,二期では期末に¥167の固定費を三期に繰り越し,三期にはそれが繰り越されて¥167多く固定費を売上に対応させている。それが期間利益に影響しているのである。

3 直接原価計算の原価管理的側面

　企業の競争が激化し，原価管理が叫ばれるようになって，その原価管理手法として標準原価計算が考えられた。標準原価計算は生産の領域における管理手法として発展し，その管理思想の根源はテイラーの科学的管理法に求められる。原価管理をさらに有効に行うために原価を固定費と変動費に分け，製品原価を変動費のみから計算する直接原価計算が考えられた。変動費は操業することによって発生し，生産量にほぼ比例的に増減する。固定費は生産設備や人的組織を生産の準備をしておくために発生する原価でキャパシティ・コストともいわれる。生産しなくとも固定額は発生するのである。原価管理の面から固定費と変動費の管理には方法に相違がある。変動費は組織のロウ・レベルで管理されることが可能であるのに対して固定費はミドルあるいはトップのマネジメントの意思決定によって発生するから固定費管理は組織の中間管理者，トップ・マネジメントによって管理されるものである。したがって，組織の階層別に原価管理状態を把握するための会計データは直接原価計算がより適切であるといえる。

　直接原価計算では，次のような特徴がある。
(1) 原価を固定費と変動費に分解する。
(2) 変動製造原価のみが製品原価として集計され，固定製造原価は期間原価として処理される。
(3) 販売費一般管理費も変動費と固定費に分類し，固定販売費・一般管理費は限界利益から控除する。
(4) 売上高から生産，販売に要した変動製造原価，変動販売費を控除して限界製造利益，限界利益を算出する。
(5) 固定製造原価や固定販売費を限界利益から控除して営業利益を算出する。

　このような計算方法を採れば全部原価計算のように固定費が製品に負担させられることはなく，期間利益が歪曲されることなく決定できる。期間利益は販

売高の増減のみによって影響されることになり，限界利益は販売高の関数となる。会計機構に直接原価計算を組み込んでいけばコスト・ボリュウム・プロフィット（Cost・Volume・Profit）の関係情報が当該会計機構の中で利用できる。

　コスト・コントロール（Cost Control）を有効に行うためには原価の発生源泉に遡って原価分類を行うことが必要である。発生源泉を実態把握するかどうかが原価管理を効率化する鍵となる。原価はこの点からキャパシティ・コスト（Capacity Cost）とアクティビティ・コスト（Activity Cost）に分けられる。キャパシティ・コストは通常，固定費と同義であるがコミッテド・キャパシティ・コスト（Comitted Capacity Cost）とマネジッド・キャパシティ・コスト（Managed Capacity Cost）に分けられる。原価管理をさらに一層効果的に行うために標準を設定した直接標準原価計算が考えられた。標準原価は特にアクティビティ・コストに適用して管理し，直接原価計算は固定費に焦点をあてて管理するといった両面的な管理を一挙に遂行しようとするのが標準直接原価計算である。

4　直接原価計算と外部報告

　公表財務諸表は現在，全部原価計算による損益計算書を求め，直接原価計算による損益計算書は公表財務諸表として認められていない。よって，直接原価計算を制度として実施しているとすれば全部原価計算基準による損益計算書に変えなければならない。直接原価計算では固定費を除去した変動費のみで製品原価を計算し，固定費は期間的に控除される。製品原価は直接原価計算の方が全部原価計算よりも小さくなり，売上高に対応される売上原価も小さい。生産のために発生した原価はすべてその給付に負担させられなければならないとする全部原価基準の費用・収益対応の原則は，当期の収益を獲得するために発生した当期の固定費が当期の売上高に直接対応すべきという直接原価基準の観点により乱される。したがって，直接原価計算の支持者が直接原価計算による損益計算を公表財務諸表の一つとして認められると主張しても是認されない原因

の一つがここにある。正確な損益，売上高に比例した期間利益を計算できる直接原価による損益計算は現在のところ企業の内部で，経営管理用具として利用されるに留まる。

　期間利益が全部原価計算のもとでは売上高と相応しない原因は，生産操業度によって製品単価が影響されるためである。原価の固定費部分は生産量が増加すれば単位当たり負担額は減少し，生産量が減少すれば単位当たり固定費負担額は増加することになる。操業度によって売上原価が影響され，それが期間利益に影響する。期間利益の増減は売上高の増減によって影響を受けることはもちろんであるが，全部原価計算では売上高と生産量の両方によって影響されることになる。製造間接費の配賦は実際配賦するよりも予定配賦することが一般的であるが，それでも私意性は全面的に排除されるというものではない。直接原価計算では固定費の製品への配賦を行わず，変動間接費のみを配賦するのであるから配賦の恣意性は著しく除去される。直接原価計算で期間売上高に利益が相応するのは間接費の恣意的配賦が減じられ，製品の原価負担額が一定に保たれることになるからである。

5　直接原価計算による製品選択

　企業の生産する製品は単品でなく複数製品を生産するのが一般的である。複数製品が多数になる場合，その中で力点をおく製品はどれか，あるいは多くの製品種類の中から限られた製品種類を選択する場合，どの製品を選択すべきかといった意思決定に迫られる。このとき直接原価計算による原価情報が有益である。たとえば，次の例を考えてみよう。

図表11－5　全部原価データ

	直接材料費	直接労務費	製造間接費	製品原価	価格	利益
甲	¥500	¥300	¥200	¥1,000	¥1,300	¥300
乙	600	200	300	1,100	1,200	100
丙	400	400	200	1,000	1,400	400
丁	200	200	300	700	900	200

このような場合，製造間接費の中には固定製造間接費が含まれており，製造間接費は予定配賦されていることになる。さらに甲，乙，丙などの各種製品の生産量も一定の見積りがなされていることになる。このような見積りに見積りを重ねていけばいよいよ現実とかけ離れ，意思決定のデータとしての原価情報は利用価値が減少することになる。直接原価計算の場合は固定費を製品原価から排除するから配賦される原価項目は減少し，生産量の見積りは製品原価に多くは影響を与えないから製品収益力を判定するうえでデータの信頼が増す。

※この段落の2行目は「固定費は一定の操業度を前提として製品原価に組み込まれていることになる。」

図表11－6　直接原価データ

	直接材料費	直接労務費	変動製造間接費	変動製品原価	価格	限界利益
甲	¥500	¥300	¥120	¥920	¥1,300	¥380
乙	600	200	100	900	1,200	300
丙	400	400	180	980	1,400	420
丁	200	200	50	450	900	450

前記全部原価計算による製品別利益は丙製品が最も利益があると判断できるかもしれないが丙製品の原価の中には固定原価も含まれている。その固定原価の丙製品への配賦には操業度の見積り，したがって，配賦率の見積りが行われ

果たして絶対的な製品原価か確証はできない。全部原価データによると製品品種別の利益性は丙製品，甲製品，丁製品，乙製品という順序になっている。これに対して直接原価データにおいては固定原価は製品原価から排除しているが最も限界利益が多いのは丁製品で続いて丙製品，甲製品，乙製品となっている。

いま，上の資料に関して，さらに生産販売量と固定費を次のように仮定して限界利益，売上総利益を計算してみよう。

図表11－7　変動製品原価と売上原価

	全部製品原価	変動製品原価	生産販売数量	全部売上製造原価	変動売上原価
甲	¥1,000	¥920	1,000単位	¥1,000,000	¥920,000
乙	1,100	900	1,500	1,650,000	1,350,000
丙	1,000	980	1,000	1,000,000	980,000
丁	700	450	1,000	700,000	450,000
固定費	¥500,000		4,500	4,350,000	3,700,000

限界利益	販売数量	限界利益総額	利益	販売数量	売上総利益
¥380	1,000単位	¥380,000	¥300	1,000単位	¥300,000
300	1,500	450,000	100	1,500	150,000
420	1,000	420,000	400	1,000	400,000
450	1,000	450,000	200	1,000	200,000
		1,700,000			¥1,050,000
	固定費 －)	500,000			
		¥1,200,000			

固定費は製造活動を行うか否かに関係なく期間ごとに一定額が発生するのであるから上記の直接原価計算によるデータと全部原価計算によるデータを考え

ると期間利益は直接原価計算の方が正確である。全部原価計算のデータでは製品単位ごとの利益を計算するのに単位当たり原価に固定費が負担させられており，この固定費の配賦率は操業度基準をいずれにするかによって異なってくる。（¥3,700,000＋¥500,000）－¥4,350,000＝－¥150,000は固定費の配賦超過によるものである。したがって，操業度が変化すればその都度製品種類ごとの原価，利益が変化してくる。直接原価計算の場合は，製品原価を計算する場合，直接材料費，直接労務費，変動間接費によって計算されているので製品の単位原価は操業度によって影響されない。¥1,700,000の限界利益は各製品ごとの売上高変化によって比例的に影響を受けるのみである。

6　リニア・プログラミング

　現今の厳しい経営環境では経営資源である人，物，金を企業にイン・プットして経営活動を遂行して有形，無形の財貨をアウト・プットしていく。管理者は限られた資源を有効に利用し，効果的にアウト・プットを生産し，競争優位に立たなければならない。企業活動をシステム的に捉え，資源の最適利用を行うための意思決定用具としてリニア・プログラミング（linear programming, LP）解法が利用される。次のような事例を設定して最適生産量を計算してみよう。

　大阪株式会社はA品，B品を生産している。製品完成のためにはA品は鍍金工程3時間，塗装工程2時間を要し，B品は鍍金工程2時間，塗装工程3時間を要する。当該企業は鍍金装置，塗装装置，それぞれを2台設置している。週40労働時間制では鍍金加工80時間，塗装加工80時間が制約条件として考えられる。販売価格はA品が@¥4,500，B品が@¥4,000であり，生産されたものはすべて販売される。当該期間における固定費の発生額は¥6,000とし，A品の直接費は@¥3,000，B品の直接費も@¥3,000である。この条件のとき，最大利益をもたらすA品，B品の生産量を決定するためには，これをLPモデルで定式化して，以下の計算をすればよい。

	鍍金工程	塗装工程	限界利益	固定費
A品	3時間	2時間	（¥4,500－¥3,000）	¥6,000
B品	2時間	3時間	（¥4,000－¥3,000）	
制約時間	80時間	80時間		

A品の生産量をX，B品の生産量をYとすれば，次の式が成り立つ。

$$\begin{cases} 3X+2Y \leq 80 \\ 2X+3Y \leq 80 \end{cases} \quad \begin{cases} X \geq 0 \\ Y \geq 0 \end{cases}$$

貢献利益をZとして次の式 $Z=1.5X+Y$（単位千）が成り立ち，Zが最大になるようにX，Yを求めればよい。

方程式を解けば X＝16，Y＝16になるが，図表11－8で二つの関数の数直線で囲まれた斜線領域が制約条件を満たす範囲である。$Z=1.5X+Y$（単位千）のZを最大にする点はA，B，C，Oのいずれかになる。したがってそれらの点のX座標，Y座標の値を用いて貢献利益Zを計算してみると次の左欄のようになる。

A 1.5・0＋26.6 ＝ 26.6
O 1.5・0＋0 ＝ 0
C 1.5・16＋16 ＝ 40
B 1.5・26.6＋0 ＝ 39.9

C点が貢献利益が最大になることが確認されるのでさきの連立方程式を解いて得たX，Yの生産量が満足解であることになる。すなわちX生産量は16，Yの生産量は16である。図表11－8にも示している。

図表11-8　LPモデルの図表

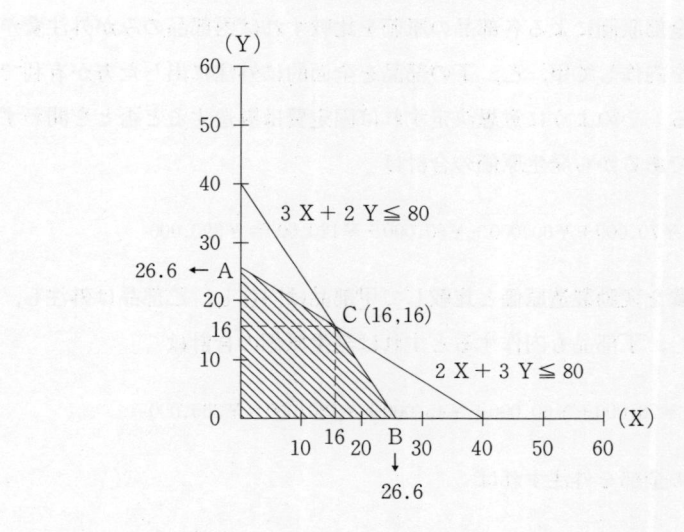

(Y) 軸
- 60
- 50
- 40
- 30
- 26.6 ← A
- 20
- 16
- 10
- 0

$3X + 2Y \leq 80$

C (16, 16)

$2X + 3Y \leq 80$

(X) 軸: 10　16　20　B　30　40　50　60
↓
26.6

7　外注管理

　部品を外注するか内作するかの意思決定に，全部原価計算では固定製造原価が含まれているので誤った方向に導く可能性がに存在する。下記のデータから全部原価と直接原価による場合を考えてみよう。

図表11-9　内作・外注データ

	全部製品原価		変動製品原価		外注費
甲	¥100,000	甲	¥70,000	甲	¥80,000
乙	110,000	乙	90,000	乙	70,000
丙	105,000	丙	60,000	丙	110,000
丁	70,000	丁	45,000	丁	60,000
		期間固定費	¥120,000		
計	385,000		385,000		320,000

甲，乙，丙，丁の各部品を内作するか，買い入れるかを検討するとき，各部品の外注費と全部原価による各部品の原価を比較すれば丙部品のみが外注費が高く，丙部品を内作して甲，乙，丁の部品を全面的に外注に出した方が有利であることになる。そのように意思決定すれば固定費は製造すると否とを問わず発生する原価であるから発生原価の合計は

$$¥80,000+¥70,000+¥60,000+¥60,000+¥120,000=¥390,000$$

となる。外注費を変動製造原価と比較して甲部品は内作し，乙部品は外注し，丙部品は内作し，丁部品も内作するとすれば発生原価の合計は

$$¥70,000+¥70,000+¥60,000+¥45,000+¥120,000=¥365,000$$

であり，部品の全部を外注すれば

$$¥320,000+¥120,000=¥440,000$$

であり，全部を内作すれば上記のように￥385,000となる。変動原価データを各部品の外注費と比較した方が結果的に正確な意思決定に導くことが理解できる。

8 価格設定問題

製品価格を設定するとき，長期的には企業は販売によってすべての原価を回収しなければならない。伝統的には全部原価を基準にして価格設定することが経営者の考えに根強く支持されている。長期的には全部原価が回収されなければならないが短期的にはこの直接原価基準がこの価格設定に適用され得るものである。直接原価計算基準で価格設定をする場合を考えてみよう。

たとえば，A品の変動製造原価が￥80で販売価格が￥100であるとすれば10,000個販売して￥200,000の限界利益を生じることになる。固定費が￥100,000であれば売上総利益は￥100,000となる。生産販売量が10,000個であ

るなら単位当たり全部原価は￥90となる。

	変動原価基準		全部原価基準
販売価格	￥100		￥100
変動原価	80	（全部原価）	90
限界利益	20		10

　￥85で2,000個の追加注文があったとすれば，その追加注文量が製造条件の変化なしに生産できれば全部原価基準ではこの追加注文を拒否せざるを得ないであろうし，直接原価基準で検討すれば追加注文を引き受けられるという結論が導かれる。固定費は文字どおり，期間的に発生額が変化せず￥100,000であるから単位当たり￥20の限界利益は5,000個を生産販売するまでは固定費回収機能として作用し，それ以上生産販売すれば￥20の限界利益は売上総利益の獲得に貢献することになる。

売上高	@￥100 × 10,000 =	1,000,000
追加注文	85 × 2,000 =	170,000
		1,170,000
売上原価	80 × 12,000 =	960,000
限界利益		210,000
固定費		100,000
売上総利益		110,000

　上記の計算のように追加注文を引き受けたとき，全体として売上高は￥1,170,000となり，変動売上原価は￥960,000となる。限界利益はその差額であるから￥210,000となり，固定費を控除して上総利益は￥110,000と計算される。

　追加注文を受けなければ売上高は￥1,000,000，変動売上原価は￥800,000，固定製造原価を控除して売上総利益は￥100,000であるが追加注文を引き受けた結果，￥10,000の利益の増加をもたらすのである。

9 価格と限界利益率，変動費

(1) 販売価格と販売数量の増減関係

　販売価格が低下すれば販売数量は増加すると一般には考えられる。競争市場では価格と数量は増減関係があるとされる。一定の利益を得るためには製品価格が下がるとき，販売数量をどれほど増加しなければならないか，反対に一定の利益を得るために価格が引き上げられれば販売数量はどれほどの減少を甘受し得るかといった問題を直接原価計算で解決することができる。

　いま価格がP_1からP_2へ変化し，販売量がV_1からV_2へ変化すれば，一定の限界利益総額を獲得しなければならないとするとき，製品単位当たり直接原価をCとして次の関係式が成り立つ。

$$限界利益 = P_2 V_2 - CV_2 = P_1 V_1 - CV_1 \quad \cdots\cdots (1)$$

変化した価格を求めるために次の式が導かれる。

$$P_2 V_2 = P_1 V_1 - CV_1 + CV_2$$
$$ = P_1 V_1 + C(V_2 - V_1)$$
$$P_2 = \frac{V_1}{V_2} P_1 + \frac{C(V_2 - V_1)}{V_2} \quad \cdots\cdots (2)$$

変化した販売数量を求めるために(1)式から次の式が求められる。

$$P_2 V_2 - CV_2 = P_1 V_1 - CV_1$$
$$V_2 (P_2 - C) = V_1 (P_1 - C)$$
$$V_2 = \frac{(P_1 - C)}{(P_2 - C)} \times V_1 \quad \cdots\cdots (3)$$

　次の表は各限界利益率のもとで一定の限界利益を獲得しようとする場合，販

売数量の増加率と販売価格の低下率の関係を表示したものである。各限界利益率のもとでの販売数量の増減率と価格の増減率をそれぞれグラフに表示し,価格が20％上昇した場合,販売数量は何％減少することを甘受し得るかグラフから読み取ることが可能である。(2)式の$P_1 V_1$に各々100を代入し,各限界利益率における等式のV_2に100〜200の変数を代入してP_2を解けば表（図表11-10)のような結果を得る。この場合,（100－C）により限界利益率を求めることができる。

図表11-10　限界利益率と販売量および価格との関係

(1) 販売数量の増加率 (%)　　　(2) 価格の低下率 (%)

限界利益率　50%		限界利益率　40%		限界利益率　30%	
(1)	(2)	(1)	(2)	(1)	(2)
0	0.0	0	0.0	0	0.0
10	4.5	10	3.6	10	2.7
20	8.3	20	6.7	20	5.0
30	11.5	30	9.2	30	6.9
40	14.3	40	11.4	40	8.6
50	16.7	50	13.3	50	10.0
60	18.8	60	15.0	60	11.3
70	20.6	70	16.5	70	12.4
80	22.2	80	17.8	80	13.3
90	23.7	90	18.9	90	14.2
100	25.0	100	20.0	100	15.0
110	26.2	110	21.0	110	15.7
120	27.3	120	21.8	120	16.4
130	28.3	130	22.6	130	17.0
140	29.2	140	23.3	140	17.5
150	30.0	150	24.0	150	18.0
160	30.8	160	24.6	160	18.5
170	31.5	170	25.2	170	18.9
180	32.1	180	25.7	180	19.3
190	32.8	190	26.2	190	19.7
200	33.3	200	26.7	200	20.0

(2) **目標利益と価格および数量との関係**

目標限界利益を獲得するために，販売価格そのものを引き上げたり，引き下

げれば販売数量はどれくらい減少あるいは増加する必要があるかといった問題も直接原価計算を利用することにより，解明を容易にする。

変動原価Cを @¥60として目標限界利益を¥4,000とすれば変化する価格や販売数量をそれぞれP_2，V_2として $P_2 = (4,000+CV_2)/V_2$ の等式が成り立ち，V_2を90個から110個まで変化した場合の各々の販売価格は，図表11-11のようになる。

図表11-11 一定限界利益における価格と数量の関係

販売数量の増加	販売価格の低下	売上高	変動原価 c=60	限界利益額
90	104.444	9,400	5,400	4,000
91	103.956	9,460	5,460	4,000
92	103.478	9,520	5,520	4,000
93	103.011	9,580	5,580	4,000
94	102.553	9,640	5,640	4,000
95	102.105	9,700	5,700	4,000
96	101.667	9,760	5,760	4,000
97	101.237	9,820	5,820	4,000
98	100.816	9,880	5,880	4,000
99	100.404	9,940	5,940	4,000
100	100.	10,000	6,000	4,000
101	99.604	10,060	6,060	4,000
102	99.2157	10,120	6,120	4,000
103	98.835	10,180	6,180	4,000
104	98.4615	10,240	6,240	4,000
105	98.0952	10,300	6,300	4,000
106	97.7358	10,360	6,360	4,000
107	97.3832	10,420	6,420	4,000
108	97.037	10,480	6,480	4,000
109	96.6973	10,540	6,540	4,000
110	96.3636	10,600	6,600	4,000

§2　原価の固定費，変動費への分解

　直接原価計算を実施するには製造原価，販売費が固定費と変動費に分解されなければならない。原価は生産，販売活動によって発生が増減するが，組織を維持し，生産販売活動の準備を行うことによっても発生する。後者の原価が固定費である。原価発生の関数が単に生産量のみの従属変数ではない。しかし，直接原価計算を実施する場合には発生する原価を生産，販売活動を基準として固定費と変動費に分解している。原価の固定費，変動費への分解法は，次のような方法がある。

1　費目別に分解する方法

　原価を費目別に操業度との関係から発生態様を明らかにしようとする方法である。原材料費は生産量に比例して増減するし，外注加工賃もまたそうである。減価償却費や固定資産税などは通常，固定費となる。しかし，操業度を基準に原価を固定費，変動費に分解するときは電力代，水道光熱費といった用役費は基本料金と従量料金が存在し，単純に固定費か変動費に分解できない原価費目もある。このような原価を準固定費，あるいは準変動費というが，固定費，変動費要素からなっているとすれば，基準料金に相当する部分は固定費へ，消費量に比例して増減する部分は変動費として分類できる。このような分解さえ困難であれば準固定費，準変動費は固定費の部分が多いか，変動費の部分が多いかによって固定費か変動費に振り分けるより仕方がない。振り分けられた固定費項目の変動費部分と変動費項目の固定費部分は互いに相殺される可能性が少なくないし，実務的に利用価値があるものとされている。

2 高低点法

　経営活動における二つの操業度の差，すなわち最も高い操業度，最も低い操業度におけるそれぞれの原価の発生額の差額をそれらの操業度の差で割り，操業度単位当たり原価の変動費率を算定して原価を変動費と固定費に分解する方法である。図表11－12のように直接作業時間が10,000時間のとき，たとえば，消耗品費の発生額が￥30,000であり，6,000時間のとき，￥25,000であるとすれば

　　（￥30,000－￥2,5000）／（10,000時間－6,000時間）＝￥1.25

が直接作業時間当たり消耗品費の変動率である。したがって，固定費額は

　　￥30,000－￥1.25×10,000＝￥17,500

　または

　　￥25,000－￥1.25×6,000＝￥17,500

と計算される。

3 スキャッター・グラフ法

　各操業度における原価発生の額をグラフに点描し，目測によって原価を固定費と変動費に分解する方法である。たとえば，操業度が8,000時間，9,000時間，10,000時間，11,000時間のとき，原価発生額が￥15,000，￥20,000，￥30,000，￥32,000であれば，それをグラフに投描し，傾向直線を引き縦軸との交点を固定費発生額とみなすのである。上図のように目測により固定費￥12,000が推定できる。ただし目測によるから主観に左右され，正確性を期待し難い面がある。

図表11-12　投　描　法

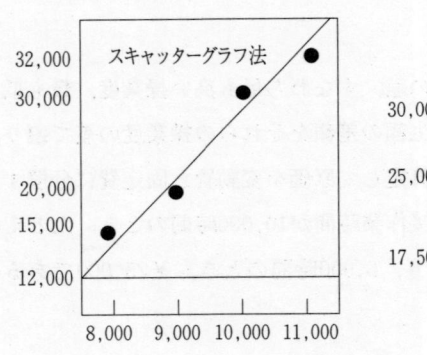

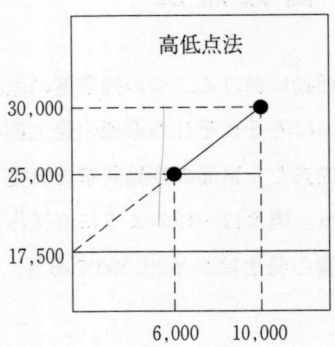

スキャッターグラフ法

高低点法

4　最小自乗法

　売上高あるいは操業度と原価の相関関係を過去のデータから統計的手法を用いて求める方法が最小自乗法である。いま，たとえば売上高を x，固定費を F，変動費率を v，総費用を Y として，

　　$Y = vx + F$

という関数を求めるのである。求める v，x は統計的に次のように計算できるから関連データを修正，加工して式にあてはめて算定する。

$$v = \frac{n\Sigma xy - \Sigma x \Sigma y}{n\Sigma x^2 - (\Sigma x)^2} \qquad F = \frac{\Sigma y \Sigma x^2 - \Sigma x \Sigma xy}{n\Sigma x^2 - (\Sigma x)^2}$$

図表11－13　固定費と変動費

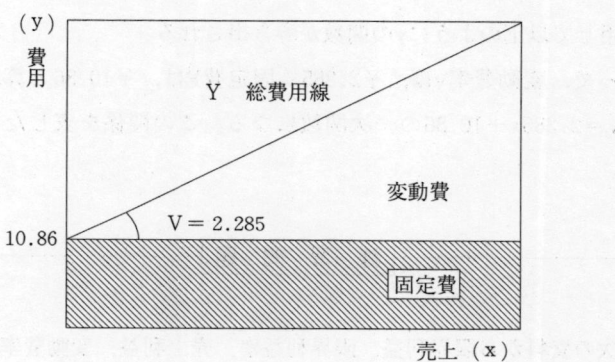

(y) 費用

Y　総費用線

変動費

V = 2.285

10.86

固定費

売上 (x)

　最小自乗法の短所として，固定費の内訳，変動費の内訳が判明しないことがあげられ，あくまでもデータから推計したものであるということである。現実に発生した固定費，変動費が計算上の推計値と一致するとはかぎらないのである。

図表11－14　最小自乗法の数値データ

アウト・プット(x)	コスト(y)	xy	x^2
1	14	14	1
2	17	34	4
3	15	45	9
4	23	92	16
5	18	90	25
6	22	132	36
7	31	217	49
$\Sigma x = 28$	$\Sigma y = 140$	$\Sigma xy = 624$	$\Sigma x2 = 140$

$$v = \frac{7 \cdot 624 - 28 \cdot 140}{7 \cdot 140 - 28^2} = 2.285 \qquad F = \frac{140 \cdot 140 - 28 \cdot 624}{7 \cdot 140 - 28^2} = 10.86$$

いま，図表11-14のデータから最小自乗法により，固定費，変動費を計算してみよう。xを生産量，yを原価発生額として，vを変動費率とする。さきの計算式を適用して以下のようにyの関数が導き出される。

したがって，変動費率vは，￥2.285，固定費Fは，￥10.86と算出される。よって，y＝2.285x＋10.86の一次関数になる。この関係を表したのが図11-13である。

練 習 問 題

1 次の資料から限界利益，限界利益率，売上利益，変動費率を求め，直接原価計算による損益計算書を作成せよ。
ある期間における生産販売量が 1,000個，販売単価 ＠￥100，当該期間の固定間接費￥48,000，製品単位当たり変動原価￥ 40

2 上記の資料から全部原価計算による損益計算書を作成せよ。

第12章
標準直接原価計算

1 標準直接原価計算の意義

　直接原価計算（direct costing）は原価を固定費と変動費に分解し，変動直接費および変動製造間接費のみを製造原価として製品に負担させ，固定費は製造原価とせず，期間原価として処理する。したがって直接標準原価計算（direct standard costing）では変動直接費は従来どおり標準管理されるが，製造間接費は変動間接費と固定間接費とに分けて別々に予算管理される。

図表12－1　直接標準原価計算の例

予　　　算		実　　　績	
生　産　12,000 単位		生　産　11,200 単位	
販　売　12,000 単位		販　売　11,200 単位	
売　　上	¥192,000	売　　上	¥190,400
(－) 標準変動原価		(－) 実際変動原価	
材　料　費　48,000		材　料　費　50,400	
労　務　費　60,000		労　務　費　50,400	
変動間接費　36,000	¥144,000	変動間接費　39,200	¥140,000
(＝) 貢　献　利　益	¥ 48,000	(＝) 貢　献　利　益	¥ 50,400
(－) 固　　定　　費	¥ 25,000	(－) 固　　定　　費	¥ 28,400
(＝) 利　　　　　益	¥ 23,000	(＝) 利　　　　　益	¥ 22,000

　標準原価計算が原価管理のために考案され，直接原価計算が利益管理のために原価・営業量・利益の関係（C-V-P 関係：cost volume profit relationship）の情報を管理者に提供しようとして工夫された。企業を取り巻く環境が厳しくなり，市場競争が激しくなるなかで，1960年頃から企業が利益管理と原価管理をともに遂行して，より効果的な経営管理を行おうと直接標準原価計算が考えられる

に至った。

　前掲図表12－1は単一製品を生産・販売する企業の直接標準原価計算の計算例である。下記の標準原価カード（図表12－2）から原価標準が読みとれる。当該期間に44,800kgの材料が消費され，21,000作業時間が費やされたとすれば，利益差異およびそれに関連する原価差異が次のように計算できる。図表12－1における予算上の利益と実際の利益から利益差異額が読みとれる。すなわち

　　¥23,000－¥22,000＝¥1,000（不利）

として算定され，すべて他の差異の結果の集約がこの利益差異¥1,000に総括される。

図表12－2　標準原価カード

直接材料費	4 kg	@¥ 1	¥ 4
直接労務費	2時間	@¥2.5	¥ 5
変動間接費	〃	@¥1.5	¥ 3
標準変動費			¥12
標準貢献利益			¥ 4
販売価格			¥16

　製品単位当たり直接材料費が¥4，直接労務費が時間当たり¥2.5，変動製造間接費が時間当たり¥1.5必要であり，予算の販売価格は図表12－2から¥16と推定すれば，図表12－2のような貢献利益標準を含めた標準原価カードが作成できる。標準変動費¥12と予算による販売価格¥16との差額として貢献利益額標準¥4が計算される。さきの予算の販売価格は図表12－1の予算欄の売上高および販売数量から

¥192,000÷12,000単位＝¥16

が計算できる。

2　材料費差異分析

　材料費は価格差異と数量差異に細分されることは前に述べた。材料の実際価格は図表12－1における実際材料費を利用して，¥50,400÷44,800kg＝¥1.125と計算される。標準価格が¥1であり，実際消費量が44,800kgであるから，その標準価格による評価額は

　　　¥1×44,800kg＝¥44,800

となり，

　　　¥44,800－¥50,400＝－¥5,600

として不利な価格差異が発生したことになる。

　材料消費数量差異は実際消費数量44,800kgと，図表12－1の実績欄の11,200単位と図表12－2標準原価カードの製品単位当たり4kgの材料必要量とから4kg×11,200単位＝44,800kgを計算した実際生産量に許容される標準消費数量との数量差異に材料標準価格¥1を掛けたものであるから，

　　　¥1×（44,800kg－44,800kg）＝0

の計算で材料消費数量差異はゼロになる。したがって，材料費総差異は図表12－3に示したように¥5,600の不利となる。

図表12－3　直接材料費の差異分析

```
実際価格    @¥1.125  ┐
 (×)                  ├ ¥50,400 ┐
実際数量    44,800 kg ┘          │
                                 ├ 価格差異
                                 │  ¥5,600  不利  ┐
標準価格    (@¥1)    ┐          │                │
 (×)                  ├ ¥44,800 ┘                ├ 材料費差異
実際数量    44,800 kg ┘                           │  ¥5,600
                                   数量差異       │  不利
                                    (0)          ┘
標準価格    (@¥1)    ┐
 (×)                  ├ ¥44,800
標準数量    44,800 kg ┘
```

3　労務費差異分析

労務費差異の中の賃率差異は，当該期間に21,000作業時間が費やされたのであり，これと図表12－1の実績欄の労務費が¥50,400であるから実際賃率は¥2.4となる。図表12－3の標準原価カードで¥2.5が標準賃率であり，

　　（¥2.5－¥2.4）×21,000時間＝¥2,100

の計算によって有利な賃率差異¥2,100が算出される。能率差異（作業時間差異）は，実際作業時間が21,000時間であり，実際生産量に許容される標準時間は図表12－1の11,200単位および図表12－2の標準原価カードの単位当たり2時間の必要作業時間数とから

　　2時間×11,200単位＝22,400時間

が許容標準時間として計算される。したがって，作業時間差異は¥2.5×（22,400時間－21,000時間）＝¥3,500として¥3,500の有利な差異が計算される。直接労務費差異は¥5,600の有利な差異となり図表12－4のようになる。この図表12－4の下段において，長方形ABCDの部分が実際労務費を表し，長

方形AEFGが標準労務費を表している。賃率差異はそのBEHCの部分であり，能率差異（作業時間差異）はHFGDの部分で表される。

図表12－4　直接労務費の差異分析

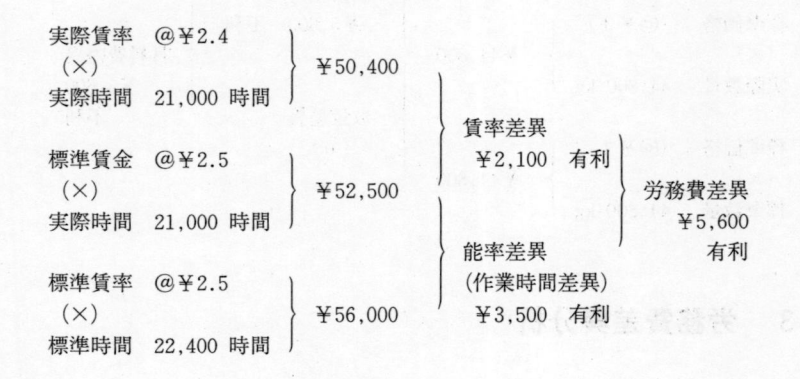

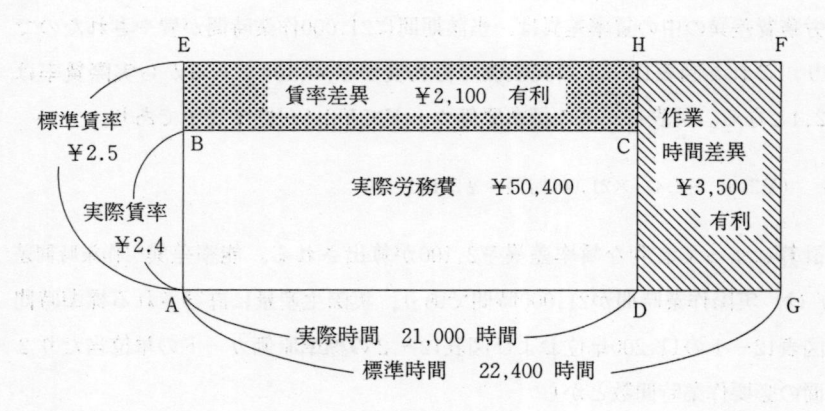

```
実際賃率　＠¥2.4
　（×）　　　　　　　 ¥50,400
実際時間　21,000 時間　　　　　　賃率差異
　　　　　　　　　　　　　　　　¥2,100　有利
標準賃金　＠¥2.5　　　　　　　　　　　　　　　労務費差異
　（×）　　　　　　　 ¥52,500　　　　　　　　　¥5,600
実際時間　21,000 時間　　　　　能率差異　　　　　 有利
　　　　　　　　　　　　　　　（作業時間差異）
標準賃率　＠¥2.5
　（×）　　　　　　　 ¥56,000　 ¥3,500　有利
標準時間　22,400 時間
```

```
         E                   H           F
         ┌───────────────────┬───────────┐
         │ 賃率差異  ¥2,100 有利          │作業    │
標準賃率  B                   C           │時間差異│
 ¥2.5    │                               │ ¥3,500 │
実際賃率  │  実際労務費  ¥50,400          │ 有利   │
 ¥2.4    │                               │        │
         A───────────────────D───────────G
              実際時間  21,000 時間
              標準時間  22,400 時間
```

4　変動製造間接費の差異分析

　変動製造間接費差異の計算は，その実際発生額が¥39,200であり（図表12−1），図表12−2の標準原価カードより変動間接費率¥1.5が読み取れ，実際作業時間数は21,000時間であるから，図表12−5に示されるように実際発生額（¥39,200）と実際時間数における予算額（¥1.5×21,000時間＝¥31,500）との差額¥7,700が不利な予算差異として計算される。そして許容標準時間は22,400時間であったので，変動間接費率¥1.5を掛けた積（¥1.5×22,400時間＝¥33,600）と実際作業時間数における予算額¥31,500の差額（¥33,600−¥31,500＝¥2,100）が有利な能率差異として表されている。したがって，変動間接費差異総額は予算差異，能率差異を総括して¥5,600の不利な差異が計算され，図表12−5のよう示される。

図表12−5　変動製造間接費の分析

変動間接費	¥39,200	予算(支出)差異		
実際時間		¥7,700 不利		
(21,000×VOAR)	¥31,500			変動間接費差異
(SHP×VOAR)		能率差異		¥5,600
(22,400×1.5)	¥33,600	¥2,100		不利
		有利		

（SHPは許容標準時間，VOARは変動間接費率）

5　固定製造間接費の差異分析

　固定製造間接費の予算額は図表12−1より¥25,000が読み取れ，その実際発生額は¥28,400であるから，¥25,000−¥28,400＝−¥3,400（不利）の不利

な予算差異が算出される。

6 貢献利益差異分析

　貢献利益差異分析は図表12－6に示すように，実際売上高¥190,400から，実際販売数量と単位当たり標準変動費（図表12－2）を掛けた積を控除して実際貢献利益¥56,000が算定され，この実際貢献利益額¥56,000から単位当たり貢献利益標準¥4に実際販売数量を掛けた標準貢献額¥44,800を控除して貢献利益価格差異¥11,200（不利）を計算する。予算上の販売数量12,000単位に対する貢献利益額（¥4×12,000単位＝¥48,000）と実際販売数量11,200単位に対する貢献利益（¥4×11,200単位＝¥44,800）の差異¥3,200は不利な貢献利益数量差異として計算される。したがって，貢献利益総差異は図表12－6のように¥8,000の有利な差異が算出される。

　原価差異総額は，さきに直接材料費差異が¥5,600の不利，直接労務費差異が¥5,600の有利，変動間接費差異が¥5,600の不利，固定製造間接費の予算差異が¥3,400の不利と計算したから，総括して¥9,000の不利となる。貢献利益差異総額は¥8,000の有利な差異額として算出されているから，利益差異は図表12－6の下段ように¥1,000の不利な差異となり，図表12－1の最下欄の利益の差異¥1,000と一致する。

図表12－6　貢献利益差異分析と差異要約

実際貢献利益
[190,400－(11,200×12)]　￥56,000

標準貢献利益
[(16－12)×11,200]　￥44,800

予算上の貢献利益
[(12,000×4)]　￥48,000

価格差異　￥11,200　有利

数量差異　￥3,200　不利

総貢献利益差異　￥8,000　有利

差異要約

原価差異総額	￥9,000	不利
貢献利益差異総額	￥8,000	有利
利益差異	￥1,000	不利

練習問題

標準原価カードにおける製品単位当たり標準変動原価が＠￥13，標準貢献利益が＠￥3である。次の資料から貢献利益総差異，貢献利益価格差異，貢献利益数量差異を計算しなさい。

	予　算	実　績
生産・販売	12,000単位	11,000単位
売　　上	￥192,000	￥165,000
標準変動費	￥156,000	￥154,000
貢献利益	￥36,000	￥11,000

第13章
損益分岐点分析

1 損益分岐点分析の意義

損益分岐点分析は操業度変化に対するコスト，利益の発生態様の予測を示すものであり，これは原価を固定費と変動費に分解することから可能となる。損益分岐点分析はグラフよって表すことができ，また公式によって計算することもできる。いずれも経営の活動水準に相応した利益，損失を示す。公式による計算は企業が損益を分岐する操業度を金額的に明確に導き出す。

この損益分岐点分析は原価発生態様（cost behavior）にある一定の前提を設けているので，その適用に限界が付きまとう。固定費，変動費の分類は一定の操業度範囲において原価発生態様が同じでも，その操業度を越えて生産活動が行われれば，また異なった固定費，変動費のコスト・ビヘイビァとなって現れる。もし，需要が増大し，生産増強が求められ，工場の規模が拡大し，製造設備も増設されれば，固定費は増大しよう。原材料を買い占めて割引を大きく受けるようなことになれば変動原価の発生態様にも影響を受けることになる。

損益分岐点分析は分岐点分析そのものに留まらず，種々の操業度におけるコスト，利益が示され，マネジメントに経営状況に応じたコスト・ボリュウム・プロフィット関係の情報が示され，それが重大な関心の的になる。

損益分岐点図表を作成するにあたって，原価が固定費，変動費に分類されなければならないことは前に述べた。そして操業度の測定基準を選ばなければならない。操業度はアウト・プットの量，または直接作業時間，機械運転時間などの設備，能力の利用度であるが，通常，生産量がよく用いられる。

単一製品を生産するA企業の最大生産能力が2,000単位とする。変動原価が1単位当たり￥5とし，販売単価は￥10とする。固定費は期間ごとに￥5,000とすれば横軸に操業度を目盛り，縦軸に原価と収益を表す金額を目盛った13－1のような図を描くことができる。操業度が変化しても固定費額は変わらないから固定費線を図の横軸に平行に描く。生産量ゼロでも，2,000単位の生産量でも発生する固定費額は￥5,000である。

第13章 損益分岐点分析 269

図表13－1 損益分岐点図表

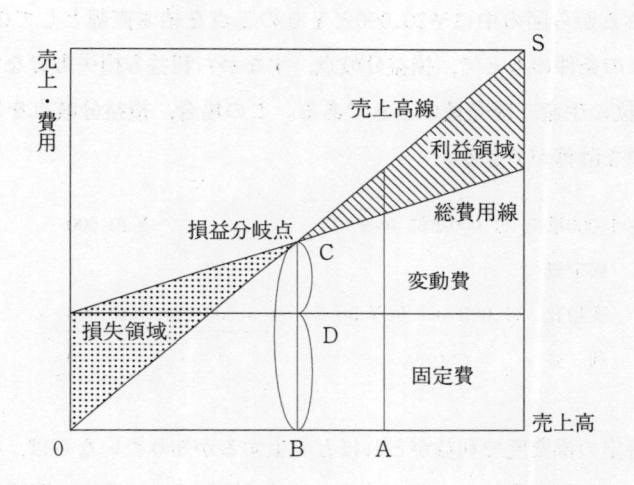

(縦軸: 売上・費用、横軸: 売上高)
売上高線、利益領域、総費用線、変動費、固定費、損益分岐点、損失領域、点C、D、B、A、S

トータル・コスト・ラインを描くために変動原価が固定費に追加されなければならない。種々の生産量に対するトータル・コストを計算するため，図表13－2のようなコスト，操業度に関するテーブルを掲げる。

図表13－2 生産量と原価

生産量	固定費	変動費	トータル・コスト
0	5,000	0	5,000
500	5,000	2,500	7,500
1,000	5,000	5,000	10,000
1,500	5,000	7,500	12,500
2,000	5,000	10,000	15,000

生産量がゼロの場合，固定費は¥5,000，最大生産量のときも固定費は¥5,000であり，グラフに描くときは2点間の直線として描けばよい。収益線

は2,000単位のとき，2,000×¥10＝¥20,000となり，ゼロのときは0×¥10＝¥0となるから図の中に¥20,000と¥0の二点を結ぶ直線としてOSを引けばよい。この条件のもとで，損益分岐点，すなわち利益も損失もでない操業度は1,000単位の生産，販売量のときである。この場合，損益分岐点を算出するために簡単な計算ができる。

収益 1,000単位（1,000単位 @¥10）		¥10,000
固定費	5,000	
変動費（1,000 〃 @¥5）	5,000	10,000
利　益		0

もし特定の操業度で利益がどれほど発生するか知りたいならば，その利益額はグラフから読み取ることができる。たとえば，1,500単位の実際販売量で利益発生額がいくらか知りたければトータル・コストＡＥは（¥5,000＋¥5×1,500）＝¥12,500，収益ＡＦは（¥10×1,500）＝¥15,000であるから利益ＥＦは（¥15,000－¥12,500）＝¥2,500である。その場合，安全余裕率（Margin of Safety）として（1,500－1,000）／1,500＝0.33が計算され，損益の分岐点となる操業度1,000単位を越えて500単位，実際販売量の33％の余裕をもっていることになる。

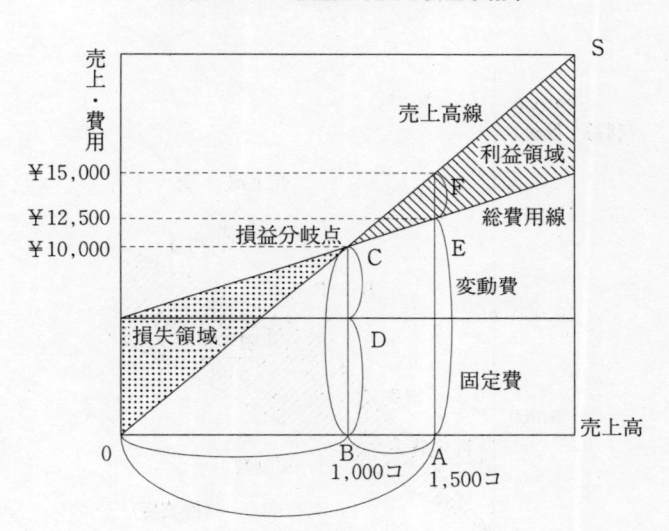

図表13−3　損益分岐点と安全余裕率

2　貢献損益分岐図表と利益図表

損益分岐点図表は通常，固定費ラインが描かれ，その上に変動費が描かれて総原価線が描かれる。同様のデータを使って次のような描き方があり，そして別の情報が読み取れる。

(1) 貢献損益分岐図表

このような投描図は種々の操業度水準で貢献額が容易に読み取れる。最初，変動原価線を描き，次に固定費線を描いて，総原価線を描くという方法である。収益線と変動原価線の距離を表すくさび形の領域は貢献利益を表す。

図表13-4 貢献損益分岐図表

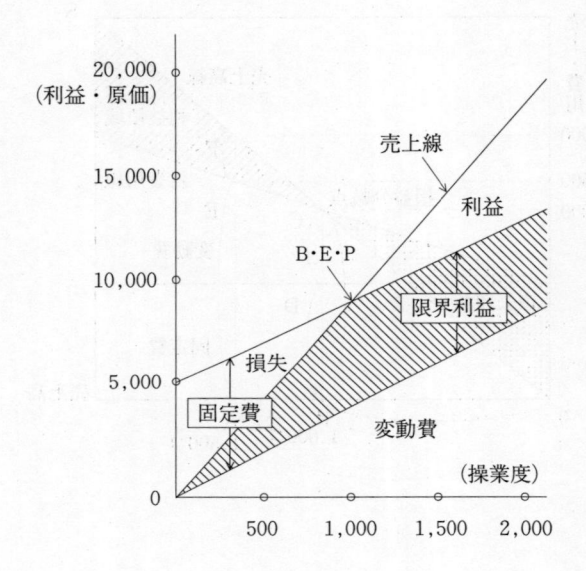

(2) 限界利益図表

図表13-5 限界利益図表

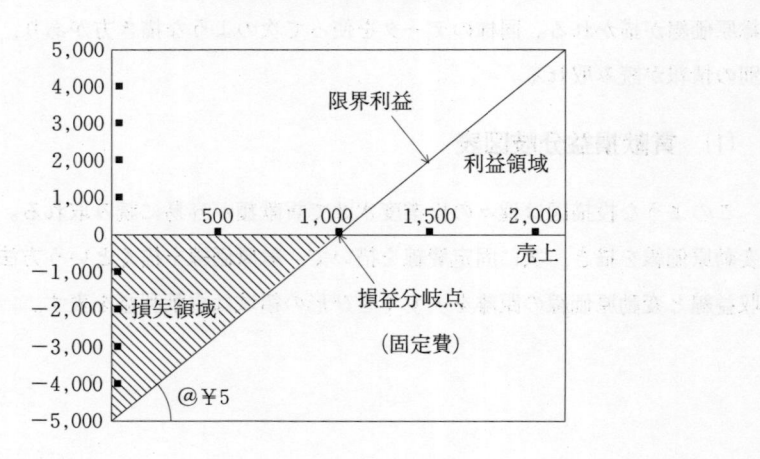

利益は経営にとって最も重要な数字である。原価を固定費と変動費として認識し，投描した損益分岐点図表では利益が収益額から固定費と変動費の合計額の総原価を控除することによって計算される。限界利益図表は図表13－5のように利益と固定費に中心をおき，変動費，トータル・コストは描かれない。横軸は操業度を表し，縦軸は損益を表している。限界利益線はゼロ操業度から右上方へと描かれ，ロスの範囲は固定費額の線と限界利益線によって囲まれる斜線の部分に描かれる。

(3) 損益分岐点の軌跡図

損益分岐点図表を単純に一般的に理解できるように表示する工夫が考えられる。伝統的な損益分岐点図表を基本にして図表に面積を表して作図することができる。すなわち限界利益，固定費，利益を面積で表す。限界利益と固定費が等しい点が損益分岐点であった。面積で表せば限界利益と固定費のそれぞれの面積が等しければその面積は損益分岐点（面積）となる。

次のような条件によって損益分岐点図を表してみよう。

売上高	¥	60	300 ％	変動原価基準
売上変動原価		20	100 ％	〃
限界利益		40	200 ％	〃
固定費		30		
利　益		10		

図表13-6 損益分岐点の軌跡図

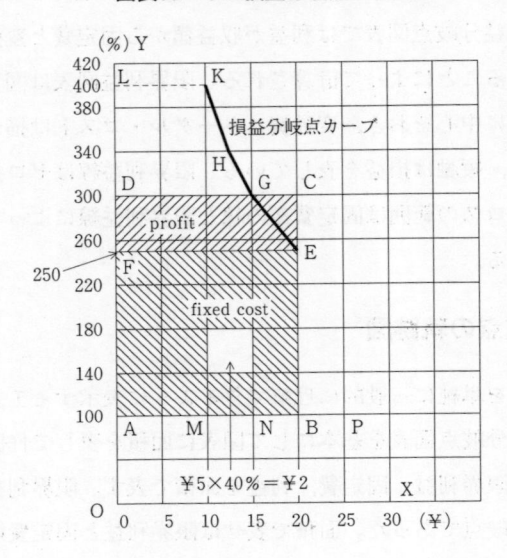

　図表13-6において垂線OYに変動原価を100％とした基準で売上高をパーセントで目盛る。その100％の点付近のAは原点と解釈してよい。OA間は変動原価のパーセントを目盛らない。AD間の変動原価のパーセントは300％－100％＝200％となる。変動マージンの領域が重要でOXPAの領域は無視して差支えない。OX，あるいはAPの横軸は変動原価を絶対値で表している。限界利益は¥40であるから¥20×200％＝40であり，1升は¥5×40％＝¥2であるから，20升の領域の面積となる。損益分岐点カーブKHGEはAを共通原点とする複数の長方形の右肩点の奇跡として描かれる。各々の長方形は¥30の固定費額を表していることになる。AMKLは¥10×（400－100）％＝¥30であり，1升は¥2であることは既述した。ABEFは¥20×（250－100）％＝¥30である。FECDは¥8×（1＋1／4）＝¥10　または¥20×（300－250）％＝¥10の領域として表され，限界利益を通じて販売高が固定費を回収し，利益を生じるインパクトを示している。同様の利益はBCGNの領域にも，面積¥5×2＝¥10として求められる。

損益分岐点の軌跡YとしてのKHGEはこの場合に限ってXを変動原価とする。

$Y = 100(30/X) + 100 \quad (10 \leq X \leq 20)$

X	Y
10	400
11	373
12	350
13	331
14	314
15	300
16	288
17	276
18	266
19	259
20	250

という関数を構成している。

3　公式による計算

　グラフを描き，損益分岐点や，所定の操業度における利益および損失を読み取ることは正確性を期待できない。販売額，または販売量によって損益分岐点を求めることができる。販売単位で分岐点を求めようとすれば，単位当たり限界利益を求める必要がない。

販売単価	¥ 10.00
単位当たり変動原価	5.00
単位当たり貢献利益	5.00
固定費	5,000

$$\text{損益分岐点の販売量} = \frac{\text{固定費}}{\text{単位限界利益}}$$

$$= \frac{¥5,000}{¥5.00}$$

$$= 1,000 \text{単位}$$

前ページのような計算法によって損益分岐点を求めてもグラフによって求めた値と同じ金額になる。しかしグラフの範囲を越えて金額が大きくなっても、目測するのに困難ほど小さくなっても正確性という点では公式法がまさる。

どのような販売高が損益分岐点であるかは損益分岐点の販売数量に単位当たり販売価格を乗じて計算すればよい。1,000単位に￥10を掛けて￥10,000が損益分岐点の売上高となる。

次の式をもって損益分岐点の売上高を算定できる。損益分岐点の売上高はその変動費と固定費額を加えた額に等しいから、別の計算をすれば損益分岐点の売上高に限界利益率を掛けたものが固定費額であり、限界利益率はさきの金額を用いれば￥5／￥10である。したがって、次の計算式が打ち立てられる。

損益分岐点の売上高×（単位当たり限界利益／販売単価）＝固定費額

$$損益分岐点の売上高 = \frac{固定費額 \times 販売単価}{単位当たり限界利益額}$$

固定費額￥5,000と販売単価￥10、限界利益￥5を上の式にあてはめ、損益分岐点売上高を計算すれば、次の￥10,000となる。

$$\frac{¥5,000 \times 10}{¥5} = 10,000$$

したがって、この公式を変形して目標利益を獲得するための種々の操業度を計算することができる。さきの式を変形し両辺を販売単価で除して目標利益達成のための必要販売量を求める式が導かれる。

損益分岐点の売上高×（単位当たり限界利益／販売単価）＝固定費額

損益分岐点の売上高＝固定費額／（単位当たり限界利益／販売単価）

目標利益達成の売上高＝（固定費額＋目標利益）／
　　　　　　　　　　　　　　　（単位当たり限界利益／販売単価）

> 目標利益達成の売上高／販売単価＝（固定費額＋目標利益）／
> （単位当たり限界利益／販売単価）／販売単価
> 目標利益達成の販売量＝（固定費＋目標利益）／単位当たり限界利益

かりに¥2,500の利益を獲得するための販売量は次のように計算される。
（¥5,000＋¥2,500）／¥5＝1,500
と計算され，1,500単位販売すれば¥2,500の利益が得られることになる。

4 多品種生産の場合の損益分岐点分析

複数製品の場合の損益分岐点はどのように計算されるであろうか。企業は通常，単品製品でなく，複数製品を生産する場合がほとんどである。この場合も基本的には単品製品の損益分岐点分析が応用される。いま次のような甲，乙，丙の製品の販売高，変動原価が次のようであったとする。

	甲	乙	丙	固定費	計
販売高	¥100,000	¥80,000	¥50,000	—	¥230,000
（販売高割合）	(1.0)	(0.8)	(0.5)	—	(2.3)
変動原価	20,000	40,000	40,000	—	100,000
限界利益	80,000	40,000	10,000	—	130,000
固定費				¥50,000	50,000
売上利益					80,000
限界利益率	0.8	0.5	0.2		0.5652
変動原価率	0.2	0.5	0.8		0.4348

$$\text{損益分岐点の売上高} = \frac{¥50,000}{1-0.4348}$$

$$= ¥88,464.26$$

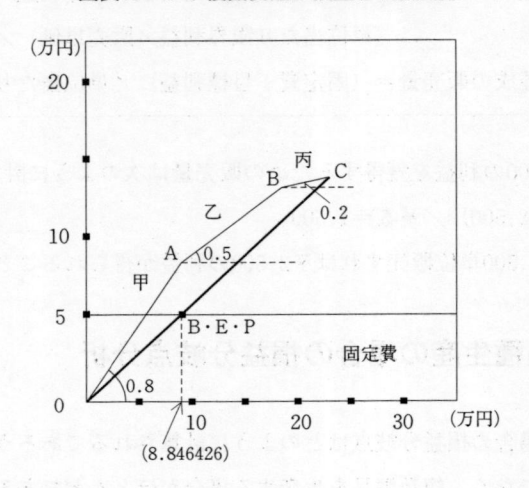

図表13－7　複数製品の損益分岐点図表

(万円)
20
丙
B　C
乙　0.2
10
A　0.5
甲
5　　B・E・P　　固定費
0.8
0　　10　　20　　30　(万円)
(8.846426)

　このように甲，乙，丙の三種の製品の損益分岐点は￥88,464.26となる。これを各製品別に分解し，検算してみよう。

　三種の製品の損益分岐点の売上高は￥88,464.26であるから図表13－7のように描かれ，各製品の売上高は上記の各製品の販売割合に応じて次のように計算される。

全体売上高　　各製品売上高割合　製品別売上高

￥88,464.26× 1 ／ (1.0＋0.8＋0.5) ＝ ￥38,462.72　　　(甲)

￥88,464.26× 0.8／ (1.0＋0.8＋0.5) ＝ ￥30,770.17　　　(乙)

￥88,464.26× 0.5／ (1.0＋0.8＋0.5) ＝ ￥19,231.36　　　(丙)

　これら各製品別の販売高はそれぞれ限界利益高が計算され，それらの限界利益高は甲，乙，丙の各種製品別に次のように計算される。

| 製品別売上高 | 限界利益率 | 製品別限界利益 | 限界利益計 |

(甲) ¥38,462.72 ×0.8＝ ¥30,770.176
(乙) ¥30,770.17 ×0.5＝ ¥15,385.085 ¥50,001.553
(丙) ¥19,231.36 ×0.2＝ ¥ 3,846.2721

　これらの限界利益額の合計は前記固定費額¥50,000に等しければよいわけであるから，だいたい一致している。ただ1.553の差額がでているが，これは全体販売高を各製品ごとに按分する際，合理的に割り切れなかった端数のために生じた結果と考えられる。

5　損益分岐点分析の留意点

　損益分岐点分析（Cost・Volume・Profit・Analysis）は有益な利益計画樹立の用具でもあるが，その限界も有し，操業度の測定，経営意思決定，固定費・変動費の前提等について留意点を吟味してみよう。

(1) 操業度測定

　もし企業が単品製品を生産するならば，操業度測定は単に生産量で測定される。しかし，単品生産は現実にはあまり存在しない。複数製品を生産する企業であれば，ただ単品製品の生産量のような操業度でなく，他の操業度の測定が選ばれなければならない。多品種の製品を生産するならば，操業度に直接労務費を選択することも考えられるが，これは損益分岐点図表上の収益線との関係で問題を投げかける。セールス・ミックスが一定に保たれれば，操業度は売上高で測定することができる。

(2) 経営意思決定

　原価は固定費と変動費に分解されるが，直接労務費はしばしば変動費とみなされる。しかし，企業が一時的な仕事不足の閑散期の場合，マネジメントは企

業を継続していくために労働力を維持していかなければならないから正常賃率を支払って雇用を継続していかなければならない。その場合，労務費は固定費となる。

経営意思決定が影響するもう一つの場合はサービス調達に対する意思決定の変更の場合である。企業が，コンピュータ・サービスを内部で調達するなら，高いレベルの固定原価が発生することになる。企業がそのサービスの内部調達を中止し，外部からサービスの調達を行うならば，コンピュータ関係のサービスの原価は変動原価となる。

(3) 固定費，変動費の前提

固定費，変動費の原価態様が一定態様を示すのは限定された操業範囲においてのみその態様を表すのである。変動原価はこの関連範囲を逸脱すれば一次関数的な変化は表さない。労務費は超過時間に対しては賃率を増大し，逓増的なカーブを描くように発生する。直接材料費は一定の注文量を越えれば，割引購入される。固定費は操業度水準によってその発生額が異なる。ある一定額の固定費を発生させる操業圏を越えればさらに一段高い固定費レベルを発生させることになろう。生産量の増大はさらに大きい貯蔵設備を要し，点検保守関係費を発生せしめ，より高い固定費を発生せしめることになる。原価は一定の操業範囲を越えれば，純粋に固定的でもなく，純粋に変動的でもないし，意思決定は一定の操業度範囲内で原価が固定的に発生し，また，変動的に発生するなかで行われることを認識しなければならない。固定費，変動費は一定の操業度範囲内で原価が固定費，変動費として発生することを前提しているのである。

練習問題

　ある期間における生産販売量が1,000個，販売単価@¥100，当該期間の固定間接費¥48,000，製品単位当たり変動原価¥40，

1　資料から損益分岐点の売上高を計算せよ。
2　資料から¥20,000の利益を獲得するための売上高を求めよ。

第14章
原価と価格設定

§1　原価と価格設定の意義

　競争市場で製品の価格設定を行う場合，単に原価情報のみが価格設定に対する唯一の影響要因ではない。原価以外にさらに独占市場，寡占市場，競争市場など市場の状況によって，そして景気の動向，製品の代替品の有無，人口の過多および年齢構成，需要の価格弾力性，製品デザイン，その他種々の要因によって価格は影響を受ける。しかし，競争市場では企業は製品にどのような価格を設定すれば市場参入が可能か，また原価はいかなる程度に維持できれば同業企業と競争が可能かを分析する場合，原価は有用な情報として役立つ。企業が製品の価格設定を行うにあたって，その製品の原価を基準に価格設定するが，製品原価には全部原価，直接原価があることは前に述べた。長期的に企業に投下された資本を回収するためには全部原価を基準に価格設定することが望まれ，短期的に，製造条件が不変で追加注文の価格設定や，競争製品に対抗するための価格設定にあたっては部分原価たる直接原価を基準に価格設定することも許される。

1　価格設定（Pricing Decision）

(1)　全部原価情報による価格設定

　これは製品の総原価，あるいは製造原価を基準に価格設定するものである。いま，甲製品の原価データが次のようであったとする。

甲製品　単位当たり原価　（生産量10,000単位，投下資本　¥5,000,000）
　　　直接材料費　　　　¥100　┐
　　　直接労務費　　　　　80　├─　直接原価　¥200
　　　直 接 経 費　　　　　20　┘　　製造原価　¥270
　　　製造間接費　　　　　70　　　　　　　　　　　┐──総原価　¥280
　　　販売費一般管理費　　10
　　　　　　　　　　　　 ¥280

いま，単位当たり目標利益を¥50とすれば製品価格は¥280＋¥50＝¥330として¥330が与えられる。

(2) 目標利益率による価格設定

目標資本利益率が15％であれば，製品価格は次のように設定される。

> 製品単位当たり総原価＋製品単位当たり目標利益

$$¥280 + (¥5,000,000 \times 0.15) / 10,000 = ¥355$$

したがって，設定価格は¥355となる。

(3) マーク・アップ（Mark up）による価格設定

製造原価を基準として，売上高から売上原価を控除した売上総利益の売上原価に対する割合，すなわち目標マーク・アップ率を決めておき，価格設定する方法がある。その方法によればマーク・アップ（Mark up）の目標率を30％とすれば次のように価格設定できる。

> 製品製造原価×（1＋マーク・アップ率）＝目標製品価格

$$¥270 (1+0.3) = ¥351$$

したがって，価格は¥351となる。

(4) 価格設定に対する貢献差益法

次の表は競争製品の価格設定に関するコスト・データである。トップ・マネジメントやミドル・マネジメントによって，この方法がよく用いられる。価格設定に対する弾力的な意思決定に援助を与えるが，最高価格というものはおよそ，原価が価格設定の基礎とはなっていない。最低価格は変動原価が価格下限のデータを提供している。表では原価が固定費と変動費に分類され，価格設定が行えるように仕立てられている。価格設定はマネジメントの掌中の任務であるが，セールス・マネジャー，生産管理者，全般管理者の共同の努力の結果でもある。会計担当者の業務は価格決定のデータを理解しやすく加工し，マネジャーに提供することである。直接労務費や変動間接費が表では一定率で計算されている。製造部門，技術部門，販売部門の固定費は同様の理由で直接労務費などの配賦時間によって配賦されているが，その説明と計算を会計担当者は行わなければならない。

価格設定表

直接材料費	¥75,000
直接労務費と変動間接費（3,000直接労働時間×@¥20）	60,000
特許権料（変動間接費）	6,000
変動原価合計　（最低価格）	**141,000**
固定費配賦額（3,000直接作業時間×@¥15）	45,000
トータル・コスト	186,000
希望利益	27,000
販売価格（最高価格）	**¥213,000**

この表における最低価格，最高価格は¥141,000と¥213,000であるが，決定価格が最低価格を越えればその差は貢献差益である。

直接原価基準による価格決定は基本的には，次のように製品単位当たりの変動費に目標限界利益を加えて決定する。

> 製品単位当たり変動費＋製品単位当たり限界利益＝製品価格

上の表から原価データ，利益数値を適用すれば

　　¥141,000＋（¥45,000＋¥27,000）＝¥213,000

となり，¥141,000は製品単位当たり変動原価，括弧の中の¥45,000と¥27,000が限界利益を表している。限界利益は固定費額と利益の合計額であることはいうまでもない。

(5) 目標限界利益による価格設定

製品当たり限界利益は利益計画などであらかじめ目標額を設定しておけば，次のように計算できる。

> 目標設定価格＝単位当たり変動原価＋目標限界利益

目標限界利益は資本利益率から導くこともでき，投下資本に資本利益率を掛け合わせて固定費額を加えて操業度で除して製品単位当たり限界利益額を計算することができる。

また，価格設定法を次のように計算してもよい。

> 目標価格＝単位当たり変動費×目標価格／変動費
> 　　　　＝単位当たり変動費÷変動費率（or 変動費／目標価格）
> 　　　　＝単位当たり変動費÷（1－限界利益率）

過去の記録や数値，利益計画によって変動費率，限界利益率が決まっておれば価格設定はそれほど困難ではない。また，目標マーク・アップ率を変動原価基準に目標限界利益÷変動費として予定しておき

目標価格＝変動費（1＋目標マーク・アップ率）

として価格設定できる。

2　販売価格と原価の回収可能性

(1)　損益分岐点による確認

　製品の全部原価は製造にかかった変動費も固定費も合わせた原価であるが，特に固定費は製品に配賦するといっても正確に配賦することは困難である。固定費の配賦には私意性がともなうから総原価，製造原価といってもその信頼性には限界がある。このような全部原価を基準に生産の継続，中止の決定問題，また，受注の可否を判断すると誤った判断をしかねない。さきの例の資料を利用して，原価を固定費と変動費に分解し，原価の回収を検討してみよう。

　　甲製品　単位当たり原価（生産量10,000単位，投下資本 ¥5,000,000とする）

直接材料費	¥100
直接労務費	80
直 接 経 費	20
変動製造間接費	35
固定製造間接費	35
変動販売費	3
固定販売費一般管理費	7
	¥280

　さきの例で損益分岐点を求めてみよう。原価を固定費と変動費に分解した結果が上のようであるとしよう。固定製造間接費は¥350,000，固定販売費，一般管理費は¥70,000とすれば，販売価格を¥355として次の計算のようにおよそ3,590単位販売しなければ原価は回収できない。全部原価を上回る価格を設定しても販売数量によって原価回収が可能かどうか影響される。

$$損益分岐点の販売量 = \frac{¥350,000 + ¥70,000}{¥355 - ¥238}$$

$$= \frac{¥420,000}{¥117}$$

$$= 3,589.7$$

(2) コスト (cost)・ボリュウム (volume)・プロフィット (Profit) の関係

損益分岐点を求めるには原価を固定費と変動費に分解しなければならないが、原価をこのように分解したら損益分岐点図表が描ける。固定費額を¥420,000として製品1個当たり変動費を¥238とすれば、販売量にしたがった総原価、限界利益、営業利益も計算できる。ただ、販売数量は販売価格によって多寡が影響され、価格は低い方が販売数量は大きく、販売価格が高ければ販売数量は少なくなるという考えは現実的である。次表のように販売価格が高くなれば販売数量は減少し、販売高、売上変動原価、限界利益も販売数量に影響されて変化する。

図表14－1　損益分岐点図表

販売価格	販売可能数量	売上高	変動費	限界利益
330	8,000個	2,640,000	1,904,000	736,000
335	7,000	2,345,000	1,666,000	679,000
340	6,000	2,040,000	1,428,000	612,000
345	5,000	1,725,000	1,190,000	535,000
350	4,000	1,400,000	952,000	448,000
355	3,600	1,278,000	856,800	421,200
360	3,200	1,152,000	761,600	390,400
365	2,800	1,022,000	666,400	355,600

固定費	総原価	営業利益
420,000	2,324,000	316,000
420,000	2,086,000	259,000
420,000	1,848,000	192,000
420,000	1,610,000	115,000
420,000	1,372,000	28,000
420,000	1,276,800	1,200
420,000	1,181,600	−29,600
420,000	1,086,400	−64,400

　上の表では価格が¥330から¥5刻みで上昇し，販売数量はそれにしたがって減少するものとしている。販売量をさきに3,589.7個，約3,590として求めた。表では下から3行目のマークした価格¥355の行がその近似値として読み取ることができる。¥355の価格を上回れば販売数量が漸減し，企業に損失をもたらす結果となる。

§2　価格設定に影響する諸要因

1　原価の影響

　貢献利益法によって価格設定する方法は原価を変動費と固定費に分解して貢献利益で固定費を回収し，さらに利益が獲得されるという考えが根底に潜んでいる。複数製品を生産販売しているとき，各製品ごとの収益力に応じた固定費額を負担せしめ，利益を獲得せしめることができるという長所がある。

製品の製造販売による原価回収の順序は，第一に当該製品の原材料，直接賃金等変動製造原価および変動販売費である。変動原価が回収できなければ当該製品は生産販売すればするほど赤字になる。複数製品を製造販売している場合，固定費はそれぞれが平等に負担する必要はなく，収益力に応じて固定費を負担し，企業全体として固定製造原価，固定販売原価が回収され，目標利潤が獲得されればよい。したがって変動費回収後は個別固定費，さらに共通固定費が順序として回収されるべきである。固定費，目標利益の計算は販売数量が予定されなければ製品単位当たりの負担額が算定できない。貢献利益法は価格設定において短期的に有益であり，長期的には投下資本はすべて回収されなければならないから全部原価基準で価格設定しなければならない。ともすれば直接原価のみを回収できればよいと錯覚を起こすことがある。

　価格決定に関して原価と価格は原因と成果の関係によって経済実務家や経営者によって説明され，この問題には長期と短期の関係が加わるため一層複雑な問題となることがある。経営者のほとんどがコストに一定の希望利益を加えた方法によることがある。彼らは平均単位原価を計算し，適切な資本利益率をもたらす妥当なマージンを上乗せして価格を設定するものとしているが，この計算は価格が販売高に影響し，その価格はフル・コストに依存し，そのフル・コストは今度，部分的に販売数量に依存するという循環論法に陥る結果になる。コスト・プラスのプラスは複雑な意味をもち，プラスは顧客，競争相手等の行動に対する影響面ももっている。価格設定にはコストの他に，競争相手，顧客の需要動向の三つが影響する。

2　顧客の行動

　経営者は価格設定に関して顧客の目を斟酌しなければならない。顧客は当該製品を拒否し，競争製品に目移りしたり，異種産業の代替製品に完全に目を奪われたりすることがある。コーヒーがあまりに高くなれば二杯を一杯で我慢するとか，コーヒーからお茶に変えるとかする。ある企業があまりに高い価格設

定をすれば顧客は競争者の価格を調査しはじめたりする。おそらく取引業者は自分で製品を造ったり，銅の代わりにアルミニュウムで造った製品をというように代替製品を求めたりする。たとえば溶接機器の需要者はそれを購入することによって生産される製品の原価がどのように影響されるか，影響の程度によって購入するか否かの意思決定に影響を受ける。バイヤーは溶接製品業界の個々品目を調査，選定するとは限らず，購入せず，現在設備を利用することになるかもしれない。彼らは自分の仕事を遂行するために他の代替品を求めるかもしれない。あるいは必要器具を自製するかもしれない。

3 競　争　者

競争者が自己製品に対する価格に反応するか否かがまた自己製品の価格設定に影響を与える。競争相手の販売状況を推定するにあたって，原価状況がどうであるかを知ることが自己企業の原価動向を把握することよりもまして大切である。競争業者の技術，プラントの規模，経営政策といったものは競争業者の原価を推定するうえで欠かせない要素となる。競争優位に立つため，自己企業の原価を知っておくことは投下資本の回収と価格設定に必要であるが，競争企業の原価，および原価に影響する要因を知っておくことが価格政策上一層大切である。価格競争を好まない業界の諸企業は相互の利益のため，原価情報を提供することを望んでいる場合がある。共謀がなければ企業は価格設定にあたってライバルの反応を参考にしたり，価格の追随が行われることもあるが，競争価格を設定すれば究極的に顧客の利益につながることにもなる。

4 コスト

価格の上限は顧客を逃がさない程度の高い価格である。最低価格はゼロ価格である。企業は市場参入のため，また顧客との長期的常得意関係を維持するため，とき折，原価を割る製品を提供したり，無償供与することさえある。より

実務的ガイドはC・V・P分析から知ることができる。短期的には最低価格は注文を受け入れることから，また，生産増加することから生ずる必要な限界原価に相当する価格設定を行うことが考えられる。この場合，限界原価を越えるいかなる価格も直接に利益に貢献することになる。

企業が価格設定にある自由な幅をもっているとき，顧客の需要動向が価格設定に影響を与える。このような状況では種々のレベルでC・V・P分析が行われる余地が存在する。これらC・V・P分析の実際の結果が市場状況，需要の弾力性，キャパシティの操業状態，競争の程度などに依存することを認識しなければならない。

企業が価格設定にまったく自由をもたないならばライバルが設定した価格を受け入れることになる。与えられた経済，経営的条件の中で企業は利益が最大になるように生産条件や販売量を選択することになる。

―――― 練 習 問 題 ――――

次の製品に関するデータから下記の問いに答えなさい。

1　全部原価，最低価格，最高価格をを計算せよ。
2　限界利益率を0.3とするとき当該製品の価格を求めよ。

直接材料費¥50,000，直接労務費¥30,000，変動製造間接費（2,000直接作業時間，配賦率@¥30），固定費配賦額（2,000直接作業時間，配賦率@¥10）

希望利益¥40,000

第15章　設備投資分析

1 割引率法（Discounted Cash Flow Model）

　資本予算の設定に際して割引率法（Discounted Cash Flow Model）がよく利用されるが，これは投下資金を，建物の支払家賃や自動車の借用に対する支払リース料と同様に，設備投資に対するコストとみなし，投資から得られる将来収益の現在価値，すなわち将来のキャッシュ・フローに対する現在価値の比率を割引率とみなしている。逆に考えれば現在の手元現金￥1は5年後に受け取られる現金￥1より価値が大きいと考えられる。当座の￥1が貯蓄されるならば利子を生むので5年後には￥1が著しく大きくなる。P_0を手元現金，rを利子率とすれば

　　1年後の元利合計は　　$P_0 + P_0 r = p_0(1+r)$
　　2年後の元利合計は　　$p_0(1+r) + p_0(1+r)r = p_0(1+r)^2$
　　3年後の元利合計は　　$p_0(1+r)^2 + p_0(1+r)^2 r = p_0(1+r)^3$
　　4年後の元利合計は　　　　　　　　　　　　　　$p_0(1+r)^4$
　　5年後の元利合計は　　　　　　　　　　　　　　$p_0(1+r)^5$

として計算することができる。
　したがって将来の現金収入は，それを現在時点で割り引いた現金収入として考えることができる。
　割引率法（Discounted Cash Flow Model, DCF法）は貨幣の時間的に変化する価値を測定している。長期的な意思決定に関しては最善のモデルといえる。伝統的会計システムにおける純利益率法よりもキャッシュ・フロー（現金の流出，流入）にこの割引率を適用する方法が設備投資においては重視されている。
　DCF法には二つの方法が存在し，それは正味現在価値法（Net Present Value, NPV）と内部利益率法（Internal Rate of Return, IRR）である。
　たとえば，非営利企業である病院のマネジャーがX線部門で治療効果をあげるため，新機種のX線治療機の購入を考えているとする。購入価格は￥3,791で5年間は利用可能で，残存価格はゼロとする。このX線治療機を購入するこ

とによって年次の現金節約額は¥1,000であるとする。新機種購入を行わず現状でいこうとする方法を選択案A, 新機種を購入しようとする選択案をBとしよう。この設備が稼ぎ出す収益上の影響を別にすれば現金節約額がこれらの諸選択案の意思決定の基準と考えられる。

　Aプロジェクトの正味実現価値, プロジェクト投資の内部利益率を計算しよう。ただし, 必要利益率, これは最小希望利益率あるいは目標とすべき最低限の利益率ともいうが, それを8％とする。

(1) 正味現在価値法 (Net Present Value, NPV)

正味実現価値モデルは次の段階を経て計算される。

A　投資を行う時点のゼロ・タイムのキャッシュ・アウト・フローも含めてキャッシュ・フローを観察する。図表15－2の正味実現価値モデルのようにキャッシュ・フロー（現金節約額¥1,000）が描かれ, アウト・フロー（¥3,791）は括弧に記入している部分である。

B　現在価値表から該当する割引率を選び, 次に現在価値を計算するため, 割引率を年次のキャッシュ・フローに掛ける。

C　現在価値を合計する。このトータルと投資額との差がゼロまたはプラスとなればプロジェクトは採用される。というのは利益率が希望最小率より大きいか, 等しいと考えられるからである。

　図表15－2では正味実現価値は¥202（¥1,000×3.993－¥3,791＝¥202）となる。計算式の3.993は現在価値表の8％欄の0.926, 0.857, 0.794, 0.735, 0.681を加えたものである。8％の割引率を前提すれば, この投資は望ましいと考えられる。マネジャーは投資額より¥202多く回収でき, 今度は¥3,993（¥3,791＋¥202）を投資できると考えられる。

　目標利益率が高ければ高いほどマネジャーの投資意欲は減退する。12％では正味実現価値は同様に計算を行って¥－186（¥1,000×3.605－¥3,791）で, それは¥3,791の投資額より投資からの回収分が¥186少ない。目標利益率が8％でなく, 12％であれば¥3,791の設備投資は望ましいとはいえない。

図表15－1　現在価値表（一部）　　$(1+r)^{-n}$

r\n	1%	2%	3%	4%	5%	6%	7%	8%	9%	10%
1	0.990	0.980	0.970	0.961	0.952	0.943	0.934	0.926	0.917	0.909
2	0.980	0.961	0.942	0.924	0.907	0.890	0.873	0.857	0.841	0.826
3	0.970	0.942	0.915	0.889	0.863	0.839	0.816	0.794	0.772	0.751
4	0.961	0.923	0.885	0.854	0.822	0.792	0.762	0.735	0.708	0.683
5	0.951	0.905	0.862	0.821	0.783	0.743	0.713	0.681	0.649	0.620
6	0.942	0.888	0.837	0.790	0.746	0.705	0.666	0.630	0.596	0.564
7	0.932	0.870	0.813	0.759	0.710	0.665	0.622	0.583	0.547	0.513
8	0.923	0.853	0.789	0.730	0.676	0.627	0.582	0.540	0.501	0.466
9	0.914	0.836	0.766	0.702	0.644	0.591	0.543	0.500	0.460	0.424
10	0.905	0.820	0.744	0.675	0.613	0.558	0.508	0.463	0.422	0.385

図表15－2　正味実現価値モデル

投資額	¥ 3,791
利用期間	5年
年間現金節約額（キャッシュ・フロー）	¥ 1,000
目標利益率，すなわち割引率	8%

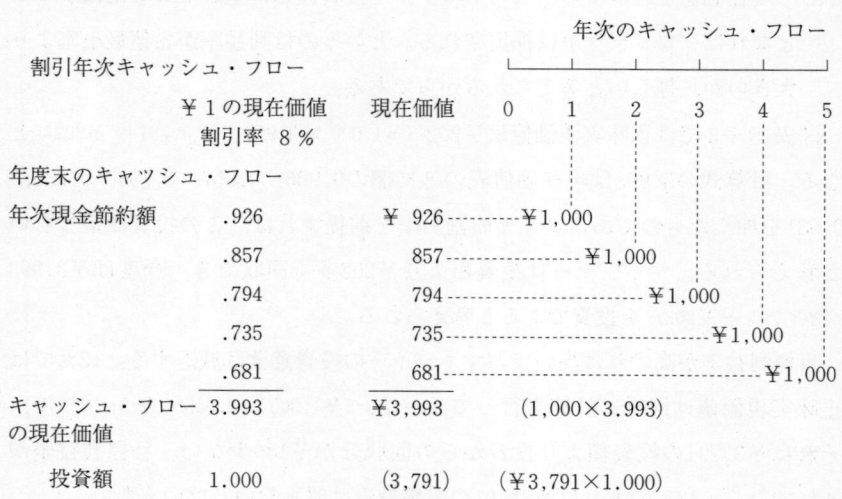

年次のキャッシュ・フロー

割引年次キャッシュ・フロー

	¥1の現在価値 割引率 8%	現在価値	0	1	2	3	4	5
年度末のキャッシュ・フロー								
年次現金節約額	.926	¥ 926		¥1,000				
	.857	857			¥1,000			
	.794	794				¥1,000		
	.735	735					¥1,000	
	.681	681						¥1,000
キャッシュ・フローの現在価値	3.993	¥3,993	(1,000×3.993)					
投資額	1.000	(3,791)	(¥3,791×1.000)					

| 正味実現価値 | ¥ 202 |

年金現価表の利用
年金現価係数	3.993	※¥3,993	―――	¥1,000
投 資 額	1.000	(¥3,791)	(¥3,791)	¥1,000
正味実現価値		¥ 202		¥1,000
				¥1,000
				¥1,000

(※年金現価表から5年, 8％の行列の交差
　する位置の年金現価係数 3.993を求めて,
　1,000を乗じて年金現在価値を求めてよい)

(2) 正味実現価値モデルの前提

　この正味実現価値法は確実性の世界を前提している。すなわちキャッシュ・フローが確約され，確実に金額のフローとその時期が保証されるとしている。第二にモデルにおける投資額が特定された利子率で借り入れられたか，貸し付けられたかいずれにも解釈できる。既述の純実現価値¥202はもし¥3,791が年8％で銀行から借り入れ，プロジェクトへ投資し，プロジェクトからのキャッシュ・フローで8％の利率を負担しながら借金を返済していくならば，なお¥202の余剰が生じ，正味実現価値¥202の金額を口座に残すことになると考えてよい。たとえば投資の意思決定をする10秒前に¥202を提供され，プロジェクトに対して¥3,791を借り入れ投資したとしよう。8％の利子を負担して，銀行ローンに分割返済する義務を負うものとする。¥202を口座に寝かしたままにしておくのと，投資するのとは次表のように大差がない。

　投資した直後に設備投資資金を返済し，設備投資から得られるキャッシュ・フローの正味実現価値¥202を銀行預金したとすれば，次のような分析が可能である。

図表15－3　キャッシュ・フロー分析

年	(1) 年度始めの投資額の残	(2) 年率8％の利子	(3) 期末元利合計
1	¥202 ※	¥16	¥218
2	218	17	235
3	235	19	254
4	254	20	274
5	274	22	296

※　(3,993－3,791)

図表15－4　資金の設備投資・借入分析

年	(1) 期首ローンの残高 P_0	(2) 利率年8％ $P_0 \times 0.08$	(3) 期末累計額 (1)+(2) $P_0(1+0.08)$	(4) ローン返済額 (キャッシュ・フロー)	(5) $P_0(1+0.08)$ －1000 期末ローン残高
1	¥3,791	¥303	¥4,094	¥1,000	¥3,094
2	3,094	248	3,342	1,000	2,342
3	2,342	187	2,529	1,000	1,529
4	1,529	122	1,651	1,000	651
5	651	52	703	1,000	(297)

　最終年次5年目において投資家はローンの分割返済額をプロジェクトから得られたキャッシュ・フローで返済して，なおかつ¥297の余りを預金口座に有していることになる。

　投資家はさきに示したと同様に¥296の儲けを得ることになる。¥296と¥297の差額¥1は利息計算の上の端数の処理によって生じている。¥202は年度当初から将来5年間に関連する利子分¥94と元金¥202の合計額の現在価値を表している。投資家にとっては現在¥202をもっているのと5年後に¥296もっているのと大差はない。

(3) 内部利益率法 (internal rate of return)

内部利益率法は利益率をプロジェクト投資の正味実現価値がゼロになるよう計算して評価する方法といえる。内部利益率はまた次のようにも定義できる。上記の数字と関連させていえばプロジェクトの投資額¥3,791から生じるキャッシュ・フロー，あるいは現金節約額の現在価値の合計額と投資額の¥3,791とが等しくなるような利子率（利益率）である。その最大利子率はプロジェクトの操業期間にわたって投資される投下資金を借り入れる場合，会計上，支払い可能な利子率といえる。内部利益率は社債や長期借入金に対して市場で連動する実行利子率に相当するものである。内部利益率の計算はキャッシュ・フローが定額であれば年金現価係数を利用でき，それほど困難な計算ではない。

$$¥3{,}791 = 5年間の年次キャッシュ・フロー$$
$$¥1{,}000 \times 年金現価係数（率）$$

または年金現価表の年金現価係数Fが次式にあてはまるような年金現価係数である。

$$¥3{,}791 = ¥1{,}000 \cdot F$$
$$F = 3.791$$

年金現価表より5年の行の3.791の係数を求めれば該当する割引率は10％が求められる。

内部利益率の計算
投資額　　　　　　　¥ 3,791
利用期間　　　　　　5年
年次キャッシュ・イン・フロー　　¥1,000
内部利益率　　　　　10％

　　　　　　　　　　　　　　　　　　　年次キャッシュ・フロー
割引年次キャッシュ・フロー
　　　　¥1の現在価値　　現在価値　　0　1　2　3　4　5

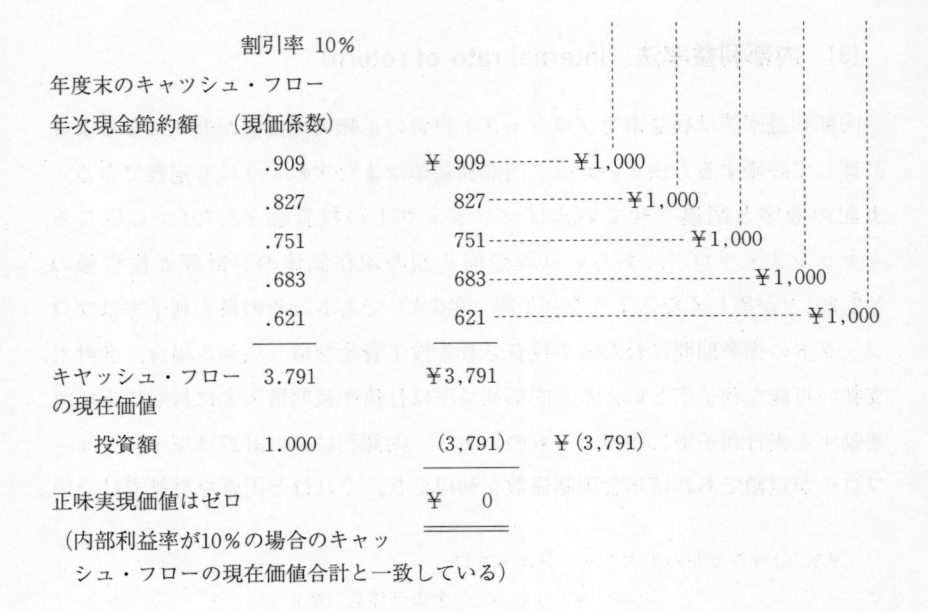

割引率 10%
年度末のキャッシュ・フロー
年次現金節約額　（現価係数）

.909	¥ 909 ········· ¥1,000
.827	827 ············· ¥1,000
.751	751 ················· ¥1,000
.683	683 ····················· ¥1,000
.621	621 ························· ¥1,000

キャッシュ・フロー　3.791　　　¥3,791
の現在価値

　　投資額　　　1.000　　　(3,791)　　¥(3,791)

正味実現価値はゼロ　　　　　　　¥　0
（内部利益率が10％の場合のキャッ
シュ・フローの現在価値合計と一致している）

　年次のキャッシュ・フローは年金としても考えられるが，その現在価値を計算するための現価率は年金現価表から率を読み取る。キャッシュ・フローの合計は¥3,790であるが小数点以下の端数処理によって¥3,791としている。年金現価における年数も年金現価表から読み取る。

　年金現価表の年次欄5のところで3.791に最も近似する率は10％である。

　もし年金現価係数Fがそれらの欄の中間にあると考えられるならば内部利益率は補完法によって概算値が求められる。年次¥1,000のキャッシュ・インフローが5年にわたって存在するとき，内部利益率が10％であれば，その現在価値が¥3,791であることを上の計算は示している。10％は年間¥1,000のキャッシュ・イン・フローが5年間存在して，その現在価値合計が¥3,791となる率であり，これは資本投下された金額と等しくなる率である。言い換えれば10％の実質金利で借金して投資し，プロジェクトから得られる年次のキャッシュ・イン・フロー¥1,000で5年間にわたってローンと利子を確実に返済することができるということである。目標利益率が10％を下れば，たとえば9％のとき

はその¥3,889の現在価値となり，3,889＞3,791で，そのプロジェクトは有利である。目標利益率が10％を越えれば，逆にそのキャッシュ・イン・フローはローンと利子を返済するのに不足することになる。それ故10％をこのプロジェクトの内部利益率とするのである。借入資金の債権者である資金提供者からすれば内部利益率は高い方が有利である。

投資額	¥3,791
年間現金節約額	¥1,000
耐用命数	5年
内部利益率	10％

図表15－5　キャッシュ・フローと目標利益率

年	(1) 年度始め未償還投資額	(2) 年次現金節約額　※	(3) 年利率10％ (目標利益率) (1)×(3)	(4) 年度末投資額償還額(2)−(3)	(5) 年度末投資額未償還分(1)−(4)
1	¥3,791	¥1,000	¥379	¥621	¥3,170
2	3,170	1,000	317	683	2,487
3	2,487	1,000	249	751	1,736
4	1,736	1,000	173	827	909
5	909	1,000	91	909	0
		¥5,000	¥1,209	¥3,791	※キャッシュ・イン・フロー

　この計算の年度始の未償還投資額が利子を生じ，キャッシュ・イン・フローは年度末に生ずるとしている。キャッシュ・フローは本来，年度末にまとまって入るのでなく，年間を通じて流動的に入るのであるからこれはもともと非現実的である。

(4) 利子率の吟味

　内部利益率は元投資額をベースに計算されるのではなく，年次のプロジェクトに見合った未償還投資額をベースに計算されると考えてよい。上の表におい

て内部利益率は毎年の期首未償還投資額の10％である。年次の¥1,000のキャッシュ・フローは(3)欄の期首投資額10％の利子分と(4)欄の利子を控除した残余の投資償還部分にわけられる。第1年度の(3)欄の¥379は(1)欄の投資額¥3,791×0.1＝379として計算され，(4)欄の¥621は¥1,000－379＝621として計算されている。年度末の¥621は元投資額の償還される部分である。表において5年間のキャッシュ・イン・フローは正確に元の投資額と年次の未償還投資額の10％の利子の合計額から構成されていると考えてよい。

上記の例で資金の利用者，提供者の両者の立場から計算内容が理解できる。たとえば非営利企業が銀行から年10％の利率で¥3,791を借り入れ，プロジェクトへ投資し，¥1,000の現金節約額でローンを返済する場合と，資金の貸主である銀行が必ず10％の利子を稼ぐという場合に理解できる。この企業がもし，10％の年利率で資金を借り入れ，プロジェクトに投資して，年間に¥1,000以上のキャッシュ・フローを得るならば，償還後ある程度の現金を保有することができる。そこで内部利益率は定義によって10％を越えよう。資金提供者からは利子率が利益率の意味に解釈でき，資金利用者である企業の立場からは資本コストの意味をもつことになる。

2　回収期間法（Payback Method）

(1)　回収期間法の意味

回収期間法（Payback Method）は投資額を年次の増分キャッシュ・フローによりどれくらいの期間で回収できるかを計算し，早く回収できる投資案が有利とする方法である。この方法は一面，粗野であり，アカデミックな理論家からは軽蔑されがちである。しかし，回収期間法は意思決定モデルとしてひろく利用され，緊急に実施して完了する投資か，将来に延期すべき投資であるか判断するためには利用価値のある方法である。さらに投資から生ずる利益予測が正確性に欠け，諸投資の提案をふるいにかけるとき，便利な方法である。財務状

態が投資資金を捻出するのに著しく負担であったり，投資そのものがリスキーであるような場合，回収期間法が利用される。

$$\text{回収期間} = \frac{\text{投資額}}{\text{投資によって生ずる毎年のキャッシュ・イン・フロー}}$$

回収期間をP，投資額をI，年次のキャッシュ・イン・フローをFとすれば次の式が成り立つ。

$$P = I/F$$

前の例を用いて，5年の利用期間をもつ¥3,791の機械設備が毎年¥1,000のキャッシュ・イン・フローをもたらすならば回収期間法は次のような計算を行う。

$$P = ¥3,791/¥1,000$$
$$= 3.8 年$$

回収期間法は元の投資金額を投資によるキャッシュ・イン・フローによって回収しようというものであるが，設備の利用期間と一定のキャッシュ・フローが与えられるとき，回収期間が短ければ短いほどその投資の利益性はますます大きいことになる。回収期間が一定なら，投資設備の利用命数が長いほどますます投資の利益性は大きくなる。

回収期間法は投資が利益をもたらすかどうかの手がかりを提供し，投資額がいかに早く回収されるかといった尺度にはなろう。しかし，回収期間の早さは利益性の尺度になるとは限らない。投資を行う主要な目的は当該投資によって企業がどれほど利益を享受するかということであり，いかに早く投資額を回収するかということではない。

(2) 回収期間法の弱点

上述のように回収期間法は投資の利益性を無視している。投資が完全に回収されるということは回収期間の長い投資に優先して短い回収期間の投資が選択されるべきことを意味するものではない。さきの¥3,791の機械の投資の場合を考え，これと並んで企業は別に¥3,000の投資が必要で，これは年々¥1,000

の現金節約額をもたらすとしよう。これら二つの投資をP_1, P_2とすれば，それぞれの回収期間は次のように計算される。

$P_1 = ¥3,791 / ¥1,000 = 3.8$

$P_1 = ¥3,000 / ¥1,000 = 3.0$

二つのプロジェクトを回収期間法によって計算すればP_2の方が有利となろう。しかし，P_1の機械が利用命数5年でP_2の機械が3年であれば，利用命数を越えて利益を生まないことは非現実的であり，P_1は回収期間を終えてさらに1，2年利益を生むことは否めない。

キャッシュ・イン・フローが一定であことをいままで仮定してきたが，キャッシュ・イン・フローが年々一定ではなく，ヴァラェティに富んでいるときを考えよう。

この場合，回収計算は累積法によって計算される。すなわち，各年のそれぞれのキャッシュ・イン・フローが元の投資額になるまで累積計算される。たとえば，¥4,500の機械が10年間にわたって¥10,000のキャッシュ・イン・フローをもたらすが，毎年一定額のキャッシュ・イン・フローではないとしよう。次のような年次キャッシュ・イン・フローを仮定しよう。

図表15－6　キャッシュ・フローと回収期間

年	キャッシュ・フロー	累積額
1	¥2,000	¥ 2,000
2	1,800	3,800
3	1,500	5,300
4	1,200	6,500
5	1,000	7,500
6	800	8,300
7	600	8,900
8	400	9,300
9	400	9,700
10	300	10,000

上の表で回収期間は1年,2年と直線的にすぎるが3年目は補完法によって回収期間を計算しなければならない。元の投資額は¥4,500であるから2年目までに¥3,800を回収し終わっているので3年目に至っては¥700を回収し終わる時点が求められればよい。

したがって,

$$2 + \frac{(4,500-3,800)}{1,500} \times 1 \ （年） = 2.47$$

として計算され,回収期間は2.47年と算定される。

例題 次の資料によって下記の問題を考えてみよう。

投　資　額　　　　　　　　　　　¥3,791
利用期間　　　　　　　　　　　　5年
年間現金節約額（キャッシュ・イン・フロー）¥1,300
目標となる利益率（割引率）　　　　8％

1　正味実現価値（Net Present Value）を求めよ。
2　内部利益率（Internal rate of return）を求めよ。
3　回収期間を求めよ。
4　会計的投資利益率（Return on Investment）を求めよ。

解答

1の正味実現価値は年金現価表から8％,5年に該当する欄から3.993を読み取り,次のように計算される。

　　　$(1,300 \times 3.993) - 3,791 = 1,399.9$　　約1,400

したがって正味実現価値は約¥1,400となる。

2の内部利益率は次のように計算される。

　　　$1,300 \times F = 3,791$

$$F = 2.916$$

年金現価表で5年の欄を横に2.916を求めていくが該当数字がないので, 2.916に最も近似する2.991を求めることとなり, それは割引率21%に該当する。その横の2.864は22%であり, 2.916の割引率は比例を利用する補完法によって計算する。

```
    21%           2.926          2.926
    X                           ( 2.916 )
    22%           2.864
    ─────         ─────         ─────
    1             -0.062         - 0.01
```

$$X = 21 + 1 \times (0.01 / 0.062)$$
$$= 21.16126 \quad 約21.16\%$$

したがって, 内部利益率は約21.16%となる。

3の回収期間法は次のように計算される。

$$P = ¥3,791 / ¥1,300 = 2.9 \quad 約2.9年$$

4の会計的投資利益率法は投資額に対する毎年の減価償却控除後の利益の割合を求めればよい。この方法はまだ定説になっているとはいえないが, 次の方法で計算する。

$$\frac{¥1,300 - (¥3,791 \div 5)}{¥3,791} = \frac{¥1,300 - ¥758.2}{¥3,791} \fallingdotseq 14\%$$

3 会計的投資利益率法

この方法は毎年の減価償却費控除後の利益を求め, 分母に総投資額をもってきて, 計算する総投資利益率といえる。毎年減価償却によって投下資本の回収

を行えば平均投資額は１／２とみなすことができるからである。総投資額を２で割り，年平均投資額を算定し，この平均投資額に対する年平均利益額の割合を計算して評価する方法もある。それによれば前問は

$$\frac{¥1,300-(¥3,791\div 5)}{¥3,791\div 2} ≒ 29\%$$

となる。

年金現価表（抜粋）

r n	1%	2%	3%	8%	20%	22%	23%
1	0.9901	0.9804	0.9709	0.9259	0.8333	0.8197	0.8130
2	1.9704	1.9416	1.9135	1.7833	1.5278	1.4915	1.4740
3	2.9410	2.8839	2.8285	2.5771	2.1065	2.0422	2.0114
4	3.9020	3.8077	3.7171	3.3121	2.5887	2.4936	2.4438
5	4.8534	4.7135	4.5797	3.9927	2.9906	2.8636	2.8035

練 習 問 題

次の資料によって下記の問題を考えてみよう。

投 資 額	¥10,000
利用期間	6年
年間現金節約額（キャッシュ・イン・フロー）	¥2,000
目標利益率（割引率）	8％

1 　正味実現価値（Net Present Value）を求めよ。
2 　内部利益率（Internal rate of return）を求めよ。
3 　回収期間を求めよ。
4 　会計的投資利益率（Return on Investment）を求めよ。

第16章
活動基準原価計算

1　製造間接費配賦の再検討

　生産活動が機械化し，労働による生産から機械による生産へと変化するにつれて製造間接費の発生額は増大してきた。生産活動のオートメーション化はイン・プットとしての原価要素の特に直接労務費の減少をもたらした。製造間接費の計算は伝統的には製造部門，補助部門へ集計し，補助部門費は製造部門へ振り替え，製品へ配賦していく。製造間接費の増減は作業時間や生産量および機械時間数の増減と比例すると考えることができた。労働集約的生産から資本集約的生産へと変化するにつれて製造間接費の発生額もさらに増大したが，製造間接費はそこでもなお生産量，直接作業時間や機械時間数などの増減と比例すると考えられてきた。生産がさらにオートメーション化するにつれてマテハン，保守などのコストが増大した。多品種少量生産の進行により段取り，設計，企画等のコストが増えはじめた。このような状況ではもはや間接費の増減は生産量，作業時間，機械運転時間など操業度の増減と比例関係を維持しているわけではない。伝統的原価計算は部門別計算において製造間接費を従業員数，面積，修繕額，修繕回数，機械馬力数，運転時間数などによって配賦し，製品別計算においては直接労務費，直接作業時間数など労働に基づく配賦基準により配賦し，また材料費法，機械時間法等によって配賦したが，これらが生産実体に即して適切とされてきた。配賦が悪くなくても適切でなければ製品原価はゆがめられ，適切な配賦を追求する方向へ進むことになる。正しい製品原価を計算する目的で絶えず新製造間接費配賦技法が模索されてきたが，その模索の中で業務処理や活動ベースの原価計算が現れた。しかし，忘れてはならないのは製品原価計算についていわれてきているのであって，部門別計算への論究ではない。

2　活動基準原価計算
　　（Activity-Based Costing, ABC）の台頭

　伝統的原価計算が経営政策や意思決定者を誤った方向へ導いてしまうほどに不正確な製品原価情報をもたらすと原価計算担当者が気づいたのは1980年代中庸であった。アメリカでは少数企業に限らず，伝統的原価計算が不正確で誤った意思決定へ導くという問題に逢着していた。そしてアメリカの数少ない企業ではあるがABCによる情報システムが初めて実施された。適切な販売価格を設定するため効果的な原価見積りの方法を模索していたなかで，原価配賦方法に欠陥があることを知ったのである。いまや製造間接費の増減は操業度でなく，製品種類，生産工程の多様性により影響されていると認識されだした。それ故，段取費は段取回数や段取時間，設計費は設計回数，設計時間等で配賦されるべきとする理屈がでてくる。コスト・ドライバーは型，サイズ，部品数，伝票枚数ごとに……というように設定できる。

　販売価格に重大な影響を与える製品原価が正確であることは必須であり，製品別の収益性を見るうえでもデータ信頼性が求められる。厳しい現況で意思決定に増分原価概念が用いられるなかでABCの利点が明らかになってきた。

　ABC（Activity-Based Costing）は活動が原価を発生させるとするのである。活動によって生じた製造間接費をコスト・プールへ集計し，コスト・プールから直接作業時間，機械時間，段取回数，設計回数などを介して製品へ配賦することになる。すなわちABCは2段階の手続きを経ることになり，まず製造間接費を活動（Activity）に跡付け，第二に製品に跡付けることになる。アクティビティ・ドライバーとして非生産単位基準ドライバーと生産単位基準ドライバーが取り上げられるが，前者は非操業度基準ドライバーであり，後者は操業度基準ドライバーである。生産とアクティビティ別間接費の発生との因果関係を反映するよう志向されているのである。

　Inness Mitchell らは製品原価計算が不合理である理由を次の三つにその要

因をまとめている。
(1) オートメーションの普及進歩による直接労務費の劇的減少および製造間接費の相対的増大による変化とそれにともなう製品原価構造の変化
(2) 製造間接費配賦が主として直接労働時間や機械時間に比例させて配賦されてきたのと同様に非製造間接費もこれらに比例させて製品へ配賦することが踏襲されてきた。
(3) 製造間接費の性格が生産費であるというより，製品および生産方法それ自体の多様性と複雑性により増減するコストとして，またクオリティに関する原価として変容してきた。

製造間接費の配賦に直接作業時間や機械時間が配賦媒体として利用されているが，製造間接費には1回きりのコスト (einmal kosten) が相当内在している。したがって，個別製品の多い製品ラインには相対的に少額の製造間接費しか配賦されず，数少ない個別製品の生産量の製品ラインには割高な製造接費が配賦されてしまう逆補塡現象が起きてしまう。

3 アクティビティ・コストとコスト・ドライバー

アクティビティ (Activity) には製品設計，発注，材料仕入，支払い，設備保全，マテハン，検査，労務管理，品質管理，代金取立てなどその他種々の活動がある。これらの活動を大分類すれば購買，生産，販売，全般管理の活動になる。ABCにおけるactivityは原価が集計される対象活動単位であり，集計された原価 (cost pool) は製品のみならず，顧客，流通経路である原価対象へも配賦される。

Activity (cost) Driverは資源をどれくらい消費し，どれくらいのコストを引き起こすか確認が必要である。資材発注，納入業者との接触，荷受，検品，記録，代金支払等のサブアクティビティ・コストはより高いレベルのコスト・プールとしての購買費に，信用調査等のサブアクティビティ・コストは顧客注文・処理費に集約することができる。製造間接費，非製造間接費のアクティビ

ティ・コストとコスト・ドライバーを生産，販売領域に分けてその一部を示せば次のようになる。

図表16－1　アクティビティ・コストとコスト・ドライバー

	Activity Cost	Cost Driver	
生産	設備点検維持費 間接材料費 段取作業費	直接作業時間数 機械時間数 段取回数（時間）	操業度
	材料運搬費 発注費 設計費 検査費	材料運搬回数 発注回数 設計回数 バッチの生産回数 （検査点数）	支援活動
販売	梱包費 ： 市場調査費 店頭販売費 訪問販売費	包個数 ： 市場調査回数 売渡回数 訪問販売回数	

　製品品種の多様性およびそれらに基づく操業度の多様性があるとき，組，製品種類別に起きる諸活動（activity）を無視すれば，重大な誤りを招くことになる。多品種少量生産では各種製品が生産活動やその支援活動を異なった比率でコストを消費する。それ故，材料の相違や製品の複雑性などに相違がある諸製品は異なった種類やサイズの企業資源で造られる。複雑な製品はたとえば機械セット・アップなど非操業レベルのイン・プットを多く消費する。また複雑な製品は複雑でない製品より機械時間数など操業度に比例する資源をより多く必要とするとはかぎらない。企業は異なった生産量の組製品を生産する。操業度の多様性（Volume Diversity），または組のサイズの多様性（Batch Size Diversity）

は究極的に製品別生産量の相違となって現れる。材料が機械に長くかけられる製品は単位レベルで不相応な原価部分を負担することにもなりかねない。このような現象は材料の多様性（matearial Diversity）に基づくものである。

ABCは初めに示したように材料関係処理費コストを製造間接費として含めない。その代わりABCは材料移動量当たり，また取引量当たり配賦率を求め，製品へ配賦計算する。原価の低減は活動を減らすことになり，これら活動を含む原価企画が重要視される現在，下流での原価低減活動は重要視されないということであるかもしれない。しかし問題は間接費なのである。コスト・ドライバーに基づき部門，コスト・センターの費用の処理を経て製品原価を算定する方式は標準原価計算制度へABCを導入できる余地を残している。

4 ABCの実施

伝統的原価計算では直接作業時間，直接労務費，機械作業時間……といった操業度基準により製造間接費を配賦してきたこと，ABCではさらに段取時間数，検査点数……といった非操業度基準による配賦基準によって原価を配賦することになることも前に触れた。

ABCによる製品への間接費配賦額は各コスト・プールの間接費を当該コスト・プールのコスト・ドライバー消費量で割ってアクティビティ・コストのドライバー単位当たりコストであるコスト・プール・レートを算定する。そしてコスト・プール・レートに各製品別コスト・ドライバー消費量をかけて製品別に間接費を配賦する。したがって次の2段階の計算によることになる。

(1) $\dfrac{\text{各コスト・プールの間接費合計額}}{\text{各コスト・プール・ドライバー消費量}} = \text{コスト・プール・レート}$

(2) コスト・プール・レート×各製品（給付）コスト・ドライバー消費量
　　　　　　　　　　　　＝間接費配賦額

計算例 1

次のA品，B品の製造に関する資料から，活動基準によるABCと伝統的原価計算とによりA品，B品の製造間接費の配賦額を計算してみる。

製品	生産量	組立直接作業時間	段取回数	設計回数	検査回数
A	5コ	1	1	1	1
B	50コ	9	3	1	2
計		10	4	2	3
製造間接費 ￥1,700		￥800	￥400	￥200	￥300

伝統的原価計算：

A品：（￥1,700／10）× 1 ＝ 170　　@￥34

B品：（￥1,700／10）× 9 ＝1,530　　@￥30.6

ABC計算：

アクティビティ	コスト・プール	コスト・ドライバー	コスト・プール・レート
組立	￥800	10	@￥ 80
段取	￥400	4	@￥100
設計	￥200	2	@￥100
検査	￥300	3	@￥100

	配賦率	配賦基準	A品	配賦基準	B品
組立	80	1	80	9	720
段取	100	1	100	3	300
設計	100	1	100	1	100
検査	100	1	100	2	200

製造間接費負担額	¥380		¥1,320
単位当たり負担額	@¥76	△49.6	@¥26.4

次の事例は材料処理コスト，設計コスト，セット・アップ・コストなどの配賦の相違を伝統的原価計算法とABC方法で比較している。製品AとBが例示のように異なっているならば原価計算が誤って算定される。

	A品	B品
生産量	10 単位	10 単位
製品種別当たり材料移動回数	3 回	7 回
単位当たり直接作業時間	435 時間	435 時間
予算材料処理コスト	¥43,500	

伝統的原価計算では，次のように配賦率を計算する。

$$\frac{予算材料処理コスト \quad ¥43,500}{435×10単位+435×10単位} = @¥5$$

直接作業時間当たり配賦率は@¥5である。次掲のようにA品，B品1単位はたとえB品がより多くの移動活動を利用するにもかかわらず，同額の材料処理費を負担する。伝統的原価計算では材料移動の多くを製品Bに関して跡付けることに失敗している。

	A品	B品
製品別材料処理総コスト	¥21,750	¥21,750
	(¥5×4,350)	(¥5×4,350)
単位当たり材料処理コスト	¥2,175	¥2,175
	(21,750÷10)	(21,750÷10)

ABCではその代わりより正確に次のようにコスト・ドライバーに跡づけられる。

$$\frac{¥43,500 \quad 材料処理コスト予算}{10 \quad 予算材料移動回数} = ¥43,500材料移動当たり配賦率$$

	A品	B品
製品別材料処理コスト	¥13,050	¥30,450
	(4,350×3 移動回数)	(4,350×7 移動回数)
単位当たり材料処理コスト	¥1,305	¥3,045
	(¥13,050÷10)	(¥30,450÷10)

　ABCではB品は材料移動を行うに応じてより多く，正しく材料処理コストを負担していることになる。

　また設計コストに関してC品は未開発製品で多くの設計・技術変更を要する生産および品質上の問題を抱え，成熟製品であるD品は製品レベルのこのような設計，技術上の変更をそれほど要しないとすれば，製品の設計変更コストの配賦は次のように計算される。

	C品	D品
生産量	400	400
設計変更回数	10	3
1回の設計変更当たりコスト	¥500	¥500
単位当たり機械時間数	2	3

操業度基準による配賦は，次の配賦率を算定できる。

$$\frac{13変更回数×¥500=6,500（予算上の設計変更総コスト）}{(2×400)+(3×400)=2,000（予算機械時間数）}$$

$$= @¥3.25 \quad 機械時間当たり配賦率$$

	C品	D品
製品別設計変更コスト	¥2,600	¥3,900
	(3.25×800)	(3.25×1,200)
製品単位当たり設計変更コスト	¥6.5	¥9.75
	(2,600÷400)	(3,900÷400)

　伝統的原価計算では同様の設計変更活動のコストを製品CがD品の3倍以上消費しているにもかかわらず，単位当たりはるかに低いコストを負担し，それが反映されていない。操業度基準（Volume Based）によるコスト配賦はC品に対し多くの設計変更回数を原価配賦に跡付けることに失敗している。D品はより多く機械時間数を要しているから不正確に多くの設計コストを負担することになっている。この結果はある製品に正しく属するコストを別の製品がむやみ負担するという逆補塡（Cross Subsidy）を呈している。伝統的原価計算ではC品が間接費を単位当たりに均分するからコストが低くなっている。

　もしABCを用いればエンジニア（設計）コストに作用する設計変更回数にしたがい次のコスト配分を計算することになる。

	C品	D品
製品別配賦設計変更コスト	¥5,000	¥1,500
	(500×10)	(500×3)
単位当たり設計変更コスト	¥12.5	¥3.75
	(5,000÷400)	(1,500÷400)

　操業度からくる間接費配賦の相違（Volume Diversity）

　特殊の材料を数多く使用し，生産される複雑製品で少ない機械時間しか要しない製品は近代の多品種少量生産工場で巨額の製造間接費を引き起こす。たとえば次のE品のように，高操業度を必要とする製品は低操業度のF品のコストを負担してしまうことになる。

	E品	F品
生産量	1,000	100
製品別セット・アップ	5	5
単位当たり機械時間	2	2
機械セット・アップ関連総予算	¥8,800	

機械セット・アップ関連コストは伝統的には次の配賦率によって製品E, Fへ配賦される。

$$\frac{¥8,800（機械セット・アップ・コスト予算）}{(2 \times 1,000) + (2 \times 100) = 2,200（予定機械時間数）} = \frac{8,800}{2,200}$$

$$= @¥4 \quad 機械時間当たり配賦率$$

	E品	F品
製品別機械セット・アップ・コスト	¥8,000	¥800
	(4×2,000)	(4×200)
単位当たり機械セット・アップ・コスト	¥8	¥8
	(8,000÷1,000)	(800÷100)

　製品E, Fはそれぞれ5回のセット・アップしか行っていないのに, 生産量の多いE品は10倍の機械時間数を消費し, 10倍の機械セット・アップ・コストを負担している。

　F品は Low Volume 製品であるが, 伝統的原価計算はE品にオーバー・コストを課し, F品に低コストを課している。これは Volume-Based のコスト・システムが製品コストの相違を反映しているというより, 均一化しているためである。

　ABCではコスト・ドライバーをセット・アップ回数に求め, コスト・プールとしてのセット・アップ・コスト予算をセット・アップ回数で割る。

$$\frac{\yen 8,800 \quad 機械セット・アップ・コスト予算}{10 \quad 機械セット・アップ時間数} = \begin{array}{l} セット・アップ時間当たり \\ 適用率 \yen 880 \end{array}$$

	E品	F品
製品別セット・アップ・コスト	¥4,400	¥4,400
	(¥880×5)	(¥880×5)
単位原価	¥4.4	¥44
	(4,400÷1,000)	(4,400÷100)

　各製品は¥4,400の機械セット・アップ・コストを配賦される。というのは各製品は同量の設計用益を必要とする。しかしE品のより多い生産量もこのトータル・コストを共有することになる。

　伝統的原価計算によってすべての製品品種を横断して間接費を配賦すれば，原価低減や価格戦略に対して不正確な製品原価情報を提供し，マネジャーは意思決定に悪いシグナルを受け取る結果になる。この結果，たとえばマーケティング・マネジャーは製品の増産が単位原価の低減へと導き，そして生産量が少ない非標準品はHi-Volumeの標準品よりそれほどコストがかからないと誤解する。さらに製品設計技術者はデザイン構成要素の増加がコストに影響することなく，設計のやり直しがコストに影響せず，設計作業の繰返しが自由に行えると信じよう。エンジニアは非標準部品の多様性をむやみに高めてもコスト・ペナルティがないと思いこみ，標準品，非標準品が同じコストを発生させると考えることになる。伝統的原価計算では平均効果を通じてコストの写像を曲げる結果になっていることがわかる。特定製品が規則的に生産されるときABCを用いてこそその増大する製造間接費の発生源を明らかにでき，負担の公正を図れるといえよう。

5　ABCからABMへ

　ABCは伝統的製造間接費の配賦方法に代わって製品原価をより正確に計算し，経営意思決定に役立つために考えられた。伝統的間接費配賦に原価の一次配賦はそれほど問題ないが二次配賦が問題である。二次配賦は労働時間や労務費等労働基準を使うことがあまりに多いが，配賦基準は労働基準か機械（時間）基準あるいは材料費関係の基準のいずれを採るかといった選択問題ではない。多くの間接費は注文，計画，受領，検査，支払い，在庫移動，品質保証，生産技術，出荷等業務活動に沿って発生額が変化するが，費用の発生源を反映した製造間接費の配賦基準には非操業度基準が必要となってくる。キャプラン氏は第一に費用発生源を反映した配賦基準には非操業度基準が必要で，第二に多くの間接費は上記諸業務の遂行にしたがい変化するという。

　今日，原価計算では生産活動やサービス活動が関連していると認識されている。原価計算はこれら活動のコストに注目している。ABCでは製品が活動を消費するという前提に基づいている。製品デザインが消費するのはどの活動か決めなければならない。アクティビティはたとえば部品の移動，設計変更の回数など一つの仕事を引き起こす行程，手順であり，得意先関係を樹立するといった行程，手順もそうである。ABCは

　　資源　→　活動　→　原価計算対象　（原価分解アプローチ）

というように，まず資源としての原価を活動へ割り当て，さらに活動ドライバーを介して製品，サービスおよび顧客といった原価計算対象へ割り当てる。

　ABCは付加価値活動，非付加価値活動を確認して正確な製品原価を算定し，非付加価値活動を排除してカイゼンを前進させるコスト・プランニング・システムでもある。ABMでは価値を生む活動と価値を生まない活動を区別し後者の非付加価値活動を排除することで原価低減を図ろうとしている。

ABCはやがて1992年頃から活動に基づき原価を管理するABMへ展開した。ABCからABM（Activity-Based Management）へ展開した背景にABCと同様，経済不振の下でアメリカ経済の製造業の競争力を回復させたいという願いがあったといえる。当時は好調であった日本の製造業の経営管理手法を研究した結果としてABMにカイゼン活動の考えが潜んでいたと考えられる。ABMは企業の資源消費行動を，コストのかかる活動へ連携させ，そして製品や顧客に対する活動に連携させる。

生産技術の変更から起こるコストや品質コストは技術変更回数，デリバリー計画の変更，発注伝票枚数など非操業度活動がコストを発生させる要因となる。コスト・ドライバーにより発生させられたコストはドライバーの所在する場所においてのみ変化するのではない。設計変更の影響は社内全部に及ぶというように他組織に及ぶこともまれではない。

ABMはこれら関連性を測定し，コントロールするためABCを利用する。ABMで利用されるABC情報は利用された資源の原価と未利用のキャパシティ・コストを区別することはできなかった。非付加価値活動の排除はABMによる原価低減の中心である。これは非付加価値活動を識別してカイゼンの機会を発見するために行われる。次に無駄な活動である非付加価値活動を引き起こす要因の探索が行われる。ABCにおいても未利用キャパシティと研究開発費は原価計算対象である製品へ割り当てるべきでないとクーパー＝キャプランは指摘している（Kaplan and Cooper,1988,pp 101-102）。未利用キャパシティ・コストを把握すること自体から第一段階に資源消費モデルの考え方が存在していたといえよう。しかしこの段階で未利用キャパシティ・コストを管理対象に考えてはいない。

これまで非付加価値を排除しても未利用の資源を有効利用のため展開したり，また除去したりはしなかった。いくら活動を効率化しても未利用資源を有効利用しない限り経済的便益を達成できない。しかしABCはいまや次掲のように未利用キャパシティ・コストを測定する資源消費モデルに移行してきた。

$$\boxed{\text{提供された資源の原価}} = \boxed{\text{利用された資源の原価}} + \boxed{\text{未利用キャパシティ・コスト}}$$

〈参考文献〉

櫻井通晴著『経営のための原価計算』中央経済社　平成8年　第5刷

J. Innes / F. Mitchell. "A Review of Activity-Based Costing" C. Drury., (ed) *Management Accounting Handbook,* 1992, p. 45.

角谷光一著『現代原価計算の基礎』中央経済社　平成11年　第2版

浦崎俊爾「ABC原価計算の動向について」『原価計算』'95　Vol. 19　No. 2

山田義照「資源消費モデルとしてのABC／ABM，未利用キャパシティーの管理の観点から」『原価計算研究』'99　Vol. 23　No. 1

Letricia Gaybarn, *Cost Accounting, Using a Cost Management approach,* Richard D. INC. Irwin 1993. 9, Activity-Based Management.

練習問題

次のP，Q製品の製造間接費の配賦を伝統的原価計算とABCで計算せよ。

製品	生産量	組立作業総時間	段取回数	検査回数
P	100	9	2	2
Q	10	1	4	1
計		10	6	3
製造間接費¥1,600　：		¥1,000	¥300	¥300

第17章　原　価　企　画

1　原価企画の背景

　原価企画が生じた背景には数々の要因が考えられるが，それらのなかには消費者ニーズが多様化したこと，製品ライフサイクルが短縮化したこと，生産段階に十分な原価低減ができる余地のなくなったことなどがあげられる。そこで製造段階以前の原価低減の可能性を探る傾向が現れ，トヨタは草分け的に原価企画を実施してきた。製造段階で原価低減のできる余地が減少し，原価改善がより進展していった。これらは環境条件による背景である。製品販売期間における可能な価格，販売量を基準に新製品の目標利益を決めて，そこから割り出される目標原価を開発設計段階に実現する活動であり，原価企画は開発設計段階における原価低減活動である。

　原価低減の領域はより川上に上り，企画段階，設計段階に上ってきた。製造段階の原価低減は限界にきたから製造段階におけるコスト・コントロールのみならず，上流のモデルチェンジや新製品の設計段階における原価管理がより重要となってきたのである。経営活動のより上流の製品企画，設計段階で製品の許容原価と成行原価を比較しその原価差額を求め，それを節減するために VE 活動を通じて原価節減を達成し，製品の目標原価が設定される。製造間接費の低減はその差異原価を低減することによっても達成される。原価企画は製品開発段階で顧客の要求価格を満たし，また顧客の要求品質を満たしながら製品の設計段階で目標原価を達成して，市場価格から企業の実現可能とする目標利益の得られる原価を作り込む全社的活動である。

　中長期的計画の全社的総合利益計画が原価企画の第一ステップであり，第二ステップは目標原価を作り込んでいく過程である。したがって原価企画は市場調査による売価設定を一種の顧客関係と捉え，部品納入価格の契約をサプライヤー関係と考えている。これらを価値連鎖分析し，低価格戦略をコスト・リーダーシップ戦略と製品差別化戦略と考えて戦略ポジショニング分析を行い，材料消費や作業時間節減に対してコスト・ドライバー分析を行うものと考えれば，

原価企画はこれら三つの戦略的コスト・マネジメントを含んでいることになる。

2　原価企画の手順

　原価企画は総合経営計画あるいは個別新製品企画，個別新製品基本計画，製品設計，量産移行計画といったおおむね四つの段階に分けることができる。

　新製品企画は新規開発製品，モデルチェンジなど製品ごとに具体的な企画構想を固める段階であり，新製品基本計画は新製品の要求される目標利益を達成するための目標原価を設定する段階である。製品設計の段階では設計図面に基づき原価見積りを行い，目標原価との差を埋めていく手順でこの場合 VE を活用して進めていく。量産移行計画は目標原価を生産段階において達成する準備の段階であり，生産ラインの確認と部品価格，材料，工数等の標準を決定してさらに販売価格を設定する段階である。

　第一段階の総合経営計画は製品ごとに目標利益を割り付けていく。その利益の概念には次のようなものがある。

限界利益＝売上－変動費

貢献利益＝限界利益－跡付可能個別固定費

営業利益＝貢献利益－配分固定費

　これら3種の利益が各製品ごとに計画される。企画部門はどのような新製品を作るか，現製品をいかに改善するか，市場調査によって提案する。もちろん提案された新製品，製品改善につき原価企画課は原価見積りを行い，収益性を検討する。

　営業部門からは目標販売価格が与えられ，それと目標利益とから目標原価が算定される。

　新製品計画としての目標原価の設定は，プロダクト・マネジャーが部品メーカーや設計部門から意見を聴取し，材料必要量，代替材料等を検討し，原価を

見積もり要求する。目標原価は次のように計算できる。

> 目標販売価格－目標営業利益＝目標原価
> または　目標販売価格（１－目標売上利益率）＝目標原価

　目標原価は費目別・機能別に分解され，前者は素材費，買入部品費，労務費……等に行われ，後者の分類はエンジン駆動，シャシ等構成システム別原価配分額が計算される。顧客の立場より原価低減の機能別必要性を評価し，次にメーカーの立場より原価低減の達成必要度を評価し，すりあわせが求められる。

　製品設計の段階では製品の機能，品質を落とさず，設計工夫，改善により材料費や加工費を低減し，目標原価を達成する機能は設計部門中心の活動といえる。原価企画は計画段階が終われば量産段階に入り，そこで実際原価を集計し原価企画の実績評価を行う。実績評価は目標原価のチェックのためであり，これが達成されていなければその原因探求が行われる。

　原価企画を遂行する上での第一目標は目標利益の設定である。目標利益は企画製品のライフ期間，通常４年の総売上高から得る利益で，原価目標はその前提となる原価である。原価企画活動による目標値としては単位原価の達成すべき改善額である。

3　原価企画の目標値の割当て

　目標利益，目標原価は当該製品のライフ期間中に対して次のように決められる。目標売上高 S_t は販売価格と販売数量により計算できる。

　すなわち，P_u は販売価格，Q_t は販売数量とし $S_t = P_u \times Q_t$ である。さらに P_t を目標利益，P_r を売上利益率として $P_t = S_t \times P_r$ で表される。見積利益は見積原価を積み上げることにより求められる。現実に見積利益は目標利益 P_t に達成しないことが多い。

　この目標利益と見積利益の差額が原価企画の目標値となる。

$Pt - Pe = D$

ただし，Pt は目標利益，Pe は見積利益，D は目標値（利益改善額）である。原価の側から原価企画の目標値 D は目標原価 Ct と見積原価 Ce との差額として次のように計算できる。

$Ce - Ct = D$

D をゼロに近づけなければならない。

原価企画目標は原価低減目標であるが，目標値 D は設計各部の $D_1 + D_2 + D_3 \cdots\cdots + D_n$ として分配され，$D = D_1 + D_2 + D_3 \cdots\cdots + D_n$ である。製品コストを下げる可能性は製造段階よりも製品企画段階により大きい。デザインが決定され，一次試作の設計に入る以前と以後では以前の段階における方が意思決定は大きく原価に作用する。一方で製品の差別化を進めながら，他方で部品をどこまで共通化できるかにより部品総点数が増減し，それにともない設備投資も変化する。基本的には量産部品を使用すればコストは安くなり，生産量の少ない部品を使えばコストは高くなる。

原価企画は設計を中心とした原価低減活動であるから，新製品を設計確定し，量産に移行する段階で一応完了する。原価企画における目標原価と量産移行後の基準原価（標準原価）は区別される。原価企画では標準的なコスト・テーブルにより原価の差額見積りが行われる。この段階ではどのラインで生産するかは決められていない。量産段階では負荷の低いラインで生産すればコスト高になり，負荷の高いラインで生産すればコスト安になり，あるいはベストになる。

原価企画は開発段階の原価改善活動であり，企画された新製品の目標原価ひいては目標利益を達成する活動である。原価企画目標は企画新製品 1 単位当たり目標原価と見積原価の差額であり，設計活動により低減すべき目標値である。

4 原価改善と原価企画

市場の品質要求や価格要求の下で企業は適正利益を獲得するために，新製品の原価を引き下げる必要がある。新製品の企画段階で目標原価を設定し，新製

品の開発段階で目標原価を達成する努力を向けて，企業の目標利益獲得に経営努力しなければならない。あわせて従業員の動機づけにも役立てられなければならない。いわゆるこれらが原価企画である。価格決定と原価企画は表裏一体の関係にある。

　原価企画は自動車産業の場合，車両の構想が具体化する段階から始まる。某社の場合，目標利益は原価管理の面から長期利益率目標と現在実際利益率との関係によって決めている。目標原価は営業部の方で目標販売価格から導かれる。販売価格は事実上営業面から競合社との関係で決まる。

　販売価格，生産量が計画され，それに対応して商品力，価格競争力，採算性などを検討する。そして目標原価が決定される。設計を進めていく中で各部品のコストを見積もり，ここに設定さた目標原価に適合させる努力が続く。設計ステップごとに原価のチェック，その結果を設計へフィードバックされる。

　目標利益が決定されると採算性が原価企画グループで検討される。目標利益が得られるか暫定的に目標販売価格と原価を比較して検討が行われる。目標販売価格から目標利益を差し引くことにより目標原価が決まる。目標原価は内製品の部品別原価や外注部品別の原価に展開される。

　原価改善は量産段階における原価管理である。すなわち，原価改善は改善対象を主として変動原価においたものであるが，目標原価の低減額を各生産行程に割り当て VA 法等で低減目標を達成する。低減目標額に変動製造間接費が含まれれば，各工程で変動製造間接費の低減が達成される。

5　戦略的コスト・ダウンとしての原価企画

　標準原価計算は製造段階における原価管理，すなわち原価維持である。原価企画は製造段階よりさらに上流の企画，設計段階における原価管理であり，上流段階での原価管理は下流段階における原価管理よりその効果は大きい。原価企画による原価低減の余地は標準原価管理による原価低減の可能性より大きいといえる。

他の面から原価企画は計画段階での原価低減活動であり，事前管理である。事後管理より事前管理の方が原価低減活動の効果が上がることは当然である。事前管理としての原価企画は設計変更，製造環境の変更をも含めた原価低減活動で，その低減の可能性は標準原価管理を凌ぐといえる。

　さらに市場価格から目標利益を差し引き許容原価を算出して，これと比較しながら成行原価を基礎にVE活動等によって目標原価を設定することを考えれば標準原価計算が技術志向であるのに対して原価企画は市場志向である。価格設定は原価主導的でなく，競争市場価格にしたがうものといえる。

〈参考文献〉

門田安弘著『自動車企業のコスト・マネジメント』同文舘　平成3年

飯塚勲「戦略・戦略的決定・製品戦略決定とABC」日本原価計算　研究学会『原価計算研究』Vol. 21　No. 2

門田安弘編著『管理会計学テキスト』税務経理協会　平成7年

門田安弘著『自動車企業のコストマネジメント』同文舘　平成3年

門田安弘編著『管理会計学テキスト第2版』税務経理協会　平成12年

櫻井通晴『管理会計』同文舘　平成9年

練 習 問 題

1　目標利益，目標原価はどのような関係，観点から決められるか。

2　目標利益が￥2,000，見積利益が￥1,500のとき，原価企画の目標値はいくらか，さらにこの場合，見積原価が￥3,500であれば目標原画はいくらか。

第18章
研究開発の管理
～日本的管理の一側面～

§1 研究開発の費用管理

ここでは研究開発を段階的に区分して，主に基礎研究，応用研究の日本企業の研究開発活動の費用管理，投資管理の実務を考察する。雪印乳業，日本製鋼所などその他の研究開発マネジメントの部分的な実務をその伝統的な方法とあわせて考える。研究開発費予算の性格，研究開発のテーマおよびプロジェクトの評価，予算配分，研究開発活動の執行管理および活性化など，今後の資源の有効利用と研究開発活動の成果をあげるための管理方法を吟味する。

1 基礎研究，応用研究，開発研究の概念

研究開発活動はその活動の段階別およびマンパワ別の観点から基礎研究，応用研究，開発研究に分類される。研究開発活動の成果は研究要員の能力，研究に費やす時間（期間），予算額に影響される。

日立製作所の研究開発本部の技師長である丸山瑛一氏はマンパワのもたらす効果の大きさによって基礎研究，応用研究，開発研究に分類できると主張する。

(1) 基礎研究

基礎研究は明日の経営に命と活力を与える源であり，真理を説き明かす行為である。それは将来の利益をもたらす可能性をもち，長期にわたって行われ，特定の商業目的に関係なく全般的科学的知識を蓄積する研究活動といえる。

マンパワ効果を E（人×年）で表すなら，

$$E(10 \text{人} \times 1 \text{年}) < E(1 \text{人} \times 10 \text{年}) = 研究マンパワ$$

なる不等式が成り立つとき，その研究マンパワをもつ研究活動は基礎研究活動である。基礎研究は応用研究，開発研究の基礎になるものではあるが，応用研究，開発研究のテーマ選定が必ず基礎研究の中に発見されるとは限らない。基礎研究の芽は応用研究の中からも開発研究の中からも生産活動の中からも生まれてくる。伝統的には，生産指向の中でこの興味ある基礎研究の芽を追求するゆとりがなかった。基礎研究，応用研究，開発研究の中でこれからは基礎研究をおろそかにできない。いまや企業が基礎研究部門をもつ強みは応用，開発研究および生産活動の中から発見されるテーマを育てあげる苗床の役割を果たさせる可能性をもてることである。

(2) 応用研究

応用研究は基礎研究から得られた物理的，科学的成果および原理を製品化へ利用できないかその応用を追求する科学的，技術的研究である。応用研究はマンパワ効果の点から分類すれば基礎研究マンパワと開発研究マンパワの中間に位置する次の条件を満たす研究マンパワの研究活動といえる。

$$E(10人 \times 1年) > 研究マンパワ > E(1人 \times 10年)$$

(3) 開発研究

開発研究は全面的に新製品の開発へ実験努力が行われる比較的短期の研究開発活動であり，成功すれば市場にインパクトをもたらす研究開発である。基礎研究が企業の将来を支えるのに対して開発研究は今日の経営を支える重要な基盤である。そしてマンパワ効果の点から分類すれば

$$E(1人 \times 10年) < E(10人 \times 1年) = 研究マンパワ$$

なる不等式が成り立つとき，その研究開発マンパワを発揮する研究活動を開発

研究という。目標やアプローチが明確になった段階では資源投入を増やせば，マンパワ効果は大となり，研究開発期間は短縮される。したがって，開発研究は顧客ニーズに基づいて行われるなら成果も短期的に現れる。

かつて基礎研究の成果が応用研究へ受け継がれ，応用研究の成果が開発研究へ渡され，製品化したものは営業のマーケティング部門へ引き渡されるものとして，技術革新の源泉が基礎研究にあるものとされていた。しかし，このようなバトンタッチ方式では，激しい技術革新の中で新製品の成功する確率は低い。

現今ではまず市場ニーズがあり，そのニーズによって開発目標が決まり，その実現のために研究開発を行うというのが一般化してきた。市場洞察による新製品コンセプトにはじまり，設計，生産，流通・販売の各段階で研究知識層とフィードバックすることによって新技術，新製品が生まれるのである。

日東電工では開発部門のエンジニアが営業と一緒に得意先を回り，顧客のニーズを直に知り得る態勢を採っている。顧客ニーズが新製品のアイデアを生み出す知恵の源となっているのである。

2　研究開発活動の評価

研究の初期の基礎研究段階では評価は定性的なものがよいとされる。また応用，開発研究へと企業化，生産段階に近づくにつれて定量的な評価を行ったほうがよい。

(1)　基礎研究段階の評価

基礎研究は未来を創造する研究である。光ディスクの基礎技術は1973年に松下電器産業の中央研究所の企画室で起案されたものである。今日ようやく花開こうとしている。今日花開く事業は10年，20年前に種をまき，育てた成果である。

基礎研究はテーマに見込まれる事業の将来性，規模，また事業化を展望した場合の特許，ノウハウ，波及効果などとあわせて企業イメージへの影響度，必

要投入資源である要員，物，設備に対する判断をもって評価されることになる。基礎研究の評価は本質的に評価者の主観に頼らざるを得ない。基礎研究テーマはその応用展開も不確実な部分が多いので経済的に評価することは難題である。まして定量評価は避けるべきである。ここでの評価は研究者がよりよい仕事に結びつけるための自己評価も経営トップが信頼し，それを推進させることである。

(2) 応用研究段階でのプロジェクト評価

応用研究段階では具体的対象製品も見えてくるので，プロジェクトごとに市場性，予測生産額，競合製品の状況を定量的に把握でき，この段階でも基本的にはその研究内容を一番理解しているものが経営的要素と技術的要素の観点から評価することになる。

評価のポイントは，次のようなものである。
① 経営的要素
 A 企 業 性   a．長期経営計画，企業方針に沿うか
        b．社会ニーズ，企業イメージに役立つか
 B 市 場 性   a．類似製品，代替製品がないか
        b．販売ルートはどうか
 C 投資の度合 a．研究開発費はどれくらいか
        b．装置，設備はどうか
 D 法 的 規 制 a．法令上の問題点，環境上の問題点
② 技術的要素
 A 可 能 性   a．実現性があるか
        b．開発期間，技術対応が可能か
 B 独 創 性   a．基本特許を取得できるか
        b．核技術の蓄積が可能か
 C 優 位 性   a．技術の確立，製品化に時間的，技術的に先行できるか

　　　　　　　　　　　　b．基本特許，またはノウハウが取得できるか
これらの諸項目の内容を格付けして，評点を付け，定量評価ができる。

(3)　開発段階における評価

　開発業績の評価はどれだけ新規性のある，かつ画期的な製品を企業化し得たかということ，あるいは開発した技術が工業所有権などの形で企業内で利用され，さらには社外や海外メーカーに技術供与し得たかということ，それが社会のニーズにどれだけマッチしたかという点から行われるべきものである。

　この段階での評価は応用研究段階よりもより定量的な評価が必要である。当該事業の需要見込み，その自社の占めるシェア，売上見込額，そして原価の見通し，必要投入資源としての人，物，設備，さらに利益，収支，経営効率，生産性，投資回収期間，波及効果，特許ノウハウといった技術の有力性，企業イメージ，事業化に対するリスクなどが判断，評価の的になる。さらに投入時間，研究要員，その他資源の消費状況などスケジュール管理等からも評価が行われる。

3　研究開発活動の予算管理

　資源を中，長期計画にしたがって短期的に割り当てたものが予算であり，研究開発のセグメントにしたがって配分額を決定していくのが研究開発予算の編成の特徴である。研究開発活動の管理の中核はなんといっても予算管理である。

(1)　研究開発費予算の意義

　研究開発予算は企業の長期，短期の財務計画と研究開発計画を調整する機能をもっている。

　研究開発活動のアウト・プットは非実態的，半実態的で特許，新製品，新工程などを金額的，数量的に確定することが困難である。またアウト・プットの実現までに長期を要し，テーマ，プロジェクトに対する予算と企業の年次予算

とは完全には一致しない。アウト・プットの価値計算は困難であり、かりに計算されても専門技術的なものが多く、その研究開発活動の能率評価を行うことはマネジメントにとって不可能である。

したがって予算の効用は計画、調整、統制といわれるが、研究開発費予算に限っていえば能率測定でなく、計画ツールとしてもっぱら機能を果たすことになる。それ故、付随的に研究開発諸プログラム間の均衡を図り、研究開発部門と他の機能領域の部門との調整を図ることになる。

(2) R＆D費の割当管理

企業はハイリスク、ハイリターンの環境の中で競争優位を求めて、いまや研究開発を企業戦略として行う。研究開発は企業のトップが中、長期計画を策定し、またトップの意思表示として押し進めなければ、ミドルやロウのマネジメントからの計画では成功の公算が少ない。いま一つは、増大する研究開発資金にも限りがあり、資源配分する領域、プロジェクトに優先順位をつけざるを得ないのが現状であり、将来利潤を確実に得られる分野に資源配分するためには中、長期計画が必要である。

研究開発活動の計画に対する基礎データとして客観的、測定可能なものがなく、生産活動のように測定可能で標準を設定できないから研究開発計画は主観的判断によるしかない。攻撃的研究開発を展開するのか、防御的研究開発活動を展開するかによって研究開発の予算配分にも相違が出てくる。研究開発費予算はもっぱら計画機能を果たすのであるから、研究開発費は計画の段階で管理されなければならない。いわゆる割当管理が行われなければならない。

研究開発費はマネジッド・コストであり、その多くがキャパシティ・コストである。そして研究開発費総額を製品開発テーマや技術開発テーマなどへどのような比率で配分するかは研究開発トップのポリシーに委ねられる。

たとえば雪印乳業では研究開発費総額を新製品開発テーマと技術開発テーマへ配分するが、その配分割合はトップのポリシーにより、45：55である。日当電工では社長をCTO（Chief Technology Officer）として七つのプロジェクトを

走らせている。CTOは研究開発費予算の配分権をもち、R&D予算の8割を裁量配分している。研究開発費はいわゆるポリシー・コストであり、それ故裁量コスト（discretionary cost）とよばれる。裁量コストはイン・プットとアウト・プットとの間に測定可能な因果関係が存在しないコストでもある。それ故、研究開発費は企業の戦略的、戦術的意思決定として生じるコストでもある。

研究開発費はマネジッド・コストであるとともに、コミッテド・コストが重要部分を占める。マネジッド・コスト部分は研究資材費、消耗品費、用益費その他情報費などが占める。コミッテド・コストは研究設備の減価償却費、固定資産税、人件費、保険料といった過去の投資意思決定によって発生額が決まっているコストである。

したがって、経営管理上、マネジッド・コストは
① 短期的には業績にマイナスの作用を及ぼし
② 不況時に削減対象になりやすく
③ その管理に長期的観点が求められることになり
コミッテド・コストは
① 長期計画や投資の決定時の原価発生段階の管理が求められ
② 短期的には利用管理が中心
を成すことになる。

(3) 研究開発費の予算編成の特徴

研究開発費予算は製造予算、販売予算とは異なり、企業が現在有する研究要員の人数、研究設備などキャパシティ・コミッテド・コストの計上が予算編成の出発点になる。経営方針に沿って、利益計画とあわせて研究開発予算額を検討することが重要である。研究開発予算総額はプロジェクト各々の割当額を積み上げていくプロジェクト法、任意増減法、競争者対抗法などを試算して経営が財務的に負担可能かどうかの検討を加え、決定する方法が考えられる。しかし売上高百分率法が実務に任意増減法とあわせて少なからず用いられている。研究要員の素養や専門技術が研究開発計画そのものを脅かすこともあり、研究

要員に対する特別の考察が必要である。

それゆえ研究開発費予算は第一に研究開発キャパシティの原状維持を図り，第二は経営の将来に研究開発活動により成長が期待されるような予算編成をしなければならない。まず現製品の改善，製造工程の改良をすることであり，次は基礎研究，応用研究，開発研究を推進することである。

(4) 基礎研究の重要性

日本の場合，基礎研究に配分する資源は応用研究，開発研究に比較していままで相対的に少なかった。貿易摩擦が技術摩擦になり，さらに海外からの技術只乗論の非難にさらされた。日本企業も研究開発戦略として独創技術が求められ，21世紀を展望して基礎研究がかなり活発化してきた。

基礎研究は科学的にその研究費の額を決定することは困難である。売上高の何％にするとか，研究開発投資額の一定割合にするといった決め方でもやむを得ない。基礎研究におよそ半分の資源配分を行うべきという主張もあるが，基礎研究費の科学的，論理的投入額は見いだせない。研究開発活動の計画で，基礎研究，応用研究，開発研究のそれぞれに絶えず新知識が提供できるプログラムを策定しなければならない。

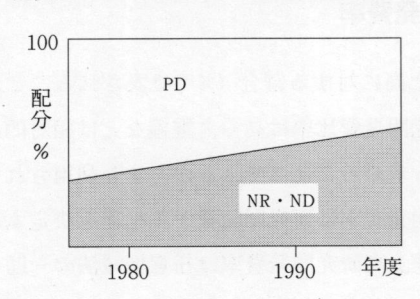

図表18－1　NR・ND・PD の配分ガイド・ライン

応用研究費，開発研究費は経営戦略と中，長期計画に沿って短期経営計画とのバランスをとりながら決定されよう。日本製鋼所の新分野の基盤技術研究

(NR) および新分野製品開発 (ND) と現事業製品強化研究 (PD) に関する中期経営計画の資源配分ガイド・ラインの傾向を示したものが図表18-1である。研究開発本部の年度方針に沿って戦略性の高い指向分野を設定し，NR，NDへ研究開発費を重点配分するよう予算枠を設定している。

4 研究開発費の予算総額の決定

(1) 研究要員数から

研究開発費予算はまず1人当たりの年間使用する予算額から出発して積み上げれば予算の上から研究要員の士気高揚にもつながる。その意味から次の一法も考えられる。Nを研究要員の人数，Tを1人年間に必要な研究時間数，aを（賃金＋償却費＋一般管理費）／時間，Aを人件費等，rを（直接材料費＋直接経費）／人件費等，Sを研究開発費総額とすれば，

$$A = a \cdot T \cdot N \qquad S = A(1+r)$$

として計算できる。

(2) 売上高研究開発費率

研究開発費総額は売上高に対する割合（％）で表されることが少なくない。医薬品業界は売上高研究開発費比率は高く，電機などは相対的に低い。利益と研究開発費総額の比率も求めることはできるがあまり利用されない。売上高研究開発費率や利益研究開発費率は研究開発費予算総額を決定する論理的な根拠ある決定法ではない。売上高研究開発費率は任意増減法の一助として有益な資料を提供するが，あくまで参考である。その実態を見るなら，しかし，後に掲げる日本製鋼所でも研究開発費の総額を売上高研究開発費率により決定しており，日本企業の2社に1社が売上高研究開発費率から研究開発費総額を決めて

第18章　研究開発の管理　〜日本的管理の一側面〜　345

いるといわれる。

(3) 新製品目標売上高から

　企業の持続的成長の観点から将来の目標売上高を設定し，研究開発費総額を決定する次の方法が考えられる。

　田中隆雄教授は中，長期的な研究開発費の見積方法として次の方法を主張する。

　現在の売上高をS_0，T年後の目標売上高をS_t，T年間の販売増加率をπとすれば，

　　　$S_t = S_0 (1+\pi)$

が成り立ち，新製品の必要売上高Nは計算により見積もることが可能である。T年後の売上は競争力の低下により，既存製品の売上減少も考慮しなければならないから，Δをその減少率として

　　　$S_t = S_0 (1-\Delta) + N$

が成り立つ。したがって，上の2式から

　　　$N = S_0 (\pi + \Delta)$

が導かれ，T年後の新製品の必要売上高が計算される。新製品は複数あり，$N = N_1 + N_2 + \cdots\cdots + N_m$である。この$N_1 + N_2 + \cdots\cdots + N_m$に対応する新製品計画の研究開発費を$RD_1$，$RD_2$，$\cdots\cdots RD_m$とすれば，その合計RDは$RD = RD_1 + RD_2 + RD_3 + \cdots\cdots + RD_m$となり，目標売上高から導かれた研究開発費として予算編成に対する研究開発費総額が算定される。もちろんすべての研究開発プロジェクトが成功するわけがないのでπ，Δに余裕を見ておかなければならない。

(4) プロジェクト・ポートフォリオ・マネジメント

　従来のように一つの新製品が大ヒットするということは少なくなってきた。最近の新製品は多くの技術の組合せから生まれ，革新的な新技術やそれをベースにした新製品は，技術の境界領域や複数技術の複合から生まれる傾向がある。

一つの新技術，新製品の開発に投入される資源，すなわち研究費と研究者数は増大している。さらに苛烈な競争が開発期間の短縮を迫り，瞬発的な大量資源投入を強いる結果となっている。これは製品開発のリスクの増大を意味している。したがって研究開発の効率向上が要求され，そこにポートフォリオ・セレクションの管理が求められてくる。

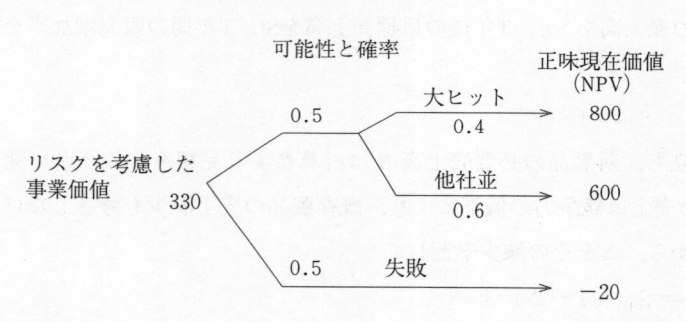

図表18－2　リスクと事業価値

```
                    可能性と確率                  正味現在価値
                                      大ヒット      (NPV)
                         0.5 ─────────────────→   800
                                   0.4
    リスクを考慮した
    事業価値                        他社並
                 330               ─────────────→  600
                                   0.6
                         0.5        失敗
                          ─────────────────────→  －20
```

事業価値 ＝（800・0.4 ＋ 600・0.6）・0.5 ＋（－20）・0.5 ＝ 330

　ストラテジック・デシジョンズ・グループのパートナーである篭屋邦夫氏は医薬品企業ABC社におけるR&Dポートフォリオ・マネジメントの適用する研究開発投資総額決定について次のように述べている。プロジェクトの予想DCFと確率を基礎に図表18－2のように事業価値を計算する。プロジェクトごとの開発コストに対する見返りとしての事業価値の比率（投資生産性）の最も高いプロジェクトを一番左にプロットし，順次投資生産性が高いものを右へ並べていき，開発コストと期待事業価値を横軸と縦軸に足し込んでいく。図表18－3のように累積事業価値を示す曲線を描いていく。当該図表では現行ポートフォリオでは累積開発コスト5億ドルに対して生み出される累積事業価値は約100億ドルである。

図表18－3　累積事業価値と累積開発コスト

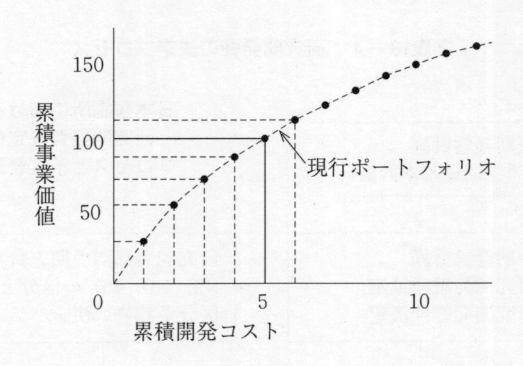

(グラフ：横軸「累積開発コスト」、縦軸「累積事業価値」、現行ポートフォリオは累積開発コスト5、累積事業価値100の点)

　この方法はR＆Dプロジェクトをどのように組み合わせた場合，戦略とR＆Dポートフォリオ全体として最も高い事業価値を創造できるかといったボトム・アップの面と，そのポートフォリオに対してどの程度までの総予算を配分すべきであろうかというトップ・ダウン的側面の考えがある。全体事業価値をいかに高めるか，そこで適正予算とはどれだけかというアプローチである。

　研究開発費の予算管理は期間的管理として，資金の各費目の額を確保し，各研究部門，各テーマおよびプロジェクトへ適切に配分し，適切な支出統制をするという三段階に分けられる。支出統制は研究活動が相当する質と量で弾力的に行われることが重要である。

　基礎研究ではテーマ別予算が，応用研究，開発研究ではプロジェクト予算が通常，編成される。予算配分の優先度はテーマ，プロジェクトが戦略性の高い指向分野に位置づけられるかどうか，および採算性に依存する。

(5) 予算編成プロセスの実例

図表18-4 研究開発費の決定プロセス

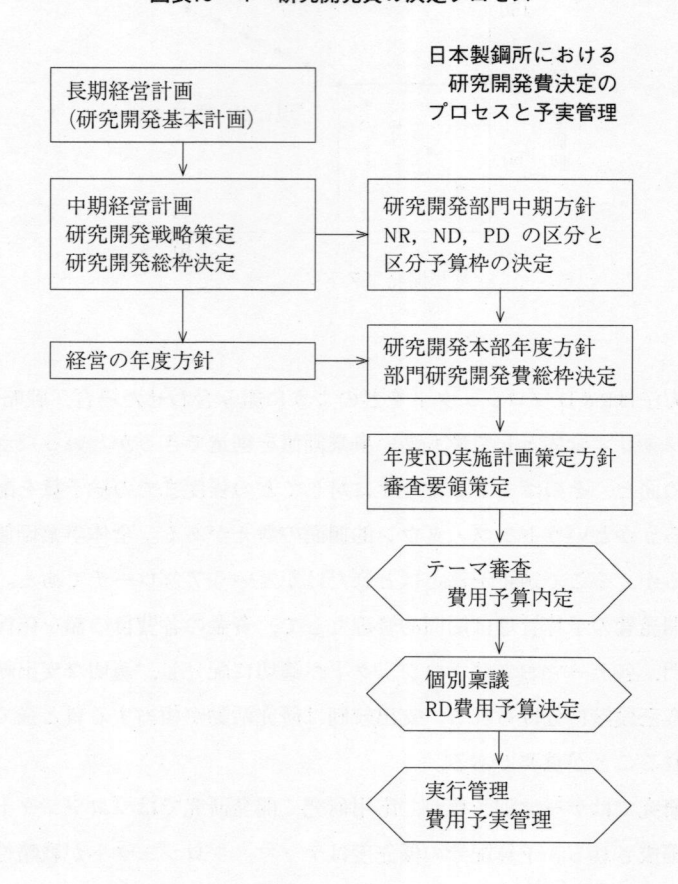

日本製鋼所における
研究開発費決定の
プロセスと予実管理

```
長期経営計画
(研究開発基本計画)
        │
        ▼
中期経営計画              研究開発部門中期方針
研究開発戦略策定    ──→   NR, ND, PD の区分と
研究開発総枠決定           区分予算枠の決定
                              │
経営の年度方針      ──→   研究開発本部年度方針
                          部門研究開発費総枠決定
                              │
                              ▼
                          年度RD実施計画策定方針
                          審査要領策定
                              │
                              ▼
                          テーマ審査
                          費用予算内定
                              │
                              ▼
                          個別稟議
                          RD費用予算決定
                              │
                              ▼
                          実行管理
                          費用予実管理
```

　日本製鋼所の研究開発費決定のプロセスおよび予実管理を図示すれば図表18-4のようになる。総枠のガイド・ラインは中期経営計画で研究開発費総枠を設定し，それにしたがって年度予算を編成する。当社は技術重視，研究開発重視の経営方針をとり，売上高研究費率により，予算総枠を決めている。日本製鋼所では研究開発活動を次の三つに区分している。

① 新分野基盤技術研究（NR）
② 新分野製品開発　　（ND）
③ 現事業製品強化研究（PD）

NR，ND，PDへの年度予算配分は中期的に NR＜ND＜PD の枠内でガイド・ラインを設定している。本部研究所はNR，NDを全面的に遂行し，事業部研究所はPDを主体的に行い，事業部製品の将来に備えたNR，NDを一定割合実施している。

§2　研究開発の執行管理

研究開発投資は将来へ向けた布石であり，現在の収益性評価に組み込むべきでないと考えられるかもしれないが，コスト認識をあまり将来へ先送りするべきではない。現在の収益性を把握しながら将来への戦略投資を検討すべきである。

1　セグメント別管理

研究開発費の全体の半分近くが人件費である。また全体の70％近くが既存の装置，製品に比較的結びつけやすい開発研究費である。しかしコスト全体に占める固定費の割合が高く，セグメント別にいかに配賦するのか困惑を隠せない。製品群別の研究開発コストを把握しかねており，顧客別収益性の評価や製品（群）別の収益を圧迫しているコストを摑みきれないでいる。

増大する研究開発費を投資管理の面から製品系列へ賦課する実務がすでにある。製品系列別売上高，原価，総益額を計算するとき，各製品系列に対し基礎研究費は全社的コストとして各製品系列へ配賦せざるを得ない。しかし，この手法に対して現在の売上高，総利益などは過去の研究開発費の成果であるかも

しれないが、将来の売上、利益は現在投入する研究開発費の全面的な成果であるとはいえず、一部があるいは全部が将来収益を生まないかもしれないという反対論がある。管理会計的には製品系列別原価として把握すれば、原価管理、採算管理、価格設定などのために有益である。

図表18－5　製品別貢献利益

```
        売上高
  －)   材料費
  －)   材料費限界利益
  －)   直接経費
  －)   直接労務費
  －)   減価償却費（モデルサイクル定額）
  －)   開発費（モデルサイクル定額）
        製品系列別貢献利益
```

日産自動車では製品別責任会計制度を採り、開発費をモデルサイクルの定額に対して計算し、製品系列別に図表18－5のように直課している。そうすることにより、開発費を製品系列との関係で管理できるようになった。

2　プロジェクト管理

研究開発プロジェクトとは問題別、目的別研究開発活動である。開発研究に対するプロジェクト管理が最も多く、次いで応用研究に対して多い。基礎研究をプロジェクト管理する例は多くない。研究開発費の増加がその効率利用を狙いとして、プロジェクト・コスト管理の重要性を高め、コンピュータの普及とともに管理が普及している。

プロジェクト直接費は、次の二つの要因に依存して変動する。

① 研究開発プロジェクトを遂行するに要する期間（時間）
② 期間にわたって投入するプロジェクト直接費の額

研究開発活動の所用期間（時間）は研究資源の投入量を増大することによって短縮でき，資源投入量を絞れば，プロジェクトの所用期間は長くなる。プロ

図表18－6　プロジェクト・コストの計算

研究開発費目別，部門別，プロジェクト別管理　　　（単位千円）

部門 原価要素	研究第一部門	研究第二部門	試作部門	直接材料費	計
直接材料費				1,000	1,000
間接材料費	20	30	100		150
人件費	550	500	300		1,350
減価償却費	50	50	100		200
その他	20	30	70		120
計	640	610	570	1,000	2,820
プロジェクト1	65		90	200	355
プロジェクト2	130	75	180	500	885
プロジェクト3	195	300	180	200	875
プロジェクト4	260	225	90	100	675
計	650	600	540	1,000	2,790
配賦差異	超 10	不足 10	不足 30	－	不足 30

配賦データ

	研究第一部門	研究第二部門	試作部門	直接材料費
プロジェクト1	50 H	－	50 H	200 千円
プロジェクト2	100	50 H	100	500
プロジェクト3	150	200	100	200
プロジェクト4	200	150	50	100
計	500	400	300	1,000

予定配賦率　研究第一部門　＠¥1,300
　　　　　　研究第二部門　＠¥1,500
　　　　　　試作部門　　　＠¥1,800

配賦差異位は製造原価処理

ジェクト直接費とプロジェクト遂行の所要期間はトレードオフ（trade off）関係にある。

　プロジェクト間接費には間接人件費，間接原材料費，間接減価償却費などがあり，プロジェクト別コスト認識が不可能である。プロジェクト間接費はプロジェクトの採算性判断のためにはプロジェクトへ配賦せざるを得ない。

　プロジェクト別コストの把握によって収益管理が容易になり，スケジュール管理，品質管理ができるのである。ABCによりプロジェクトごとの一層厳密なコスト計算が可能になれば企業の研究開発の，投下資金の回収といったテーマにも対応が容易になる。

3　研究開発活動の活性化

　モーチベイションを高揚させるための三点セットとして第一は研究要員として自分のやりたいことができる機会が与えられ，その第二は事業化が成功した場合に組織的認知が行われ，第三は金銭的リターンが得られことなどがあげられる。

(1)　参加型研究開発費予算の編成

　研究開発費を絞れば研究要員の活動意欲は低下するし，予算が多ければモーチベイションの高揚に貢献することは否定できない。

　1人当たりの予算はいくらか，どれくらい研究開発に必要かといった視点から，さらにプロジェクトの数に応じて研究開発費を増減するといった予算編成方法が実務的である。プロジェクト予算に限定すれば，材料費，人件費など原則として変動費のみからなるようにプロジェクト予算を編成すれば費用管理にも研究者のモーチベイションの向上にも役立つ。予算編成には割当型予算編成と積上げ型予算編成があり，調整には割当型が，動機づけには参加型予算編成が好ましいとされてきた。予算編成におけるプロセスでプランニング，ミーティングなどの情報交換，意見交換の場をもてば研究開発プログラムに対する

マネジメントのベスト・コントロールの雰囲気を醸し出すことは否定できない。

予算管理を実施すれば予算差異分析を行うが，部門別の予算実績差異分析は部門別予算とその実績を集計・比較し，年次の差異分析を行う。年次予算から月次予算へ実行予算を組めば，月次差異分析を行って月次管理ができる。また基礎研究，応用研究におけるテーマ別にも予算，実績を比較し，その年次および月次管理を行うことができる。また予算の消化率も計算したり，特許出願に関しては予定件数，実績件数，達成率を計算する。

(2) 弾力的予算の運用とゼロベース予算

研究開発活動は長期的観点で遂行しなければならない。予算がないからといって即座に研究開発活動を中止してはならない。

雪印乳業の古山氏は研究開発費予算が決して厳格な拘束手段となるべきではない，常識的な研究者は予算を自由に使えといわれてもそれほど使えるものではないという。

研究開発費予算は弾力的運用が求められる。ただ，研究開発活動は継続思考のもとでマンネリ化する恐れもあり，そこでゼロベース予算が推奨される。それは継続思考の増減方式より次の点でまさっている。

① 研究開発活動は継続思考が優先されるが，成果が期待できないプロジェクトや投資効率の悪くなった開発プロジェクトなどの中止を決定するなど，断絶思考への転換が図れる。
② 研究開発マネジャー自身の思いきった方針転換が図られ，革新が断行できる。

おわりに，限られた領域で研究開発活動の効率化を求めて，実務をみながら研究発活動の予算総額の決定，予算編成，執行管理などを考察した。主として基礎研究，応用研究にウエイトをおいて，開発研究については多くは触れなかった。基礎研究の管理が今後ますます重要となろう。現在のところ管理の中核は予算管理であり，研究開発費予算は主に計画・調整手段として機能している。

執行管理の編以降は資源投入に関わる投資管理の視点に属するが，今後は競争の激化により，研究開発管理は投資管理の側面がより協調されよう。応用研究，開発研究になるにつれて定量評価が行われているが，今後は基礎研究にも定量評価の波が押し寄せよう。研究開発活動の活性化のために終身雇用制，年功序列などにも大いに関わりをもつが，ここでは予算を中軸にその効率化，活性化について考察した。

〈参考文献〉

神戸大学経営学研究室編『経営学大辞典』中央経済社　昭和63年

丸山瑛一「民間企業の基礎研究はどうあるべきか」『研究開発マネジメント』1992.5.

藤森隆「日本製鋼所では研究開発費をこのように決めている」『研究開発マネジメント』1991.4.

佐久間陽一郎「研究開発組織が変わる」『研究開発マネジメント』1996.8.

田中隆雄「研究開発投資・広告投資と裁量コストの管理」『企業会計』 '97.Vol.49.8.

小林健吾「予算編成の主要論点」『企業会計』Vol.44.

小林健吾著『予算管理の基礎知識』東京情報出版　1991.

福井忠興著『R&Dマネジメント』中央経済社　平成7年

加藤寶「我が社の管理会計システム：日産自動車」『企業会計』Vol.42　No.10　'90.10.

櫻井通晴著　『管理会計』同文舘　平成9年

西村優子「研究開発プロジェクト費管理とPERT／COST」『産業経理』Vol.48　No.2　1988

篭屋邦夫「「デシジョン・マネジメント」を用いた意思決定・戦略策定」『研究開発マネジメント』 '97.10.

高柳誠一「コーポレート・テクノストック・モデルの研究開発投資にかかわる諸問題への応用」『研究開発マネジメント』1997,10.

平林隆「研究開発投資へのActivity-Based-Costingの応用」『研究開発マネジメント』 '97.10.

芝　章「当社における研究開発費管理について～日本電器の場合」『産業経理』Vol. 40 No. 11／NOV.

練 習 問 題

　今年度の売上が￥10,000,000で今後1年間の販売増加率が0.2とすれば
1　1年後の目標（予想）売上高はいくらになるか。
2　さらに競争力低下による販売減少率を0.1とすれば1年後の目標売上高はいくらか。
3　販売増加率，販売減少率を考慮して1年後の(1)の目標売上高を達成するためには新製品売上高がいくら必要か。

解 答 編

（第1章 序　説）

1　本文　10　頁　参照
2　本文　5　頁　参照

（第2章　原価の諸概念）

1　本文　22　頁参照
2　内作コスト ￥23,000,000　外注コスト ￥13,500,000
　外注の方が有利

（第3章　原価の費目別計算）

1　本文　66　頁　参照
2

材　料　元　帳

FIFO

日付	摘要	受入			払出			残高		
		数量	単価	金額	数量	単価	金額	数量	単価	金額
1.1	繰越	1,000	11	11,000				1,000	11	11,000
6	購入	1,000	12	12,000				⎰1,000	11	11,000
								⎱1,000	12	12,000
9	引渡				⎰1,000	11	11,000			
					⎱ 200	12	2,400	800	12	9,600
12	購入	1,700	13	22,100				⎰ 800	12	9,600
								⎱1,700	13	22,100
15	払出				⎰ 800	12	9,600			
					⎱ 800	13	10,400	900	13	11,700
21	購入	600	14	8,400				⎰ 900	13	11,700
								⎱ 600	14	8,400
25	払出				⎰ 900	13	11,700			
					⎱ 100	14	1,400	500	14	7,000
31	繰越				500	14	7,000			
	合計	4,300		53,500	4,300		53,500			

材料元帳 LIFO

日付	摘要	受入 数量	単価	金額	払出 数量	単価	金額	残高 数量	単価	金額
1. 1	繰越	1,000	11	11,000				1,000	11	11,000
6	購入	1,000	12	12,000				1,000	11	11,000
								1,000	12	12,000
9	引渡				1,000	12	12,000			
					200	11	2,200	800	11	8,800
12	購入	1,700	13	22,100				800	11	8,800
								1,700	13	22,100
15	払出				1,600	13	20,800	800	11	8,800
								100	13	1,300
21	購入	600	14	8,400				800	11	8,800
								100	13	1,300
								600	14	8,400
25	払出				600	14	8,400			
					100	13	1,300			
					300	11	3,300	500	11	5,500
31	繰越				500	11	5,500			
	合計	4,300		53,500	4,300		53,500			

材料元帳 移動平均法

日付	摘要	受入 数量	単価	金額	払出 数量	単価	金額	残高 数量	単価	金額
1. 1	繰越	1,000	11	11,000				1,000	11	11,000
6	購入	1,000	12	12,000				2,000	11.5	23,000
9	引渡				1,200	11.5	13,800	800	11.5	9,200
12	購入	1,700	13	22,100				2,500	12.52	31,300
15	払出				1,600	12.52	20,032	900	12.52	11,268
21	購入	600	14	8,400				1,500	13.11	19,668
25	払出				1,000	13.11	13,110	500	13.11	6,558
31	繰越				500	13.11	6,558			
	合計	4,300		53,500	4,300		3,500			

材料元帳

総平均法

日付	摘要	受入			払出			残高		
		数量	単価	金額	数量	単価	金額	数量	単価	金額
1.1	繰越	1,000	11	11,000				1,000		
6	購入	1,000	12	12,000				2,000		
9	引渡				1,200	12.44	14,930	800		
12	購入	1,700	13	22,100				2,500		
15	払出				1,600	12.44	19,907	900		
21	購入	600	14	8,400				1,500		
25	払出				1,000	12.44	12,442	500	12.44	6,221
31	繰越				500	12.44	6,221			
	合計	4,300		53,500	4,300		53,500			

3 経済的発注量 4,898.98ポンド 発注総費 ¥244.94
在庫維持費 ¥244.9 在庫関連費用 ¥489.84

(第4章 部門別計算)

1

補助部門費振替表

相互配賦法

費目	金額	製造部門		補助部門		
		A部門	B部門	甲	乙	丙
部門費	9,700	4,500	4,000	500	400	300
一次配賦						
甲	500	200	200	—	100	—
乙	400	160	120	80	—	40
丙	300	90	60	90	60	—
二次配賦				170	160	40
甲	170	85	85			
乙	160	91	69			
丙	40	24	16			
	9,700	5,150	4,550			

2 $\begin{cases} x = 1,000+0.2y+0.1z \\ y = 800+0.2x+0.1z \\ z = 500+0.2x+0.1y \end{cases}$

上の方程式を解いて，x＝1318.18，y＝1151.5，z＝878.786を得る。これを次式へ代入する。

$\begin{cases} A = 2,000+0.3X+0.4Y+0.4Z \\ B = 2,000+0.3X+0.3Y+0.4Z \end{cases}$

A＝3,207.756，B＝3,092.41を得る。

(第5章　個別原価計算)

1　原価計算表　No.1

直接材料費	直接労務費	製造間接費	摘　　要
60,000	20,000	360,000	直接材料費　60,000
			直接労務費　20,000
			製造間接費　360,000
60,000	20,000	360,000	製造原価　　440,000

直接材料費法　　　$(1,200,000/200,000) \times 60,000 = 360,000$
直接労務費法　　　$(1,200,000/250,000) \times 20,000 = 96,000$
素価法　$1,200,000/(200,000+250,000) \times (60,000+20,000) = 213,333$
直接作業時間法　　$(1,200,000/10,000) \times 1,000 = 120,000$
機械時間法　　　　$(1,200,000/8,000) \times 1,500 = 225,000$

2　A　直接材料費法　$1,200,000-6.5 \times 200,000 = -100,000$（配賦超過）
　　B　直接労務費法　$1,200,000-4.5 \times 250,000 = 75,000$（配賦不足）

(第6章 総合原価計算)

1

	第一工程	第二工程
期首仕掛品	55,000	25,000
当期製造原価	350,000	120,000
前工程費	—	334,005
当期総原価	405,000	479,005
期末仕掛品	70,995	143,322
工程完了品	334,005	335,683
完了数	750 kg	590 kg
工程単価	@¥445.3	@¥569

第一工程（材）
$$280,000 \times \frac{200}{750+200} = 58,947$$

（加）
$$125,000 \times \frac{200 \times 0.4}{750+200 \times 0.4} = 12,048$$

$$58,947 + 12,048 = 70,995$$

第二工程 （前工程費）
$$(10,000+334,005) \times \frac{300}{590+300} = 115,957$$

（加）
$$(15,000+120,000) \times \frac{300 \times 0.5}{590+300 \times 0.5} = 27,365$$

$$115,957 + 27,365 = 143,322$$

2 第一工程期末仕掛品

（材）$(30,000+250,000) \times \dfrac{200}{750+200+50} = 56,000$

（加）$(25,000+100,000) \times \dfrac{200 \times 0.4}{750+200 \times 0.4+50 \times 0.5} = 11,696$

第一工程期末仕掛品：$56,000 + 11,696 = 67,696$

第一工程完了品原価 $405,000 - 67,696 = 337,304$

3　材料費　$\dfrac{250,000}{900-50} \times 200 = 58,824$

　加工費　$\dfrac{100,000}{750-100\times0.5+200\times0.4} \times 200 \times 0.4 = 10,256$

（第7章　結合原価の配分）

1

	生産量	価格	積数	追加加工費	正味正常売価
甲	50,000	@¥60	3,000,000	1,000,000	2,000,000
乙	20,000	30	600,000	200,000	400,000
丙	40,000	50	2,000,000	400,000	1,600,000
			5,600,000	1,600,000	4,000,000

連結原価配分額	追加加工費	製品原価	単価
1,500,000	1,000,000	2,500,000	@¥50
300,000	200,000	500,000	@¥25
1,200,000	300,000	1,500,000	@¥75
3,000,000	1,500,000	4,500,000	

（第8章　予　算）

　（a　540,000）（b　800,000）

1　$540,000 - 800,000 = -260,000$

2　$6,000\,(90-100) = -60,000$

3　$20\,(6,000-8,000) = -40,000$

4

	販売数量	（借）	（貸）
	$100 \times 2,000$	200,000	
	売上原価		
	$80 \times 2,000$		160,000
	販売数量売上利益差異	40,000	
	販売価格差異　$6,000\,(100-90) =$	60,000	
		100,000	

5 　販売数量　　　　　　　（借）　　　（貸）
　　　　100×2,000　　　　200,000
　　　売上原価
　　　　2,000×80　　　　　　　　　　160,000
　　　　(80-85) 6,000　　　30,000
　　　販売数量売上利益差異　70,000
　　　販売価格差異 6,000 (100-90) ＝ 60,000
　　　　　　　　　　　　　　130,000

(第9章　責任会計)

1 　本文　202 頁　参照
2 　(95,700／60,000) 55,000+80,000＝167,725
　　変動費率＝1.595
3 　本文　194 頁　参照
4 　(80,000+150,000)／850,000＝0.270 (27%)

(第10章　原価維持)

1 　価格差異　8,350 (3.5-3.75) ＝-2,087.5
　　数量差異　3.5 (7,500-8,350) ＝-2,975
　　総差異　3.5・7,500-3.75・8,350＝-5,062.5
2 　製造間接費総差異　35,350-37,070＝-1,720
　　予算差異　35,760-37,070＝-1,310
　　操業度差異　35,350-35,560＝-210
　　能率差異　4 (5,050-5,100) ＝-200

(第11章　直接原価計算)

1 　直接原価計算　P／L　　　　2 　全部原価計算　P／L
　　売　上　　100,000　　　　　　売上高　　100,000
　　変動原価　 40,000　限界利益率 0.6　売上原価　88,000
　　限界利益　 60,000　変動費率　 0.4　売上利益　12,000
　　固定費　　 48,000
　　売上利益　 12,000

（第12章　標準直接原価計算）

実際貢献利益　$165,000 - (13 \times 11,000) = 22,000$
標準貢献利益　$3 \times 11,000 = 33,000$
　　　貢献利益価格差異　$22,000 - 33,000 = -11,000$
予算貢献利益　$3 \times 12,000 = 36,000$
　　　貢献差益数量差異　$33,000 - 36,000 = -3,000$
　　　貢献利益差異総額　$-11,000 - 3,000 = -14,000$
　　　　　（－は不利）

（第13章　損益分岐点分析）

1　$48,000 \div 0.6 = 80,000$
2　$(48,000 + 20,000) \div 0.6 = 113,333.3$

（第14章　原価と価格設定）

1　最低価格　$50,000 + 30,000 + (30 \times 2,000) = 140,000$
　　全部原価　$50,000 + 30,000 + (30 \times 2,000) + (10 \times 2,000) = 160,000$
　　最高価格　￥200,000
2　$140,000 \div (1 - 0.3) = 200,000$

（第15章　設備投資問題）

1　年金現価表より当該現価係数は　4.6229
　　$2,000 \times 4.6229 = 9,245.8$
　　$9,245.8 - 10,000 = -754.2$
2　$10,000 = 2,000 \times F$
　　　　$5 = F$　（補完法による）
　　$5 + \dfrac{5.0757 - 5.0}{5.0757 - 4.9173} = 5.4779\%$
3　$10,000 / 2,000 = 5$　5年
　　　　　　　　　　（平均投資額基準による）

4 $\dfrac{2,000-10,000/6}{10,000} = 3.3\%$ or $\dfrac{2,000-10,000/6}{10,000\div 2} = 6.6\%$

(第16章　活動基準原価計算)

1 　伝統的原価計算　　P　￥1,600／10×9＝1,440　＠￥14.4
　　　　　　　　　　　Q　￥1,600／10×1＝　160　＠￥16

2 　ABCによる計算　配賦率　　　　　P製品配賦額
　　　　　　　　　　　　　　　　　　配賦基準数
　　組立　￥1,000／10＝＠￥100　　＠￥100×9＝　900
　　段取　￥300／6＝＠￥50　　　　＠￥50×2＝　100
　　検査　￥300／3＝＠￥100　　　 ＠￥100×2＝　200
　　　　　　　　　　　　　　　　　　　　　　　1,200　＠￥12

　　　Q製品
　　＠￥100×1＝100
　　＠￥50×4＝200
　　＠￥100×1＝100
　　　　　　　400　＠￥40

(第17章　原価企画)

1 　(原価改善と原価企画の項)　335 ページ参照
2 　目標値￥500, 目標原価￥3,000

(第18章　研究開発の管理)

1 　10,000,000 (1＋0.2) ＝12,000,000
2 　10,000,000 {1＋ (0.2−0.1)} ＝11,000,000
3 　10,000,000 (0.2＋0.1) ＝3,000,000

索　引

〔A～Z〕

ＡＢＣ（Activity-Based Costing）
　……………………………… 313, 316
ＡＢＣ分析………………………………57
ＡＢＭ（Activity-Based Management）
　……………………………… 323, 324
Activity（cost）Driver ……………314
Ｃ－Ｖ－Ｐ関係………………………258
DCF法…………………………………296
ＲＯＩ ……………………… 202, 203

〔あ〕

アイドル・タイム（遊休時間）……218
アイドル・タイム差異………………218
アクティビティ（Activity）………314
アクティビティ・コスト（Activity Cost）……………………… 239, 314
後入先出法（last in first out method, LIFO）………………………45, 129
安全在庫量………………………………56
安全余裕率（Margin of Safety）…270

〔い〕

移動平均法（moving average method, MAM）…………………………46

〔う〕

売上高研究開発費率…………………344

〔え〕

営業利益………………………………329
延期可能原価（postponable cost）…32

〔お〕

応用研究………………………………337
オートメーション化…………………312
送り状（invoice）………………………49

〔か〕

買入部品…………………………………40
会計的投資利益率法…………………308
会計年度…………………………………13
回収期間………………………………305
回収期間法（Payback Method）…304
外注管理………………………………245
階梯式配賦法……………………………84
開発研究………………………………337
回避可能原価（avoidable cost）……31
外部材料副費……………………………42
価格差異……………………217, 221, 260
価格設定（Pricing Decision）
　……………………………103, 246, 284
加工進捗度……………………………132
加工費…………………………………125
加工費工程別計算……………………136
加重平均法（Weight Average Method）
　…………………………………………118
価値的基準………………………………98
価値的基準法……………………………99
完成品換算量…………………………125
間接経費…………………………………65
間接原価（Indirect Costs）…………25
間接作業時間……………………………62
間接費予算……………………………201
管理会計…………………………………4

管理可能原価（controllable cost）
　　……………………………… 27, 195
管理可能原価の重複……………… 196
管理可能性………………………… 189
管理費差異………………………… 180
管理不能原価（uncontrollable cost）
　　……………………………… 27, 195

〔き〕

機械運転時間法…………………… 102
機会原価……………………………… 29
期間原価（period cost）…………… 22
期間損益……………………………… 13
期間利益の測定…………………… 103
技術的側面………………………… 187
基礎原価……………………………… 18
基礎研究…………………………… 336
基礎研究費………………………… 343
逆計算法……………………………… 43
逆補填（Cross Subsidy）………… 320
キャパシティ・コスト（capacity cost）
　　……………………… 26, 238, 239
給料………………………………… 59
競争者……………………………… 292
共通原価……………………………… 25
業務的意思決定…………………… 28
業務予算…………………………… 170
許容額……………………………… 201
許容標準作業時間………………… 220
許容標準時間……………………… 261
許容標準配賦額…………………… 219
勤務時間……………………………… 63

〔く〕

組別総合原価計算…………… 11, 138
組間接費…………………………… 138
組直接費…………………………… 138
組別工程別原価計算………………… 12

〔け〕

経営意思決定……………………… 279
計画原価……………………………… 20
経済的発注量………… 50, 51, 52, 54
継続記録法（perpetual inventory system）………………………………… 42
経費………………………………… 65
結合原価…………………………… 150
原価………………………………… 18
原価維持…………………………… 228
限界製造利益……………………… 238
限界利益………… 37, 232, 238, 329
限界利益率………………………… 37
原価改善…………………………… 228
原価企画……………………… 328, 331
原価企画目標……………………… 331
原価計算……………………………… 6
原価計算期間……………………… 13
原価計算制度……………………… 93
原価計算単位……………………… 14
原価計算の必要性…………………… 6
原価計算の目的……………………… 8
原価差異…………………………… 208
原価差異分析……………………… 216
原価単位…………………………… 14
原価の影響………………………… 290
原価の回収可能性………………… 288
原価負担者別計算………………… 70
原価部門…………………………… 70
原価部門の設定…………………… 71
研究開発活動の評価……………… 338
研究開発の執行管理……………… 349
研究開発費予算……………… 340, 342

研究要員数·················· 344
研究マンパワ·················· 336
現金支出原価（out of poket cost）··· 32
現金予算·················· 173
減損（shrinkage）·················· 147
原料·················· 40

〔こ〕

貢献差益法·················· 286
貢献損益分岐図表·················· 271
貢献利益·················· 271,329
貢献利益価格差異·················· 264
貢献利益額標準·················· 259
貢献利益数量差異·················· 264
貢献利益総差異·················· 264
貢献利益法·················· 290
公式法·················· 276
工場管理部門·················· 72
工場消耗品·················· 41
構造的意思決定·················· 28
工程別原価計算·················· 11
工程別総合原価計算·················· 132
顧客の行動·················· 291
コスト（cost）·················· 289,292
コスト・センター·················· 185
コスト・ドライバー·················· 315
固定費·················· 25,215,232,238
固定費差額·················· 237
固定予算·················· 190,214
個別原価計算（job-Order cost system, Job Order Costing）·················· 11,92
個別生産·················· 92
個別生産形態·················· 11
個別法（specific identification costing method）·················· 48
コミッテド・キャパシティ・コスト
（committed capacity cost）······ 26
コントロール（Control）·················· 5,9

〔さ〕

在庫維持費·················· 50
在庫維持変動費·················· 53
在庫関連費用·················· 54
最小自乗法·················· 254
財務会計·················· 8
材料倉出請求書·················· 49
材料購入予算·················· 174
裁量コスト（discretionary cost）·· 342
材料消費価格·················· 44
材料消費数量·················· 42
材料内部副費の配賦率·················· 42
材料費（Material Cost）·················· 40
材料必要購入数量·················· 173
材料費標準·················· 210
材料返還票·················· 49
差額原価（differential cost）····· 30,31
差額原価分析·················· 34
先入先出法（first in first out method, FIFO）·················· 44,121,127
作業時間差異発生·················· 223
指図書別製造間接費の配賦額········ 100
雑給·················· 59
参加型研究開発費予算·················· 352

〔し〕

仕損（spoilage）·················· 147
仕掛品の計算·················· 123
時間差異·················· 218
時間的基準·················· 98
事業価値·················· 346
事業部制·················· 185
静的予算·················· 190

実際賃率 ……………………………… 65
実際配賦 ……………………………… 107
実際配賦率 …………………………… 107
実際平均賃率 ………………………… 64
自動化環境 …………………………… 226
自動化生産 …………………………… 227
支払経費 ……………………………… 66
支払賃金 ……………………………… 61
資本利益率（Return on Investment of a Business） ……………………… 202, 203
従業員賞与手当 ……………………… 59
就業時間 ……………………………… 63
自由裁量原価（discretionary cost, policy cost） ……………………………… 32
主製造指図書 ………………………… 95
受注諾否の分析検討 ………………… 35
準固定費 ……………………………… 25, 252
純資産 ………………………………… 203
純実現価値 …………………………… 156
純実現価値基準 ……………………… 156
準変動費 ……………………………… 25, 252
消費数量差異 ………………………… 222
消費賃金 ……………………………… 60
正味現在価値法（Net Present Value, NPV） ………………………………… 297
正味実現価値 ………………………… 297
正味実現価値法 ……………………… 299
消耗工具器具備品 …………………… 41
新製品企画 …………………………… 329
新製品目標売上高 …………………… 345

〔す〕

数量差異 ……………………………… 260
スキャッター・グラフ法 …………… 253

〔せ〕

生産形態 ……………………………… 116
正常売上高 …………………………… 147
正常価格 ……………………………… 145
製造間接費 ……………………… 23, 96, 97, 312
製造間接費差異総額 ………………… 219
製造間接費の配賦率 ………………… 99
製造間接費配賦差異 ………………… 108
製造間接費標準 ……………………… 211
製造原価（product cost） …………… 23
製造指図書（Production Order） …………………………… 93, 116
製造指図書番号 ……………………… 93
製造直接費 …………………… 23, 96, 97
製造部門 ……………………………… 72
製造予算 ……………………………… 171
製造予定量 …………………………… 172
製品原価（product cost） …………… 22
製品選択 ……………………………… 240
製品有利性の判定 …………………… 36
積数 …………………………………… 142
責任会計 ……………………………… 184, 197
責任センター（Respinsibility Center） ……………………………… 184
セグメント別管理 …………………… 349
設計変更コスト ……………………… 319
全部原価（full cost） ……………… 12, 24
全部原価情報 ………………………… 284
戦略的意思決定 ……………………… 28
戦略的コスト・ダウン ……………… 332

〔そ〕

総益控除法 …………………………… 157
操業度差異 …………………………… 220, 225
操業度測定 …………………………… 279

総原価……………………… 23,24
総原価（Total Costs）………… 21,23
総合原価計算（Process cost system, Process Costing）………… 11,116
総合生産形態……………………… 11
相互配賦法……………………… 81,82
増分原価……………………………… 30
増分利益……………………………… 36
総平均法（weight average cost method）……………………… 47
素価（prime cost）………………… 23
素価基準法……………………… 100
測定経費………………………… 66
素材（原料）……………………… 40
損益分岐点図表………………… 268
損益分岐点の売上高…………… 276
損益分岐点の販売量…………… 275
損益分岐点分析………………… 268
損益分岐点分析の留意点……… 279

〔た〕

第一次集計……………………… 73
第二次配賦……………………… 84
第二次集計……………………… 73
達成可能な目標………………… 188
棚卸計算法……………………… 43
多品種少量生産………………… 226
単位原価（Unit Costs）……… 21,117
単純総合原価計算……………… 123
弾力的予算………………… 190,199

〔ち〕

中性費用………………………… 18
中長期的計画…………………… 328
直接経費………………………… 65
直接原価（Direct Costs）…… 12,24

直接原価計算（Direct Costing）
…………………… 246,247,232,333
直接材料価格差異……………… 216
直接材料消費数量差異………… 216
直接材料費……………………… 124
直接材料費基準法……………… 99
直接材料費総差異……………… 216
直接作業時間………………… 62,63
直接作業時間法………………… 101
直接配賦法……………………… 80
直接標準原価計算（direct standard costing）………………… 258
直接労務費基準法……………… 99
直接労務費総差異……………… 218
賃金……………………………… 59,63
賃率差異…………………… 218,261
賃率差異発生原因……………… 222

〔つ〕

月割経費………………………… 66
積上げ型予算編成……………… 352

〔て〕

デシジョン・メイキング（Decision Making）……………………… 5

〔と〕

等価係数………………………… 141
等級製品………………………… 141
等級別原価計算………………… 141
当月消費賃金…………………… 61
投資額…………………………… 202
投資センター………………… 202,203
投資利益率……………………… 204
特殊原価概念…………………… 19
取替原価（Replacement Cost）……… 31

〔な〕

内部材料副費·····················42
内部利益率·······················303
内部利益率法·····················301

〔に〕

人間行動的側面···················188

〔ね〕

年金現価表·······················302
年金現価係数·····················301
燃料·····························41

〔の〕

能率差異···············218,220,225,261

〔は〕

配賦基準················74,78,98,104
配賦率の変化·····················105
発生経費·························67
発注費···························50
バトンタッチ方式·················338
販売価格······················23,248
販売価格差異·····················179
販売価値基準·····················154
販売数量差異·····················178
販売損益の差異分析···············176
販売費, 一般管理費················23
販売費差異·······················179
販売予算·························170

〔ひ〕

非営利企業体·····················6
非付加価値活動···················323
費目別に分類·····················252

標準管理·························208
標準原価（standard cost）········12,26
標準原価カード（standard cost card）
·························212,259
標準原価管理·····················309
標準原価計算··················21,208
標準直接原価計算·················239
標準発注点····················55,57
非累加法·························135

〔ふ〕

付加原価（imputed cost）········18,31
複合経費·························67
副産物（by-product）··········160,163
副製造指図書·····················95
物理的単位基準···················151
部分原価（partial cost）··········24
部門共通費····················73,75
部門個別費·······················73
部門別計算·······················70
プランニング（Planning）·········5
プロジェクト・ポートフォリオ・マネ
ジメント·······················345
プロジェクト間接費···············352
プロジェクト管理·················350
プロジェクト評価·················339
プロフィット（Profit）···········289
分権化···························187
分離点売上高·····················147

〔へ〕

平均在庫量······················52
平均法··························126
減分原価························30
変動間接費差異総額··············263
変動製造間接費差異··············263

索　引　373

変動費 …………………… 25, 215, 232, 238
変動費率 ……………………………… 37
変動予算 ………………………… 190, 214

〔ほ〕

法定福利費 …………………………… 59
補充率法（Supplementary Rate）… 109
補助経営部門 ………………………… 72
補助部門 ……………………………… 72
ポリシー・コスト ……………… 26, 342
ボリュウム（volume）……………… 289

〔ま〕

マーク・アップ（Mark up）……… 285
埋没原価（sunk cost）……………… 34
マネジッド・キャパシティ・コスト・26
マネジッド・コスト ………… 341, 342
マネジャーの役割 …………………… 4

〔み〕

未来原価 ……………………………… 19

〔む〕

無関連原価 ………………………… 159

〔も〕

目標売上高 ………………………… 330
目標原価 …………………………… 330
目標限界利益 ……………………… 287
目標の一致 ………………………… 188
目標販売価格 ……………………… 329
目標利益達成の売上高 …………… 276
目標利益率 ………………………… 285

〔よ〕

予算 …………………………… 9, 168

予算原価 ………………… 12, 27, 220, 224
予算の効用 ………………………… 341
予算の長所 ………………………… 169
予算編成 …………………………… 168
予想原価 …………………………… 20
予定価格法 ………………………… 49
予定原価 …………………………… 21
予定製造間接費配賦率（overhead
　　absorption rate, OAR）……… 211
予定賃率 …………………………… 65
予定配賦 …………………………… 108
予定配賦率 ………………… 107, 108
予定平均賃率 ……………………… 64
予備的現金保有額 ………………… 176

〔ら〕

ラスト・コントロール（Cost Control）
　……………………………………… 239

〔り〕

利益 ………………………………… 232
利益差異 …………………………… 178
利益センター ……………………… 202
利子率 ……………………………… 303
リニア・プログラミング（linear programming, LP）………………… 243
量産パラダイム …………………… 227

〔る〕

累加法 ……………………………… 132
累積事業価値 ……………………… 346

〔れ〕

例外管理 …………………………… 189
連産品 ………………………… 145, 150
連立方程式法 ……………………… 87

〔ろ〕

労務費……………………………………… 59
労務費標準……………………………… 210

〔わ〕

割当型予算編成………………………… 352
割当管理………………………………… 341
割引率法（Discounted Cash Flow Model, DCF法）………………………… 296

著 者 紹 介

松岡　俊三（まつおか・しゅんぞう）

1941年	兵庫県生まれ
1974年	大阪府立大学大学院経済学研究科単位取得
現　在	阪南大学流通学部教授・大阪経済大学非常勤講師
連絡先	〒591-8035　堺市東上野芝町2-162-1
	TEL (0722) 57-4891
単　著	『現代原価計算』税務経理協会　平成3年

（分担執筆）
『テキスト　簿記の基礎』中央経済社　1990年
渡辺　泉
渡辺大介　編著『会計の仕組と役割』森山書店　1996年
門田安弘編著『管理会計学テキスト』税務経理協会　平成7年
門田安弘編著『管理会計学テキスト〔第2版〕』平成12年
山内昭　松岡俊三
宮澤信一郎　編著『要説　経営情報管理』白桃書房　1998年
　　その他　論文

著者との契約により検印省略

平成13年 6月15日　初版第1刷発行
平成22年 4月20日　初版第4刷発行

原 価 会 計 論

著　者	松　岡　俊　三	
発行者	大　坪　嘉　春	
整版所	株式会社　東　　　美	
印刷所	税 経 印 刷 株 式 会 社	
製本所	株式会社　三森製本所	

発 行 所	東京都新宿区下落合2丁目5番13号　株式会社 税務経理協会
	郵便番号 161-0033　振替 00190-2-187408　電話(03)3953-3301(大代表)
	(03)3565-3391　(03)3953-3325(営業部直通)
	URL http://www.zeikei.co.jp/
	乱丁・落丁の場合はお取替えいたします。

　　　　© 松岡俊三 2001　　　　　　Printed in Japan

本書の内容の一部又は全部を無断で複写複製（コピー）することは、法律で認められた場合を除き、著者及び出版社の権利侵害となりますので、コピーの必要がある場合は、予め当社あて許諾を求めて下さい。

ISBN4-419-03765-2　C1063